本书是全国教育科学"十三五"规划青年基金项目"中国大学学科建设的历史考察与实践机制研究（1949—2019）"（项目编号：CIA190277）的最终成果。

中国大学学科建设论纲

解德渤 等著

Outline of
Discipline Construction in
Chinese Universities

中国社会科学出版社

图书在版编目（CIP）数据

中国大学学科建设论纲 / 解德渤等著. -- 北京：中国社会科学出版社，2025.5. -- ISBN 978-7-5227-4885-6

Ⅰ．G642.3

中国国家版本馆 CIP 数据核字第 2025QD4676 号

出 版 人	赵剑英	
责任编辑	张　林	
特约编辑	宋英杰	
责任校对	李　莉	
责任印制	戴　宽	

出　　版	中国社会科学出版社	
社　　址	北京鼓楼西大街甲 158 号	
邮　　编	100720	
网　　址	http：//www.csspw.cn	
发 行 部	010-84083685	
门 市 部	010-84029450	
经　　销	新华书店及其他书店	
印　　刷	北京明恒达印务有限公司	
装　　订	廊坊市广阳区广增装订厂	
版　　次	2025 年 5 月第 1 版	
印　　次	2025 年 5 月第 1 次印刷	
开　　本	710×1000　1/16	
印　　张	17.25	
字　　数	276 千字	
定　　价	96.00 元	

凡购买中国社会科学出版社图书，如有质量问题请与本社营销中心联系调换
电话：010-84083683
版权所有　侵权必究

目 录

自序　我们需要什么样的学科建设 …………………………………（1）

第一章　导论：中国大学学科建设的逻辑交织 ………………………（1）
　第一节　学科建设的自然逻辑 …………………………………（1）
　第二节　学科建设的实践逻辑 …………………………………（11）
　第三节　本书的研究角度及其概要 ……………………………（17）

第一单元　学科建设的多维解析

第二章　历史的视角：中国大学学科建设70年回首 ………………（23）
　第一节　"院系调整"奠定最初学科布局（1949—1982年）……（24）
　第二节　"学科等级"形塑学科建设思维（1983—2014年）……（27）
　第三节　"动态调整"复苏学科发展生态（2015年至今）………（30）

第三章　比较的视角：中国大学学科建设的世界坐标 ……………（32）
　第一节　数据选取与处理 ………………………………………（32）
　第二节　"总成绩单"：中国大学学科建设的整体成效 ………（36）
　第三节　"单项成绩单"：中国大学学科建设的分领域成效 …（40）
　第四节　中国大学学科建设"成绩"提升路向 …………………（50）

第四章　制度的视角：中国大学学科建设中的"学术发包制" ……（55）
　第一节　"行政发包制"相关研究的梳理与应用 ………………（56）

第二节　"学术发包制"的基本特征 …………………………………(58)
　　第三节　"学术发包制"的制度进路 …………………………………(63)
　　第四节　"学术发包制"的形成机理 …………………………………(67)
　　第五节　"学术发包制"的具体影响 …………………………………(69)
　　第六节　"学术发包制"的优化路径 …………………………………(71)

第五章　技术的视角：中国大学学科建设中的"学术工分制" ……(75)
　　第一节　"工分制"相关研究梳理 ………………………………………(75)
　　第二节　"学术工分制"的概念及特征 …………………………………(79)
　　第三节　"学术工分制"的形成机理 ……………………………………(84)

第二单元　学科建设的实践机制

第六章　学科评估：中国大学学科建设的制度约束 ………………(89)
　　第一节　"分档呈现"与"排名混战" ……………………………………(90)
　　第二节　"学科评估"与"学科建设" ……………………………………(93)
　　第三节　"评估指标"与"评估结果" ……………………………………(95)
　　第四节　"分类发展"与"领跑跟跑" ……………………………………(97)
　　第五节　中国特色学科评估体系的优化路径 …………………………(99)

第七章　学术台账：中国大学学科建设中的微观权力 ……………(103)
　　第一节　何谓"学术台账" ………………………………………………(103)
　　第二节　学科建设"台账治理"的实践逻辑 ……………………………(104)
　　第三节　学科建设"台账治理"的现实困境 ……………………………(109)
　　第四节　学科建设"台账治理"的困境突围 ……………………………(112)

第八章　学术动员：中国大学学科建设的"非常规机制" …………(116)
　　第一节　"学术动员"的概念提出 ………………………………………(118)
　　第二节　作为治理工具的"学术动员"：理想类型的分析 ……………(124)
　　第三节　作为治理实践的"学术动员"：运行机制的剖析 ……………(127)
　　第四节　作为治理制度的"学术动员"：制度更迭的探讨 ……………(130)

第九章 高位嫁接：非重点学科发展的"超常规策略" …………（133）
 第一节 学科建设"高位嫁接"的适用对象 …………………（135）
 第二节 非重点学科"高位嫁接"的操作方式 ………………（137）
 第三节 非重点学科"高位嫁接"的主要风险 ………………（143）
 第四节 非重点学科"高位嫁接"的风险防控 ………………（147）

第三单元 学科建设的变革逻辑

第十章 中国大学学科建设的制度逻辑及其省思
  ——以"制度供给"为分析视角 …………………………（153）
 第一节 一流学科建设需要什么样的制度供给 ………………（154）
 第二节 学科建设的制度"金字塔" ……………………………（157）
 第三节 学科建设的制度困境 …………………………………（160）
 第四节 学科建设的制度创新 …………………………………（164）

第十一章 中国大学学科建设的知识逻辑及其探寻
  ——以高等教育学为例 …………………………………（170）
 第一节 "中国自主高等教育学知识体系"何以重要…………（171）
 第二节 "中国自主高等教育学知识体系"何以理解…………（174）
 第三节 "中国自主高等教育学知识体系"何以评判…………（177）
 第四节 "中国自主高等教育学知识体系"何以建构…………（187）

第十二章 中国大学学科建设的育人逻辑及其设计
  ——基于"金课体系"建设的视角 ……………………（194）
 第一节 从"水课"到"金课"再到"金课体系" …………（195）
 第二节 大学"金课体系"的框架设计 ………………………（198）
 第三节 大学"金课体系"的制度创新 ………………………（201）

第十三章 中国大学学科建设的育人逻辑及其实现
  ——以研究性教学为考察中心 …………………………（206）
 第一节 当前研究性教学"既不叫好也不叫座" ……………（207）

第二节 研究性教学理念诠释的三重视角 …………………………（212）
第三节 研究性教学实践模式的多样形态 …………………………（217）
第四节 研究性教学制度供给的主要思路 …………………………（222）

第十四章 结语：学科建设逻辑与中国大学未来 …………………（226）

附　表 ……………………………………………………………………（231）

参考文献 …………………………………………………………………（244）

后　记 ……………………………………………………………………（259）

自　序

我们需要什么样的学科建设

　　这本书是全国教育科学"十三五"规划青年基金项目"中国大学学科建设的历史考察与实践机制研究（1949—2019）"的一个不算圆满的句号。掩书冥想，这一路的风雨兼程、个中滋味以及内心挣扎，唯有自己方能深刻体会。在这里，我想将自己从事这项研究的一些零散思考，以一种显在化方式呈现出来，接受来自学术同行和实践工作者的考问。

　　理论研究者向来对一些繁荣现象抱有天然的警惕与省察，希望透过现象洞察背后的实质。无论大家承认与否，学科建设已经成为当前我国大学的中心工作。从研究型大学到地方本科院校，人们都在热情地探讨并积极地开展学科建设。这不免给人一种错觉：大学不抓学科建设，好像工作就失去了抓手。于是乎，在轰轰烈烈的学科建设思维与行动的支配之下，我国大学学科建设在国际榜单上取得了不俗成绩。但拂去表面的浮华，立足现实去审慎反思这样一个"不合时宜"的问题——"我们需要什么样的学科建设？"显然，这个叩问关涉价值关怀，直接回答起来并不容易。多年来的观察与思考使我偶有心得，但尚不敢言得其要领，只能略谈管窥之见。也许从"我们不需要什么样的学科建设"开始谈起，更能引起大家的共鸣。考察学科建设在实践轨道上的运行状况或偏离现象，更容易对学科建设进行价值辨析与选择，人们心中理想或期待的学科建设轮廓可能就会慢慢得以浮现。

　　取得"学科建设"优异成绩的方式有很多种，但企图在短期内获得突破可能就会付出相应的代价，这涉及学科建设成绩与学科建设灵魂如何平衡的问题。近年来，身处大学之中的每一位教师对这样一幅学术图景并不陌生，甚至是司空见惯：不少学校的领导对办学理念不太关心，反而对 A 类学科数量、科研经费进账、帽子人才数量表现出异乎寻常的兴趣与激情，并以组织改革和学科规划的名义针对弱势、边缘学科进行裁撤、整并。"对标对表""指标分解""组织调整"以及"资源分配"等成为学科发展的法宝，旨在寻求学校声誉与排名的提升。在此背景下，学校人事处或人力资源部成为落实并推动学科建设工作的核心部门。为进一步"压实责任"，人事工作者忙着制订各种各样的评价标准、考核细则，忙着制订细致入微的量化指标和激励措施，并把职称晋升、"非升即走"、工资待遇等一系列关系教师切身利益的制度或规则捆绑起来，统统绑在学科建设这辆"战车"上。在"胡萝卜加大棒"的共同作用下，教师和科研人员着急写论文、发论文，写书、出书，写课题、拿课题、结课题，抢帽子、戴帽子，即考核什么就做什么，什么效益更高就优先做或重点做什么。在这种有形与无形的科研压力之下，教师也会把学生拉入这场"游戏"之中，学校制定的许多正式制度与师生之间流行的共享观念共同塑造并强化一种"强联结"的人际结构，这样的导学关系就有走样、变形甚至异化的风险。在科研挂帅的氛围之下，大学的课程教学就会成为一种"例行工作"，人才培养成效受多种因素制约而变得难以预期。各方的"理性选择"让学科建设呈现前所未有的忙碌景象，但我们心之所盼的学科建设真的是这个样子吗？面对此情此景，借用美国哈瑞·刘易斯的"失去灵魂的卓越"来形容再贴切不过，故有必要对当前流行的学科建设思路进行审视、反思，甚至是检讨。在此意义上说，我们需要的是卓越且"有灵魂"的学科建设，这里的"灵魂"大抵指向学科建设之价值诉求或终极关怀。

"学科建设"一词蕴含强烈的规划意志，或按照时间表、路线图进行建设的工程思维，其中就涉及学科建设进度与学科建设质量如何平衡的问题。当"快马加鞭"进行学科建设的时候，会不会有"南辕北辙"的情形发生？如果不及时回头，距离真正的目的地就会越来越远，哪怕相信地球是圆的，也应该选择正确的道路。当世界各地都在为原创性学术研究营造宽松环境的时候，这般的学科建设会不会出现类似"掩耳盗铃"令人啼笑皆非之事？只要铃铛尚未响起，这种迷梦就不会被惊醒，哪怕铃声响起来，捂住耳朵的人也不在少数。也许，众多大学的校长、书记以及院长们自始至终就知道这种做法不是踏实办学的真路子，但谁也不能也不敢逃脱由学科评估主导的游戏规则，五年一轮的学科评估周期演化为学科建设周期。即便是"破五唯"的声音一浪高过一浪，各个学校依然制定各式各样、秘而不宣的内部文件。在"破五唯"而"立五维"的说辞之下学校窃喜——大学从来就没有"唯"，本来就是"维"——人才培养、科学研究、社会服务、国际化统统都要，高水平论著、高级别项目、管理服务经历、国际化经历、教改项目等一个都不能少。这些竞争性指标的压力会集中传导到教师身上，诸多始料未及的问题层出不穷：人为制造出一个个"后进师"，组织内部科研合作较少，在评优选先等关键节点的"举报文化"令人唏嘘，"多快好省"的知识生产模式占据上风，以刊评文、指标评人的学术评价惯性难以抵挡，学术成果的虚假繁荣与"卡脖子"难题之间的矛盾始终难以破解等。今天的大学教师面临前所未有的考核压力、晋升压力，从而引发前所未有的精神压力，"象牙塔的忧郁"毫不夸张，他们不敢躺平、不能停歇，必须"加速跑"，否则晋升无望、待遇削减，从而主动或被动地"出走"就会造成人才市场的畸形流动。事实上，大学也很委屈，学校不敢松懈、不能停歇，必须"加速跑"，否则学校排名就会下滑，与之相伴随的声誉、资源等都会严重受损。当大学落入急不可耐、急功近利的陷阱之时，双眼就会被欲望所蒙蔽，只能看到短期利益，忘却了大学在人才培养、知识生产、服务社会、文化传承等方面的宗旨与使命。在"压力型体制"之下，谁还关心"学科建设"的质量问题？

当前的"学科建设"推崇的是优绩主义，从而显性、可识别的指标成为支配行动的根本，其中就涉及学科建设效率与学科建设公平何以平衡的问题。如今的学科建设就像是"正在被催熟的鸡"。不仅如此，管理者还引入了竞争机制——谁重量长得多、长得快，谁就会得到更多的奖励。可以预见，母鸡不仅肉长得快，还能产蛋，公鸡一天到晚就会打鸣，有事没事还和母鸡掐架，影响母鸡身心健康。易言之，当前的学科建设具有明显的理工科思维，人文社科的发展面临较大的制度约束。理工科在指标上是可以测量的，成果更直观、更具标识性。但人文社科在指标上难以测量，在数据上也不具有太大的可比性，重大成果的可识别性较难。与"激素鸡"相比，"溜达鸡""爬山鸡"是自然发育的，食材更安全、肉质更健康、汤汁更鲜美。母鸡固然重要，但公鸡的价值同样不可忽视，不能因一个而否定另一个。这些生活常识，人人共知，但在学科建设行动中往往出现不尊重学科发展规律的情形，即违背常识的现象屡见不鲜。比如，某学校的一位学科负责人介绍工作经验的时候侃侃而谈："学科建设就是多整几个硕士点、博士点，搞搞跨学科，最好再有几项级别较高的教学成果奖，填表'好看'。"这种观点令人错愕不已，但确实代表了具体实践中的流行认识，这不过是追求肉眼可见成绩的衍生物。学科建设中有重点学科与非重点学科之分，有帽子人才与普通教师之分，有顶级期刊与普通期刊之分，有重大项目与一般项目之分，学术系统俨然成为一个等级系统[①]。在等级观念与效率至上的共同作用下，学科建设"蜕化"为追求升等、追求符号、追求利益，谁会真心关心制度正义问题？如果缺少公平竞争的制度环境，"一流学科建设"无非是少数学校的游戏、少数学科的游戏，绝大多数学校与学科基本丧失了发展权。"为指标而建设"绝不是学科建设的本真追求，学科建设中"指标一流"并不等于"制度一流""文化一流"。

概言之，我们不需要追求表面浮华而忽视人才培养的学科建设，不需要急功近利而忽视真正原创知识的学科建设，不需要一味追求效率而忽视公平正义的学科建设。需要追问的是，这样的学科建设思路是如何被建构起来的呢？教育学视角对这个问题的解答几乎是无能为力的，而政治学、社会学、组织学等学科独特的洞察力与理论的想象力，能够赋予该议题更为广阔的探讨空间与理论张力。学术发包制、学术工分制、学科评估制度、学术动员机制以及学术台账"治理术"等都是塑造如今学科建设思路的制度要素，而这些要素与学科建设的政治逻辑都密不可分，但这并不是说政治逻辑必然导致学科建设的种种问题。

针对"我们需要什么样的学科建设"这一问题，我们可以顺理成章地作出如下回答：第一，我们需要卓越且有灵魂的学科建设，其灵魂在于"人才自主培养"；第二，我们需要有数量更有质量的学科建设，其标志在于"原创知识生产"；第三，我们需要有效率也讲求公平的学

[①] 阎光才：《学术等级系统与锦标赛制》，《北京大学教育评论》2012年第3期，第8—23页。

科建设，其核心在于"正义制度供给"。从这个意义上说，中国大学学科建设应该包括多重境界。当前的学科建设可能处于1.0版本，是处于追赶中的学科建设，从而在世界学术格局中当属"跟跑"状态下的学科建设。在功利主义的裹挟下、在行政化的鼓噪下，我国大学学科建设正在集体无意识或有意识地参与一场"拼图游戏"，试图拼凑出西方某个国家、某个学科现成的发展图景，但这只能让我们匍匐前行而无法昂首阔步。展望未来，政府部门需要创造出更有效的大学治理工具，大学需要摒弃急功近利的浮躁心理，坚定自信、增强自觉、自立自强，推进制度创新导向的学科建设、强调原创知识生产的学科建设、推崇基于人才培养的学科建设。这大概是中国大学学科建设"下半场"的总体模样，也是学科建设2.0版本的基本配置。这必将是一种长期存在的状态，我们要慢慢地习惯"并跑"甚至是"领跑"，需极力摆脱"跟跑"的思维惯性与路径依赖。众所周知，在五大学科领域（工学、理学、生命科学、医学和社会科学）中，工学已经是中美"并跑"并展开激烈角逐的重点领域之一，想必其他领域在不久的将来也会出现这般风景。

可以说，潘懋元先生"板凳敢坐十年冷，文章不写半句空"的学术信条始终鞭策着我。我自己在"学科建设"这一主题上深耕多年，时刻不忘加紧用力，但终因力所不逮，致使所获不多。虽有"晨兴理荒秽，带月荷锄归"的学术辛劳，但在学术成果上却是"草盛豆苗稀"的无奈与嗟叹。倘若自己的努力能够有"一星半点"的学术贡献，那将是令人无比欣慰的事情，但总感觉自己在研究广度上还不够延展、在研究深度上也有待深化。幸亏，周雪光的忠告让我找到一个很好的"借口"——在研究广度和深度之间总是难免顾此失彼，因此，必须有所选择有所割舍，有所为有所不为。[①] 这在很大程度上缓解了我的学术焦虑。这也就是为什么书名定为《中国大学学科建设论纲》的重要缘由，即企图追求研究内容的面面俱到几乎是不可能的事情，只能选择那些自认为最重要、具有"纲举目张"之功的内容进行论述。如今拙作

[①] 周雪光：《中国国家治理的制度逻辑：一个组织学研究》，生活·读书·新知三联书店2017年版，"自序"第4页。

出版面世，于我而言是至高的愉悦，也是回馈学术辛劳的最好方式。希望这本书可以给读者带来同样的学术愉悦，以及更多的学术思考。

2024 年 6 月

第一章

导论：中国大学学科建设的逻辑交织

规律是客观世界在运动过程中蕴含的本质、普遍且稳定的联系。逻辑是人类思维与行动的总体规则，其中的因果关联有迹可循，它在哲学意义上具有客观逻辑与主观逻辑之分。哪怕在比较模糊的思想意识之中，我们也可以作出这样的判断：学科发展有规律、学科建设有逻辑。前者体现为学科自然而然的一种发展趋势，后者是在学科规划之下人为发起的一场建设运动。易言之，"学科建设规律"一说在学理上无法成立，而"学科建设逻辑""学科发展逻辑"的说法都是可以站住脚的。一般来说，学科建设逻辑有两个基本向度：一个是学科发展规律所氤氲的内部逻辑，即学科发展的自然逻辑，由此而形成的是学科发展的自然秩序；另一个是学科建设实践过程中的主导或支配逻辑，体现为学科外部的一整套运行规则，由此产生的是学科建设的实践秩序。从理想角度分析，学科建设逻辑应该是学科发展的自然逻辑与实践逻辑的有机结合与艺术平衡。若只强调自然逻辑而忽视实践逻辑，学科建设的速度、周期与成效就难以得到保障；如只强调实践逻辑而忽视自然逻辑，学科建设就可能会被短期目标所困扰，类似于"涸泽而渔""杀鸡取卵"等违背学科发展规律的恶性做法就会层出不穷，甚至这些不合理的做法就会被推崇、被鼓励、被效仿，其危害性无法想象。

第一节 学科建设的自然逻辑

自然逻辑存在于学科发展过程之中，是不以人的意志为转移的客观规律。揭秘学科发展规律的关键在于，深刻理解潘懋元教育内外部关系规律[1]、全面把握高等教育基本关系[2]。整体来看，学科发展的自然逻辑主要包括知识逻辑、社会逻辑和人本逻辑。

一　知识逻辑

学科是知识不断生成与演化、集聚与分化、建构与重构的一种人为构造物。如果脱离了知识本身，学科就会沦为无所依附的"知识幽灵"。从这个意义上说，学科发展自然逻辑的核心是知识逻辑。因为不同学科的知识性质是不同的，所以学科发展周期随之表现出差异。而当学科发展到一定程度就会出现既分化又整合的双重趋势。故而，探讨学科发展的知识逻辑离不开对差异律、周期律、分化律与整合律的理解与把握。

不同学科具有各自的学科文化，说到底就是知识观的差异。英国学者托尼·比彻在《学术部落及其领地——知识探索与学科文化》一书中，按照知识严密程度（软学科和硬学科）和应用关注程度（纯学科和应用学科）两大维度，将学科划分为纯硬科学（如物理学、数学）、纯软科学（如历史学、人类学）、应用硬科学（如机械工程）、应用软科学（如法学、教育学、行政管理等）四种类型。坦率地说，不同文化类型的学科是不能用一把尺子来衡量的，即便是同一文化类型的不同学科在亚文化层面表征也不相同，用一把尺子来衡量恐怕也是不妥当的。高等教育管理者必须树立多元的学科发展观，不要试图用一个标准一统天下。因为生活常识给予我们的启发是，不同学科的"知识品种"是有别的，结出"知识成果"的大小、多少、品相、味道等也各不相同。在一个结满不同水果的"大果园"里，前来收购的质检员非说草莓吃不出橘子的味道，问题并不出自草莓，因为它是以橘子为质检标准的。这就说明，每个学科都有自己的文化特点，必须尊重其多元性与差异性。

每个学科都有自己的生长节律，都在自己的生命周期里自主舒展。我们可以"把学科生命周期划分为五个阶段：孕育期、成长期、发展期、

---

[1] 潘懋元：《实践—理论—应用：潘懋元口述史》，华中科技大学出版社2019年版，第36—48页。

[2] 张德祥：《高等教育基本关系与高等教育学体系建设》，《高等教育研究》2020年第10期，第46—54页。

成熟期和蜕变期"①，每个阶段的演替都表征着知识成果或知识体系的完备程度。每个学科大概都要经历这样前后相继的发展阶段，不大可能从"孕育期"直接过渡到"成熟期"，也不太可能从"成熟期"再退化到"孕育期"，这符合事物发展的一般规律。我们要切忌学科发展过程中简单粗暴、不计后果的"拔苗助长"行为，也就是不能违背规律，只能在顺应规律的前提下创造相应的条件。比如说，我们可以为学科发展提供诸如"土壤""阳光""肥料""水分"等适宜的外部条件，以推动学科朝着积极方向发展。另外，一个学科可能在某些时间段里发展速度快一些，在其他时间段里发展慢一些，这都是正常现象。我们对"竹子定律""荷花定律""金蝉定律"可能有一定的了解，学科知识的发展也是如此，不经过长时间的积累或沉淀，何来发展？易言之，在学科发展整个生命周期，存在若干关键节点，如果在关键节点上给予足够支持，学科发展就会水到渠成，也就是人们常说的"按规律办事"，否则就有违背规律之虞。

  分化是知识走向深化的"本能"。我们可以从两个方面加以理解：一方面，学科是科学分化的结果；另一方面，学科分化是学科成熟的标志。前者属于初级分化："科学分化为学科是人类认识从混沌走向有序的先决条件和必由之路，没有科学的分化就形不成学科，认识就不可能深入，也不可能从混沌到有序"②。就西方科学发展历程而言，"古代时期，科学内含在哲学之中……文艺复兴以来，科学在自然哲学的名义下生存……启蒙运动后，哲学与科学开始分离"③。也就是说，近代自然科学的分化过程是一个逐步从自然哲学中独立出来的过程，而这主要归功于实证科学知识的快速发展。"自哥白尼开始，经过伽里略、开普勒和牛顿等的努力，以力学为中心的实验科学的成熟标志着自然科学从哲学中独立出来。"④ 在社会变革的整体影响下、自然科学的独立发展下，社会科学的

---

① 张松、张国栋、王亚光：《生命周期视角下新兴学科的生命发展评价研究》，《科学学研究》2018年第5期，第776页。
② 郝文武：《学科和课程分化与综合的辩证法》，《教育学报》2006年第6期，第3页。
③ 殷华成：《近代西方科学与哲学分离的原因及反思》，《科技进步与对策》2013年第2期，第33页。
④ 殷华成：《近代西方科学与哲学分离的原因及反思》，《科技进步与对策》2013年第2期，第33页。

诸多学科（如政治学、历史学、经济学、法学、社会学、人类学、心理学等）也开始从哲学中分化出来；后者属于次级分化，偏重于从母体学科孵化出众多子学科。例如，物理学分化为力学、热学、声学、光学、电磁学、量子物理学、固体物理学等，量子物理学再分化为高能物理学、原子物理学、分子物理学等。教育学分化为学前教育学、职业教育学、成人教育学、高等教育学、特殊教育学等，高等教育学再分化出研究生教育学、高等职业教育学、民办高等教育学、大学课程与教学论、高等工程教育学等。学科逐级分化体现为分支学科增生，本质是知识分化，得益于知识的不断细化与深化，即推动学科迈向成熟首先要着眼于知识的纵向深化。

学科迈向成熟的另一个重要标志与方式就是学科与学科之间的知识整合，或称科际整合。"这种融合不是将各个专门科学知识进行简单的或是机械的累积与递加，而是根据实践的需要，将相关的学科知识综合为一门具有新质的理论体系，形成一门新兴的学科。"[1] 如果说学科分化出的是分支学科，那么学科整合出的是交叉学科，它往往出现在学科交叉地带或学科的边缘地带，这是一种知识的横向整合机制。有研究者对科际整合方法进行了较为系统的归纳：（1）"移植法"，如量子化学，就是把物理学中量子力学的规律与方法用于化学之中；（2）"杂交法"，如物理化学，就是物理学和化学杂交而成的，不同于单纯的物理学，也不同于单纯的化学，而是介于物理学与化学之间的一门学科；（3）"相似法"，如控制论，它是研究生命体、机器和组织的内部或彼此之间的控制和通信的科学，生物控制论、工程控制论、社会控制论等存在着类比关系；（4）"综合法"，如环境科学，它涉及生态学、地质学、海洋学、地理学、气象学、社会学、法学等诸多学科，这是以研究问题为中心而整合出来的新兴学科。[2] 尊重知识整合的一般规律与方法，在一定程度上可以填补由学科分化所带来的学科坑道或罅隙，使得

---

[1] 陈康扬、高兴华：《论科学分化和科学统一》，《四川大学学报》（哲学社会科学版）1985年第1期，第44页。

[2] 陈康扬、高兴华：《论科学分化和科学统一》，《四川大学学报》（哲学社会科学版）1985年第1期，第42—51页。

学科在分化与综合的基础上向前发展,让人为制造出来的学科版图更趋合理。

二 社会逻辑

每个学科的知识都是社会互动与社会性建构的产物,不太可能在封闭空间里独自生发、发展,从而带有明显的知识社会学色彩。这说明,学科发展的自然逻辑无法回避社会属性,特别是不能回避学科发展的历史性与时代性、本土性与国际化、投入性与生产性等特点。

不同历史时期的学科发展境遇不尽相同,往往带着相应社会条件下的历史烙印,是一种"与时俱进"的表达方式。比如,1952年的"院系调整"是中华人民共和国成立初期为服务于国家的工业化建设而展开的重大教育变革。在此背景下,工科获得大发展,但人文社科因与工业化建设关联不够密切而遭到极大限制。这就意味着,学科发展必然受到政治因素的影响。有学者更加彻底地表达:"大学史上各种学科边界的形成与分化,其实都是一种知识与权力相互建构下的产物,而非知识论上发展的应然。"[①] 除了政治因素,生产力发展水平对学科发展的影响也是显而易见的,特别是科技力量为学科、知识带来前所未有的发展机遇。随着科学技术的进步,学科发展与新兴技术的结合越来越紧密,不仅直接涌现出像人工智能、大数据、云计算、区块链、智能科学与技术等一大批新兴学科,而且推动计算机、统计学、信息科学、神经科学等学科的快速发展,还对传统的工科、医科、农科、文科进行改造升级。"新工科""新医科""新农科""新文科"中的"新"就是时代赋予学科的一种新气象。此外,我们对学科发展历史性和时代性的理解,还需要从认识的局限性角度着手:"每个历史时代所能提供的条件,也决定了人们的认识是不能一次完成的。所谓时代的条件是指下列诸因素:每个时代生产力发展状况,每个时代上层建筑状况,每个时代物质资料生产所能提供的仪器、设备、装置等技术手段,以至于其他的社会因素和心理因素等等。上述诸条件的实际情况如何,将直接影响人们对自然界、社会及

[①] 黄文彬、胡春光:《试论大学学科边界的形成与分化》,《中国高教研究》2010年第7期,第49页。

思维认识的深度和广度。"① 这就意味着，学科知识的发展不是一蹴而就的，而是一种历史的产物。伴随信息社会的到来，学科分化速度加快、知识更新速度加快，认识更新周期开始缩短。

同一学科在不同文化背景下的发展境况会有所不同，甚至大相径庭，这是由于学科发展必然受到本土性文化元素的浸润，但世界范围内该学科发展所表现出来的趋同一面则离不开国际化文化元素的推动。以高等教育学为例加以说明，高等教育学在中国是一门学科，在西方社会是一个研究领域，何以如此？中国人讲究"名正言顺"，没有学科建制、没有学科身份，研究者就没有栖身之所，无法获得经费支持，也就没有发声的渠道，所以学科想获得发展的重要前提就是进入学科专业目录。像美国、英国、德国、法国等国家都没有高等教育学这门学科，但对高等教育研究感兴趣的研究者都可以涉足该领域，即便没有学科庇护，研究者照样能获得经费支持。我们很难想象，如果没有以潘懋元先生为代表的老一辈高等教育研究者之高屋建瓴、艰苦创业，中国高等教育学将于何时产生，今天的中国高等教育研究将是何种光景？从这个意义上说，学科是不同文化背景下的人为构造物，带有本土性或民族性，并不完全是一种客观实在。但学科发展的本土性并不排斥国际化，因为国际层面的学术交流能够带来宽阔的学术视野、多样化的学术议题以及最新的研究方法与研究成果，为进一步凝练并彰显本土特色提供一定的外部参照。从更广泛的学科视角来看，像我国的法学、政治学、经济学、哲学等人文社会科学需要在马克思主义思想的指导下展开研究，更多表现出学术本土性的一面。像数学、物理、化学、生物学、医学等自然科学则受到世界主要国家的影响，更多表现出学术国际化的一面。

一个学科想要发展，就需要在学术人员、科研经费、仪器设备、办公环境、招生名额以及教职工数量等方面进行持续而有效的支持与投入。这样才有可能锻造出优秀的学者、生产出高水平成果、培养出高素质人才，即投入是产出的必要条件，产出是投入的可能结果。学科发展是消费性与生产性的统一，这也是社会逻辑的重要体现。当前一流学科建设

---

① 陈康扬、高兴华：《论科学分化和科学统一》，《四川大学学报》（哲学社会科学版）1985年第1期，第48页。

越来越依赖于资源投入,有些是有形资源,有些是无形资源。一个学科是否具备长足发展的基础,大概可以从如下几个方面作出判断:第一,国家与社会对该学科的重视程度;第二,一所大学对该学科的支持力度;第三,该学科的自身定位及其资源获取能力。如果三条居其一二,该学科就能发展得比较顺畅。若能集齐三条,该学科发展可谓占据"天时地利人和"。比方说,机械工程是一所高校的 A 类学科,学校在资源分配上的倾斜力度自然很大,就会有优秀人才加盟,争取更多的招生名额,获得充裕的经费支持等。兰州大学的草学、云南大学的民族学就是寻找到了学科定位,符合了当地社会的发展状况,形成了有效互动。但如果三条都不具备,这个学科的发展就会步履维艰。譬如说,高等教育学在某理工类大学中属于边缘学科,无法从学校获得太多的正式支持,自身获取发展资源的能力也有限,这就导致其发展格局岌岌可危。当然,如果三条皆具备,那么该学科就会进入发展快车道。类似于人工智能、大数据这种具有世界潮流性质的新兴学科,集成电路、国家安全学这种关乎国家战略需求的交叉学科,国家重视、学校支持,因而也容易争取社会资源,其发展所具备的外部条件就会非常优渥。另外,学科能够以其知识禀赋展示出生产性的社会属性,这种生产性主要体现在三点:通过科学研究生产科学知识、通过教学活动培养优秀人才、通过社会服务实现经济增值。

三 人本逻辑

学科知识不是凭空产生的,不同学科之间的知识也不会自动地交叉融合、分化整合,这就需要一批又一批、一代又一代的学术人员勇于探究、接续努力,如此学科发展才能薪火相传、生生不息。这就意味着,人本逻辑是学科发展自然逻辑集合中不可或缺的重要元素。在这里,我们关心的"人"是包括研究生、博士后、青年教师(戏称"青椒")在内的全体学术人员,而不是说人本逻辑只针对"帽子人才"。

20 年前,张楚廷先生站在人本立场上曾大声疾呼:"我们再也不能只把学生当做未来社会的一种工具去训练了,再也不能只把学生当做一个知识容器去往里面灌输了,再也不能无视学生是有情感、有灵性、有天赋的生命了，再也不能……"① 如果依循这个思路，沉浸在学术场景之中，今天的我们是不是也需要作出类似反思："我们再也不能把学术人员当作发论文、拿项目、抢帽子、挣经费的工具去对待了，再也不能把学术人员当作一头可以源源不断去产奶的奶牛、夜以继日去拉磨的毛驴了，再也不能把学术人员当作一个汲汲于功名的利禄之徒了，再也不能把学术人员当作一个无所不能、样样精通的全能选手了，再也不能无视学术人员是有血有肉、有魂有魄、有尊严、有追求的生命了，再也不能……"这种略带悲伤的反思与呼喊映射出现行学术评价制度"非人性"的面孔，折射出"不信任"人性假设。

学术人员是活生生的人，有自己的独特思想、独立意志，而非被规训的工具人。遗憾的是，在现行量化考核的评价体系之下，"著作等身"乃至"著作超身"的学者不在少数，他们的"学术榜单"越拉越长、每年的"学术工分"所兑换的奖励更是盆满钵满。他们是受益者，同时是示范者，年轻学者"有样学样"，这就会导致难以预料却已成事实的后果：个体的学术兴趣让位于明确的考核指标、个体的研究套路局限于政策解读或西方范式、个体的学术骨气服从于隐匿的学术规则、个体的学术贡献有赖于地位和包装。这就进一步强化了工具理性主导下的共享思维与集体行动——考核什么就做什么、流行什么就做什么、怎么获益最大就怎么干、怎么包装更好就怎么干。外在的指标、话语、规则、地位与利益等所组成的巨大的权力装置系统会把绝大多数学术人员吸纳进去，自由而宽松的学术环境不免成为一种祈盼。一旦学术生态遭到破坏，学术竞逐就会越加激烈，集体的焦虑情绪就会不断蔓延，这就迫使研究者自觉或不自觉地选择自我克制与内卷，甚至不惜以透支生命、违反规则为代价，原本鲜活的学术生命要么戛然而止，要么黯然失色，要么坦然躺平。这真的是学者发自肺腑喜欢的生活方式，这真的是学者义无反顾选择的生命意义吗？问题的答案也许不言而自明。哲学家尼采曾经说过一句广为流传的经典："每一个不曾起舞的日子，都是对生命的辜负。"我们可以接着说："每一个不曾心甘情愿却被迫起舞的日子，都是对生命的亵渎。"

---

① 张楚廷：《教学改革与人本思想》，《课程·教材·教法》2004年第9期，第17页。

学术人员是闲暇之士,善于思考、敢于批判、勇于创新,而非时间与制度的奴仆。他们有把自己所思所想以恰当方式表达出来的能力,有珍视自己学术声誉的初心,也有捍卫自己学术尊严的决心,愿意在自己所在的发展时区里以自定步调的方式自由探索知识真谛,不是也不应该更不可能像一台机器一样日夜不休、轰鸣不止。爱因斯坦对于科学研究有这样一些观点值得反复思索,如"使他有足够的时间和精力""有机会有一段时间不受干扰地专心致志于科学问题"。为什么呢?机器尚需要适时保养,何况是人,更何况还是从事极具创新性的工作的人,故而适时的自我调节与妥善的制度安排尤为重要。这是一种常识,像"学术休假"就是一项符合人本逻辑的制度设计。但在现实之中,制度的"平庸之恶"会塑造人的偏好,极有可能会使人无法自主支配自己的时间去从事更有意义的事情,从而沦为时间的奴仆,成为一批又一批的平庸之人。个人对于社会"承认逻辑"的习得又会巩固制度的合法性,他们就会进一步维护哪怕是不合理的制度来保全自尊。实际上,再优秀的科学家或学者(如诺贝尔奖获得者),他的学术贡献也是由几篇重磅研究成果奠定的,是在某个研究领域长期耕耘的结果,那些成果未必发表在顶级刊物上,其中许多研究发现只是偶然情形下的灵光乍现与意外后果。然而,大家对这样的一幅场景也许并不陌生:一些研究者每年发表几十篇甚至上百篇论题各异的论文,同时开展几个甚至十几个大大小小的项目,还担任重要的行政职务与学术职务,作为"明星学者"的他们到处受邀参加学术会议,好不忙碌、风光无限。每个人的时间与精力都是有限的。试想,这般疲于应付怎么能营造出自由而宽松的学术环境?这般疲于应付怎么让更多的创新想法涌现出来?这般疲于应付怎么会产出原创性的重大成果?于是乎,大家都习惯并陶醉于"短平快"的学术产出,发表一篇又一篇的"灌水文章",开展一项又一项的"尾随研究",递交一个又一个的"奏折报告"。这种"滥竽充数""拾人牙慧"的学术风气并不能孕育真正意义上的思想创新、技术创新和知识创新,甚至会导致"劣币驱逐良币"的现象产生。显然,不合理的学术制度利用了人性弱点、激发了人性之恶,最终让人迷失在时间与制度共同织就的铁笼之中。

学术人员是个性之人,有优势也有短板,而不是毫无差别的"全能选手"。想必,我们对美国加德纳的多元智力理论并不陌生:每个人都是有差别的，都不同程度地体现出八种相对独立的智力要素，它们按照各自独特的方式组合成专属于每个人的智力结构。其教育启发意义在于，树立科学的智力观、多元化的人才观、积极乐观的学生观以及因材施教的教学观。实际上，学术人员的发展与评价问题也同此理。在学科建设过程中，管理者有没有树立科学的学术评价观、多元化的人才发展观？管理者对学术人员在多大程度上秉持积极乐观的人性假设、统一但富有弹性的管理理念？估计大家在心目中都有一个明确的答案。学术论文、学术专著、科研项目、管理服务、国际交流等样样不能少。在职称评审、导师选聘中，还有更细致的申请标准，如每年给本科生上课不少于32课时、发表的论文至少有1篇A类期刊、专著最好是在国家一级出版社出版、科研项目至少有1项是国家级项目、管理服务要求至少担任1年本科生班主任……莫非学术人员都擅长做上述各项工作？并非如此，但又为何如此且依旧盛行？学校管理者习惯性地将上级部门检查验收要求、学校管理所面临的任务要求，统统分解为教师的考核评价指标。坦率地说，大学不能回避其组织职能，从而需要在上述各个维度上均衡发展，但对一名教师或科研人员来说，"样样精通"谈何容易？如果每个人能够"各尽其能""尽展其才"，组织发展有可能就是水到渠成的事情。在日常生活中，我们能要求一条鱼去爬树、让一只松鼠去游泳吗？显然不能，如果有谁强迫"鱼"和"松鼠"去干自己不擅长的事情，一定会被人们耻笑，因为没有顺应动物的天性。但作为智识场所的大学在学术评价上似乎正在罔顾常识。《卜居》中有言："尺有所短，寸有所长；物有所不足，智有所不明；数有所不逮，神有所不同。"这句话揭示的道理是，优秀的前提就是合理的评价标准，反之，不合理的评价标准会让优秀成为落后，也会让人沉沦为蝇营狗苟的"利禄之徒"。

总之，学科发展遵循着自然逻辑，该逻辑主要涵盖知识逻辑、社会逻辑和人本逻辑。其中，知识逻辑是学科发展自然逻辑的核心所在，社会逻辑是学科发展自然逻辑的外部力量，人本逻辑是学科发展自然逻辑的基本精神，三者共同构成学科发展自然演进的规律版图。

第二节 学科建设的实践逻辑

学科建设的实践逻辑是一种以目标或任务为导向的行动逻辑，但它需要在尊重学科发展规律的基础上铺陈展开，这样才能取得事半功倍的效果，否则就要承受因违背规律而带来的人为恶果。学科建设的实践逻辑究竟呈现一幅怎样的图景？许多学者围绕该问题展开了卓有成效的研究，尝试描绘出一个总体轮廓。比较有代表性的观点有：王建华提出，大学既要避免学术保守主义可能导致的知识孤岛现象，又要警惕知识规划主义可能带来的学术泡沫，即妥善处理知识逻辑与政治逻辑的关系。[①] 朱苏、赵蒙成认为，一流学科建设必须遵循知识生产逻辑与经济逻辑辩证统一的原则。[②] 王兴宇指出，学科建设必须深入把握三个基本逻辑——知识分化（最根本逻辑）、制度安排（最必要逻辑）以及育人载体（最重要逻辑）。[③] 龙宝新则主张，学科建设的根本逻辑在于知识逻辑，即坚持知识生产本位的学科建设。[④] 这意味着，学科建设遵循的不是单一逻辑，而是多重逻辑。但这个"多重逻辑"到底有几重？除上述逻辑外，是否还有文化逻辑、地域逻辑、组织逻辑等其他逻辑呢？即便如此归纳，这些学科建设的实践逻辑真的穷尽了吗？这种逻辑与其他逻辑是否在同一个维度上，并遵循了互斥原则呢？这些问题就会扑面而来。

既然学科建设的实践逻辑是一种行动逻辑，那么复杂的行动逻辑背后一定是行动者逻辑的交织与矛盾。穿过复杂的学科建设逻辑丛林，我们发现：国家、大学和基层学术组织是最重要的三大主体，它们都基于各自的立场进行思维和行动，从而折射出背后的总体逻辑，我们可分别称之为"国家逻辑""大学逻辑"和"基层学术组织逻辑"（或"基层逻

[①] 王建华：《知识规划与学科建设》，《高等教育研究》2013年第5期，第1—11页。
[②] 朱苏、赵蒙成：《论一流学科建设的经济逻辑和知识生产逻辑》，《江苏高教》2017年第1期，第18—23页。
[③] 王兴宇：《"双一流"背景下学科建设的逻辑与路径——从学科排名谈起》，《西南民族大学学报》（人文社会科学版）2018年第10期，第215—221页。
[④] 龙宝新：《论面向知识生产力提升的一流学科建设逻辑》，《南京社会科学》2018年第9期，第140—149页。

辑")。其中,"国家逻辑"强调国家在学科建设中的主导地位,它通常需要借助制定标准、提出目标、发布政策、下发通知、设立项目、检查验收等一系列的政府工具实现对学科建设的直接影响。当国家逻辑得以强化之时,大学学科发展的思维与行动就会深深打上国家烙印;"大学逻辑"是在贯彻执行国家相关政策要求过程之中所使用的诸多应对策略及其行动解释。它并非由单一逻辑支配,而是受到国家逻辑、社会逻辑、行政逻辑、学术逻辑等复合逻辑的综合影响,且具有大学自身的运行逻辑。只不过,大学自身运行逻辑在外部经常让渡于国家逻辑与社会逻辑,在内部又常常面临行政逻辑与学术逻辑的博弈,这使得大学在面对学科建设这一具体事务时经常表现出种种令人费解但又合情合理的行为;"基层逻辑"是基层学术组织在国家、社会、大学以及学科等诸多约束条件之下所表现出的具体行动及其动因,主要是被国家逻辑、大学逻辑建构起来的,但常常又会因为利益问题而出现逻辑偏差或逻辑替代的情况,如某高校拟引进一个国际知名的生物学研究团队,但学院的学术委员会始终不给通过,出现"逆向淘汰"或"精英淘汰"的怪象。说到底,中国大学学科建设实践逻辑的"根"与"魂"在于国家逻辑,因为大学逻辑与基层逻辑都是受到国家逻辑的根本性制约。限于篇幅,仅以学科专业目录、重点建设政策、学科评估制度为中心对国家逻辑进行简明交代。

一 学科专业目录:学科建设"国家标准"的确立

学科专业目录是以"国家标准"的面貌呈现出来,成为我国大学学科建设的基本遵循。美国的目录更加强调统计服务功能,中国的目录更加强调管理规范功能。[1] 从静态角度考察,我国的学科目录包括学科门类、一级学科和二级学科三个层次:"学科门类和一级学科是国家进行学位授权审核与学科管理、学位授予单位开展学位授予与人才培养工作的基本依据,二级学科是学位授予单位实施人才培养的参考依据。"[2] 一个学科想要获得发展,就必须进入学科专业目录。比如,1983 年 3 月,国

---

[1] 张炜:《美国学科专业分类目录 2020 版的新变化及中美比较分析》,《学位与研究生教育》2020 年第 1 期,第 59—64 页。

[2] 《我国公布第 4 版学科专业目录》,《科学大观园》2011 年第 9 期,第 11 页。

务院学位委员会发布《高等学校和科研机构授予博士和硕士学位的学科专业目录（试行草案）》，将高等教育学列为"二级学科"。自此之后，高等教育学进入学科发展的快车道。反过来说，如果一个学科没有进入学科专业目录，想要做大做强几乎是不可能的。不止于此，在一级学科评估规则下它还会面临被裁撤或整并的生存危险。比如，某高校的科学学与科技管理是一门颇具特色且实力不错的学科，就是因为没有学科家园，学校以改革名义将其并入公共管理学院，以支持该校公共管理学冲击 A 类学科。

从动态角度考察，"学科专业目录的修订对学校的学科建设起着重要的指导作用"①。2020 年 12 月 30 日，国务院学位委员会和教育部联合印发通知，决定设置"交叉学科"门类（门类代码为"14"），下设"集成电路科学与工程"（学科代码为"1401"）和"国家安全学"（学科代码为"1402"）2 个一级学科。② 文件中专门有这样一句话："请各相关单位结合实际条件，加强'集成电路科学与工程'和'国家安全学'学科建设，做好人才培养工作。"这就意味着，学科专业目录的调整会对大学的学科建设产生引导与规范作用。如表 1-1 所示，18 所高校获得首批"集成电路科学与工程"一级学科博士学位授权点。不止于此，基于国家战略需求的学位点的调整还会影响组织建设与发展，像北京航空航天大学、电子科技大学、南京邮电大学、杭州电子科技大学等高校还专门成立了"集成电路科学与工程学院"，北京大学、清华大学、南京大学、东南大学等设立了"集成电路学院"。由此而言，学科专业目录是一种"国家标准"，体现出"国家意志"，是高校学科建设思维与行动背后的"国家逻辑"与"国家秩序"。

---

① 王亚杰、宋晓平、张文修：《学科专业目录调整与学科建设》，《学位与研究生教育》1998 年第 1 期，第 12 页。

② 2021 年 12 月，国务院学位委员会下发《博士、硕士学位授予和人才培养学科专业目录（征求意见稿）》。其中"交叉学科门类"下的一级学科增加了四个，分别为设计学、遥感科学与技术、智能科学与技术、区域国别学。2022 年 9 月，国务院学位委员会、教育部联合印发《研究生教育学科专业目录（2022 年）》。交叉学科门类下的一级学科增加到七个，新增纳米科学与工程。新版目录的一大亮点在于提出"急需学科专业引导发展清单"，目的是引导高校快速响应国家战略需求。

表1-1 首批"集成电路科学与工程"一级学科博士学位授权点名单

序号	学校	序号	学校	序号	学校
1	北京大学	7	南京大学	13	华中科技大学
2	清华大学	8	东南大学	14	华南理工大学
3	北京航空航天大学	9	南京邮电大学	15	电子科技大学
4	北京理工大学	10	浙江大学	16	西北工业大学
5	北京邮电大学	11	杭州电子科技大学	17	西安电子科技大学
6	上海交通大学	12	厦门大学	18	中国科学院大学

二 重点建设政策：学科建设"国家立场"的体现

重点建设政策强调的是国家立场，为我国大学学科建设提供了基本的行动框架。自党的十一届三中全会之后，恢复高等教育秩序、加强高校科学研究、加快研究生培养工作、推动社会主义现代化建设、建设高等教育强国、推进中国式教育现代化，成为不同时期党和国家面临的当务之急。回首过去的40余年，重点建设政策始终是国家在高等教育治理领域最经常使用的基础工具。其中几个关键事件为重点建设政策的成熟与迭代发挥了重要作用，它们以国家立场与国家意志牵引着大学学科建设的注意力，设定了大学学科建设的总目标。具体阐述如下：

第一，"天津座谈会"提出"重点学科"的重要使命。"1980年10月，教育部在天津召开全国教育工作座谈会，会议提出重点大学和一般大学的重点学科，要为国家培养高质量的全日制本科毕业生和相当于国际先进水平的硕士、博士研究生。"紧接着，"1981年，教育部将部直属高等学校中的300多个相对具有优势和特色的学科列入了《教育部直属高等院校重点学科规划表》"[①]。在恢复全国重点高等学校制度的同时，"重点学科"的概念开始浮现出来。

第二，"武汉座谈会"首次明确提出"重点学科建设"的概念。"1983年5月，教育部在武汉召开全国高等教育工作会议。在会议文件《关于调整改革和加速发展高等教育的若干问题》中提出，'在发展中必须注意切实办好一批重点学校、重点学科（专业），使之成为高等教育的

---

① 谢桂华：《高等学校学科建设论》，高等教育出版社2011年版，第19页。

骨干,成为教育和科学研究重点。''各学校的主管部门都要优先保证重点大学、重点学科的师资、校舍、设备和图书等办学条件,并要求他们为国家作出更大的贡献。''要建立定期评定重点大学、重点学科的制度'。"①

第三,"重点学科建设制度"首次写入中央文件。1985年5月,《中共中央关于教育体制改革的决定》明确提出:"要根据同行评议、择优扶植的原则,有计划地建设一批重点学科。"为贯彻落实中央决定的精神,国家教育委员会发布了《关于做好评选高等学校重点学科申报工作的通知》《关于评选高等学校重点学科的暂行规定》《关于高等学校重点学科评选工作的几点意见》等一系列文件,这就确立了评选和建设重点学科的基本原则。

第四,重点学科评选及相关工作的启动与全面铺开。首次评选重点学科是在1986—1987年,第二次评选是2001—2002年,第三次评选是2006—2007年。在政策学习与政策扩散的逻辑之下,"许多中央部委和地方教育主管部门也开展了以博士点为基础的重点学科的评选与建设"②。在此过程中,各项人才工程启动,成为重点学科评选与建设的重要条件与内容。比如,1994年国家教委启动的"跨世纪优秀人才计划",1994年国家自然科学基金推出的"杰出青年基金",1998年教育部实施的"长江学者奖励计划"等。"211工程""985工程"以及"优势学科创新平台"和"特色重点学科项目"等重点建设制度,促进了学科水平的大幅提升,学校整体实力明显增强。这就为建设高等教育强国奠定了坚实基础。

第五,"双一流"建设的系列政策与改革举措吹响了一流学科建设的号角。2015年,国务院印发了《统筹推进世界一流大学和一流学科建设总体方案》。2017年,教育部、财政部、国家发展和改革委员会联合印发《统筹推进世界一流大学和一流学科建设实施办法(暂行)》。2018年,教育部、财政部、国家发展和改革委员会联合印发《关于高等学校加快"双一流"建设的指导意见》。其传达的关键信号是,国家在推进世界一

---

① 谢桂华:《高等学校学科建设论》,高等教育出版社2011年版,第19页。
② 谢桂华:《高等学校学科建设论》,高等教育出版社2011年版,第21页。

流大学和一流学科建设方面的决心是坚定不移的。整体来看，政府在中国大学学科建设进程中扮演着主导者角色，上述显在化的"顶层设计"都蕴含着强有力的"国家立场"，深刻影响并支配着中国大学学科建设的集体观念与行动逻辑。

三 学科评估制度：学科建设"国家力量"的彰显

以学科评估为行动抓手的"检查验收权"彰显出国家力量，它为我国大学学科建设注入了强大动能。周雪光对检查验收权的分析颇有见地："行使检查验收权的目的在于事前向承包商施加压力，使其在政策执行过程中认真努力落实。"[①]"以评促建"目的之所以能够达成，是因为评估主体是政府部门，评估指标体系带有很强的政策导向，促使行动者按照国家相关要求加快推进学科的高质量发展。

具体到学科建设场景之中，博士点、硕士点的合格评估与一级学科的水平评估最能体现国家的检查验收权。"1997年，国务院学位委员会开展了对前四批博士、硕士学位授权点基本条件的合格评估。"评估范围是1992年以前批准的2117个博士点、7405个硕士点，但"列入本次评估的博士点共有1718个，硕士点3814个。评估的结果是有77个博士点没有通过评估，占参评博士点总数的4.5%；有394个硕士点未通过合格评估，占参评硕士点总数的10.3%。对未通过合格评估的博士点、硕士点，国务院学位委员会按四种情况进行处理：第一，撤销授予权；第二，暂停招生；第三，暂停授权；第四，责其改进"[②]。2005年1月，国务院学位委员会通过了《关于开展对博士、硕士学位授权点的定期评估工作的意见》。自此，每六年一次的学位授权点定期评估制度确立下来。"2005年和2006年，先后对1998年（第七次授权审核）及以前的博士、硕士学位授权点进行了定期评估。经过自评、通讯评议与学科评议组复评，共有7个博士点被撤销或终止博士学位授予权，33个硕士点被撤销或终止硕士学位授予权，70个硕士点限期整改并限制招生，其余合格者继续

[①] 周雪光：《中国国家治理的制度逻辑：一个组织学研究》，生活·读书·新知三联书店2017年版，第113页。

[②] 谢桂华：《高等学校学科建设论》，高等教育出版社2011年版，第42页。

行使授予权。"① 2014年1月，国务院学位委员会和教育部联合印发了《学位授权点合格评估办法》，第四条提出："学位授权点合格评估分为学位授予单位自我评估和教育行政部门随机抽评两个阶段，以学位授予单位自我评估为主。每一轮评估的前五年为自我评估阶段，最后一年为随机抽评阶段。"这种随机检查使得检查验收权在行使过程中更加便捷且有效，是学科发展质量保障的重要手段。

另外，教育部学位与研究生教育发展中心自2002年在一级学科范围内启动学科评估，至今已经完成五轮，特别是第四轮采用"分档呈现"方式之后，各个高校都很在乎A类学科的数量。但从政策运行实际来看，学科评估结果与能否入选"一流学科"并无直接关联。教育部的学科评估是国家层面对各个高校的学科发展情况进行全面"摸查诊断"的政策工具，但其结果容易成为学校内部资源分配、动态调整的合法性依据。2023年2月21日，教育部等五部门联合印发的《普通高等教育学科专业设置调整优化改革方案》提出："到2025年，优化调整高校20%左右学科专业布点。新设一批适应新技术、新产业、新业态、新模式的学科专业，淘汰不适应经济社会发展的学科专业；基础学科特别是理科和基础医科本科专业点占比进一步提高。"能够预见得到，大部分学校的做法可能是，淘汰评估成绩不理想的学科（或学位点），新设那些评估有潜质的学科（或学位点）。此外，学科评估还表现为一种显而易见的威慑策略，从而为各大高校制造学科质量压力与不确定性，比如学科评估结果由A类掉到B类，从B类掉到C类，这对很多学校、学院、学科都是难以接受的，加之对身份、声誉的追求，就使得高校竭尽全力去贯彻落实"双一流"建设的有关政策。概而言之，类似的检查验收活动使国家力量以一种直接却隐蔽的方式介入大学的学科建设活动之中。

第三节 本书的研究角度及其概要

"学科建设"是中国本土的一种政策话语，体现出学科发展的迫切性与规划特点，后来渗透实践领域、研究领域，从而演化出实践话语与学

---

① 谢桂华：《高等学校学科建设论》，高等教育出版社2011年版，第43页。

术话语的力量。作为政策话语的学科建设、作为实践话语的学科建设、作为学术话语的学科建设，这是从话语角度理解学科建设的三重向度。从政策话语角度看，"双一流"建设的重要抓手是学科建设，学科建设剑指高等教育强国，从而体现明显的国家标准、国家立场与国家力量。从实践话语角度看，学科建设的重要主体是基层学术组织和广大师生，其根本追求在于知识创造与人才培养，呼唤学术事务的良善治理，从而推崇学科发展的知识逻辑、社会逻辑与人本逻辑。从学术话语角度剖析，中国大学学科建设始终面临统一管理底色与有效治理诉求之间的逻辑交织与实践困顿。这也是贯穿全书的核心线索，故而全书在整体架构上包括三个部分：

第一部分是学科建设的多维解析，分别从历史的视角、比较的视角、制度的视角和技术的视角进行"敞景式"考察。（1）历史的视角主要是梳理中国大学70余年来的学科建设线索与基本经验。1952年"院系调整"奠定了最初的学科发展格局；1983—2014年的"重点建设"政策形塑了高校学科建设的秩序观念；2015年"双一流"建设总体方案发布，特别是其中"动态调整"机制的推行，极大地激发了各大高校的学科建设热情，并在理论意义上具有突破学科等级、复苏学科生态的价值。（2）比较的视角旨在锚定中国大学学科建设的世界坐标，从而展现当前"双一流"建设政策的实施成效及其完善空间。通过数据分析，我们发现：在世界大学学科建设的总体格局中，美国、中国、英国、澳大利亚、德国、加拿大、法国、荷兰、瑞士、意大利位居前十位。在工学、理学、生命科学、医学和社会科学五大领域，中国大学都有着不同程度的进步：工学领域表现最为突出，稳居世界首位；生命科学领域后来居上，超越澳大利亚、德国和英国，位于世界第二位；理学领域稳步前进，位居世界第三位；社会科学和医学领域发展空间巨大，分别位于世界第六位、第七位。（3）制度的视角主要偏重于宏观层面的制度因素，旨在解析中国大学学科建设成效"抢眼"的制度性根源——"学术发包制"，它以一种中国特色学术治理模式的面貌发挥着重要作用。"学术发包制"是政府与大学、社会与大学以及大学组织内部围绕学术任务而形成的一种发包关系，以科层制为制度根基、以项目制为制度手段，并以学术锦标赛为制度精神的一种独特的学术治理模式。（4）技术的视角主要偏重于微观层面的"治理术",旨在分析"学术工分制"是如何让基层学术组织和广大师生义无反顾投入"为学术指标而奋斗"的浪潮之中的。"学术工分制"意指在学术资源有限的情况下,大学以论文、课题、获奖、课时量、社会贡献等学术指标对教师个体进行量化考评的相关制度安排。宏观制度层面的"学术发包制"和微观技术层面的"学术工分制"共同建构、互相嵌套、遥相呼应,以一种宏微结合的方式织就一幅较为完整的学术治理制度图景。

第二部分是学科建设的实践机制,分别选取对学科建设具有重大影响的"学科评估""学术台账""学术动员""学科嫁接"等实践机制进行"撷英式"解析。(1)"学科评估"是中国大学学科建设中常规性、显性的制度约束。学科评估就是指挥棒,评什么就建什么、怎么评就怎么建,学科建设就有成为学科评估"影子"的可能性,高校学科建设的很多行为都可以从学科评估规则中找到依据。(2)"学术台账"是中国大学学科建设中常规性、隐性的制度约束。"学术台账"就是记录学术事务的文本,汇报学术工作的依据,具有格式相对统一、流程相对完善以及记录相对清晰的特点,反映政府、高校与学院等组织之间在学术活动中的默会语言、沟通方式与运行机制。(3)"学术动员"是中国大学学科建设中非常规、显性的实践机制,但呈现常规化趋势。学术动员通常是动员主体通过项目设立、政策发布、指标下放、利益诱导、宣传鼓动、榜样示范等手段,借助"自上而下"的行政体系促使动员客体达到观念上的服从、认同乃至内化,从而调动客体积极性使其被动或主动地响应并参与到学术事务之中。(4)"学科嫁接"则是非重点学科发展过程中超常规、显性并带有自发性质的实践策略,包括高位嫁接和低位嫁接两种策略。学科"高位嫁接"是指,相对弱势的非重点学科与较自身更具发展优势的重点学科相结合,旨在短期内获得学科突破、发展乃至壮大的定向改造机制。如此一来,非重点学科走出一条与"一流学科"截然不同的发展道路。

第三部分是学科建设的变革逻辑,以"制度—知识—人"的复合逻辑对学科建设的变革思路进行"一体式"勾画。应该说,"一流学科"建设如同一幅"水墨画",着墨的地方是"一流科研",留白的地方是"一流教学"。"一流科研"强调的是学术逻辑,而"一流教学"则推崇的是育人逻辑，它们都离不开知识逻辑，也离不开正义的制度安排。进一步地，中国大学学科建设的"上半场"追求肉眼可见、卓越的学科建设"成绩单"，"下半场"应该转向追求"看不见"的、伟大的学科建设灵魂。这体现出中国大学学科建设的阶段性特征，也昭示着未来变革的逻辑转向：（1）制度逻辑主要着眼于学科建设"制度供给"的视角，一流学科建设呼唤的是系统的、有效的、正义的制度供给；（2）知识逻辑主要以"中国自主知识体系"为切入点，阐明学科建设的核心任务在于原创知识生产，即以建构中国自主知识体系为奋斗目标；（3）育人逻辑说明学科建设的归宿与落脚点是人才培养，尤其是创新人才自主培养，这就需要全力打造"金课体系"、落实"研究性教学"。当中国大学学科建设真正重视制度创新之时、重视知识体系之时、重视人才培养之时，一流学科成矣！

第一单元

学科建设的多维解析

第 二 章

历史的视角：中国大学学科建设 70 年回首

2019 年是中华人民共和国成立 70 周年。过去的 70 年，是中国高等教育发展波澜壮阔的 70 年；过去的 70 年，是中国大学有探索、有曲折、有成效的 70 年；过去的 70 年，是中国大学学科发展逐步发出中国声音、走向世界舞台的 70 年。这 70 年是中国高等教育与时代发展同频共振的 70 年；这 70 年是建设高等教育强国、探索中国特色高等教育现代化道路的 70 年；这 70 年是中国一流大学与一流学科逐步崛起的 70 年。实事求是地说，学科建设是大学发展的一块基石。在"双一流"建设的宏伟背景之下，中国高等教育比以往任何时候都更加呼唤学科建设。

顾名思义，学科建设是促进学科内容、体系、制度乃至文化不断丰富与完善的实践活动。学科建设是一项异常复杂的任务，既包含外在的物质平台建设，又包括内在的思想文化建设；既涉及宏观层面的学科整体布局，又关乎微观层面的具体学科定位；既着眼于当下的实际建设情况，又着力于未来的学科发展目标。它与高校工作的诸多环节都密不可分，是高校实现可持续发展的根本保证。目前，我国正处于从高等教育大国迈向高等教育强国的关键时期，迫切需要提升大学的综合实力、区域影响力与国际竞争力。作为高校各项工作的着力点与发力点，学科建设起着不可替代的重要作用。是故，我们非常有必要以"学科建设"为切入点，重温这段记忆、铭记这段历史，探寻实践机制、正视发展困境，这是我国大学学科建设未来 30 年改革与再出发的重要前提。待到 2049 年中华人民共和国成立 100 周年之际，我国将真正走出一条中国特色、世界影响的学科建设道路，以文化交流、文明对话的姿态诉说中国大学故事与传奇。

自中华人民共和国成立以来，我国大学学科建设工作已走过70年的艰辛历程，我们将这70年高校学科变革与发展的进程划分为三个阶段：第一阶段是1949—1982年，以1952年"院系调整"为主要标志。这一阶段，我国打破了原有的高等教育格局，从以综合型大学为主逐渐改为以单科型院校为主、多科型院校为辅的高等教育结构布局，我国大学最初的学科布局基本形成。第二阶段是1983—2014年，国家重点学科审批制度成为这一阶段的主题。我国基于现代化建设需求对学科发展提出明确要求，高校学科建设的自主性逐渐增强，不同学校间的学科等级观念开始显现，学科整体布局亟待调整。第三阶段是2015年至今，以"双一流"建设为核心象征。这一阶段，我国高校着力解决由学科建设传统模式所带来的"马太效应"，更加注重高校不同学科的分层分类发展，学科发展生态逐渐复苏。从整体上看，这三个阶段代表着我国学科建设理念的更迭与创新：第一阶段主要是学习苏联模式，初步构建起相对完整的学科体系，秉承"效率优先"原则大力培养专业人才，奠定了我国学科发展的基本格局；第二阶段跳出苏联模式，对我国教育体制进行反思与变革，依旧突出"效率优先"的主旋律，重点建设部分学科以快速提升我国高等教育的"顶端优势"；第三阶段坚持"公平优先，兼顾效率"的基本原则，注重高等教育内涵式发展，全面提高我国高校学科发展的整体水平。

第一节 "院系调整"奠定最初学科布局（1949—1982年）

中华人民共和国成立前夕，我国共有高等学校205所，其中公立大学124所、私立大学60所、教会大学21所。[1] 从当时的学科专业结构来看，文、法、商等专业的学生人数占绝对优势，而工科专业的学生比例较低。就当时的社会背景而言，我国对内面临着经济萧条、民生困苦的现实考

---

[1] 郝维谦、龙正中：《高等教育史》，海南出版社2000年版，第31—32页。

验,对外面临着被政治孤立、经济封锁的国际局势。中央政府的首要工作任务就是恢复国民经济,尤其是快速建立起较为完整的工业化体系。正因如此,1949年9月29日通过的具有宪法性质的《中国人民政治协商会议共同纲领》第四十三条明确提出,我国要"努力发展自然科学,以服务于工业农业和国防的建设"。1950年6月1日,第一次全国高等教育会议在北京召开,会议确立了高等教育"配合国家建设需要"的重要原则。然而,快速工业化的现实需求与工科院校、工科学生缺乏之间的矛盾如何破解呢？1951年11月,全国工学院院长会议在北京召开,会议提出《全国工学院调整方案》,拟定工学院调整的基本原则,① 这次会议成为启动大规模"院系调整"的重要标志。② 可以说,单科性专门学院成为"院系调整"的重要成果,对口管理为政府有计划管理高校、高校有计划对接岗位的重要手段。

受苏联模式的影响,我国高等学校与中国科学院分立,分别承担不同的使命,前者主要负责人才培养工作,后者主要负责科学研究工作。这就意味着,科学研究在高校基本不占主流,即学科发展问题被专业发展问题所遮蔽,学科发展的命运通常是以专业发展命运表现出来。经过"院系调整"之后,中国高等教育呈现公立大学的单一化样态与工业化倾向。学校主要以"文理科性质的综合大学、分科性理工学院和单科性的专门学院三种类型而存在"③。在人才培养方面,机械、电机、土木、化工等工业人才与师范类学生人数比例得以快速提高。到1957年,全国高校共设置专业323种,其中工科就有183种,学生比例也由1947年的17.8%上升到1957年的37%。人文社会科学由于与紧迫的工业化建设不直接关联而遭到否定,哲学、政法、财经等专业的学生人数急剧下降,有些学科甚至被取消。1947年文法商科在校生占大学生总数的47.6%,1952年下降到22.5%,1957年下降到9.6%,1962年又下降到7.6%。④ 显然,按照苏联模式调整后的院校,出现了"理、工分割,理、工、农、

---

① 张宗麟:《改革高等工业教育的开端》,《人民教育》1952年第1期,第9—12页。
② 王世岳:《一次教学功能最大化的尝试——论20世纪50年代中国高校的院系调整》,《河北师范大学学报》(教育科学版)2015年第5期,第48页。
③ 吴玉才:《1949—1956年间的中国》,人民出版社2016年版,第134页。
④ 庄秋水:《1952:中国大学的死与生》,《看历史》2012年第6期,第32—39页。

医等科类与人文、社会科学分家"①的学科格局。

这种统一管理与计划经济的思维方式在统一招生、对口管理、统一分配等环节体现显著，为当时的人才培养迈向专门化、标准化提供了特定的政策理念。1954年11月制定的《高等学校专业目录分类设置（草案）》是我国在国家层面的第一个专业目录，它将大学专业划分为工业、建筑、运输、农业、林业、保健、体育、法律、教育和艺术等11个大类。浙江师范大学鲍嵘认为："新中国第一份专业目录的正式颁行，标志着高级专门技术人才培养计划化的正式实行，大学完成了从建制层面上与计划经济的耦合。"②虽然这份专业目录是根据当时的社会需求作出的划分，但它在某种程度上相当于学科门类的划分。因为专业与学科在当时的社会条件下具有同构性，只不过学科发展问题在一定程度上没有受到重视。此后，由于受到"总路线""大跃进"和"人民公社"这三面旗帜的影响，"一个以教育与生产劳动相结合为中心内容的教育大革命和多快好省地发展教育事业的群众运动"③，自1958年开始在全国蓬勃发展起来。大搞科学研究、技术革新的群众运动使得高校的学科建设带有鲜明的政治色彩和运动特征。1961年9月发布的《教育部直属高等学校暂行工作条例（草案）》第二条明确提出："高等学校必须以教学为主，努力提高教学质量。"显然，这既是对教学主导地位的政策确认，也是对1958年以来教育实践的反思结果。1963年4月发布的《教育部直属高等学校自然科学研究工作暂行简则（草案）》提出：高等学校应该确定若干学科，重点发展，逐步形成特色。这是官方首次提出开展重点学科建设，对高校的科学研究职能有了新的认识与定位，但该文件因历史原因一直到20世纪70年代末都未引起反响。毫不夸张地说，十年"文化大革命"使得我国科学文化教育事业基本中断，系统的学科建设基本无从谈起。

总的来看，"院系调整""教育大革命"以及"文化大革命"都是这一时期我国在探索高等教育发展道路上经历的重大事件，其中有成绩，

---

① 中央教育科学研究所：《中华人民共和国教育大事记1949—1982》，教育科学出版社1984年版，第54页。

② 鲍嵘：《学问与治理——中国大学知识现代性状况报告（1949—1954）》，学林出版社2008年版，第209页。

③ 杨秀峰：《我国教育事业的大革命和大发展》，《江苏教育》1959年第19期，第7页。

也有曲折，更有教训。尤其是"院系调整"奠定了最初的学科结构，形成了最初的学科思维，确定了最初的学科布局。当时的学科布局带有强烈的国家意志，国家行政指令的强制推行成为大学学科建设的基本手段与有效工具。尽管它在一定程度上适应了我国工业化建设的历史使命，为祖国培养了大量国家急需的技术型人才，但从长远来看，这种调整人为破坏了高校内部学科布局的稳定性，彻底打破了学科生态系统的自平衡。直到今天，理工专业数量仍占据绝对优势，理工至上的学科发展思维仍未破除，学科格局的总体传统仍在延续。

第二节 "学科等级"形塑学科建设思维（1983—2014 年）

1978 年 3 月 18—31 日，全国科学大会在北京召开，这昭示着我国科学文化事业迎来发展的春天。1978 年 10 月，教育部重新修订《全国重点高等学校暂行工作条例（试行草案）》，其中第三条明确提出："高等学校是科学研究的一个重要方面军……既是教学中心、又是科学研究中心，努力为实现四个现代化做出积极贡献。"可以说，全国科学大会的召开和高校"两个中心"的确立为我国高等教育事业步入正轨指明了方向。尤为重要的是，高等学校在科学研究中所发挥的作用得以重新审视与定位，这些都为高校开展学科建设工作做好了政策铺垫。

1983 年 5 月，教育部在全国高等教育工作会议上明确提出调整高等教育科类结构，会议强调："逐步扩大经济、管理、法律、政治应用性文科等类的培养规模，使其招生人数有较大增长。理科和工科本科招生人数，在各类招生人数中的比重要适当降低，农林、医药、师范、体育、艺术等科暂按原比例招生。"[①] 这种调整既是对党的十一届三中全会之后全国教育发展形势的基本判断，也是对"院系调整"所奠定的学科布局的一种政策性矫正。这次会议在学科发展上的另一个重要贡献就是提出了"重点学科建设"的概念，提议评选高校重点学科。就前者而言，高

---

① 赵文明：《认真学习、努力贯彻全国高等教育工作会议精神》，《辽宁高等教育研究》1983 年第 3 期，第 4—6 页。

等学校的学科建设工作被提上日程，学科发展之中的重点建设思维开始嵌入高校，作为学科发展重要组织载体的研究室、研究所、研究中心等蓬勃发展起来。1985年3月发布的《中共中央关于科学技术体制改革的决定》提出："高等学校和中国科学院在基础研究和应用研究方面担负着重要的任务""有条件的高等学校也可以建立一些确有特色的精干的研究机构"。这意味着，高校与中国科学院的关系自20世纪80年代之后有了重新的认识与调整，高校在科学研究方面所承担的职责更加清晰。以科学研究为核心任务的学科建设开始在高校生根发芽，它与以人才培养为核心使命的专业建设一并成为高校发展的重要驱动力。就后者而言，重点学科评选是政府有计划地择优扶持、重点突破的一种发展思路，有助于形成示范效应，带动不同高校、不同学科的快速发展。1985年5月发布的《中共中央关于教育体制改革的决定》提出，"根据同行评议、择优扶植的原则，有计划地建设一批重点学科"，国家重点学科建设原则初步建立。这一时期的重点学科建设评审共有三轮，分别为1988年、2002年、2007年。2014年1月，为落实《中共中央关于全面深化改革若干问题的决定》中的相关精神与决策，减少中央政府对高校办学的管理和控制，国家重点学科审批制度被取消。[①] 可以说，自1983年重点学科建设概念提出到2014年重点学科审批制度退出历史舞台，重点学科的评选与审批制度成为影响这一时期学科建设的重大制度安排。

展开来说，1987年《关于做好评选高等学校重点学科申报工作的通知》出台，重点学科评审工作的主要目的和指导思想得以明确。1988年，国家共评选出416个二级学科国家重点学科，其中文科78个、理科86个、工科163个、农科36个、医科53个，涉及108所高校。这是我国重点学科评审制度施行的开端。正因如此，有研究者作出这样的判断："第一次重点学科评选的结果，在很大程度上是20世纪50年代院系调整重点建设工业院校、重点扶持与建设理科和工科、限制文科发展的结果。"[②]

[①] 谢冉：《国家重点学科审批制度：历史考察与转型路径》，《高等教育研究》2014年第4期，第24页。

[②] 左兵：《政策导引下的重点学科建设制度分析》，《高等教育研究》2006年第10期，第37页。

经过少数学科试点实施之后，国家于 2001 年正式发布了《教育部关于开展高等学校重点学科评选工作的通知》，新一轮国家重点学科评审工作正式开始，基于公平考虑和不搞终身制的原则，20 世纪 80 年代末评审的重点学科需全部重新参评。2002 年国家共评选出 964 个二级学科国家重点学科，重点学科体系和布局逐渐完善。第二轮的重点学科评审工作使我国高等教育更加符合经济、社会、国防和科技建设等国家现代化建设需求，高等教育资源得到充分利用。2006 年颁布的《教育部关于加强国家重点学科建设的意见》继续强调了重点学科对我国高校其他学科的引领作用，并丰富了重点学科的内涵，提高了重点学科的评选标准。重点学科评审制度逐渐成为有关高校学科建设的重大战略决策，学科等级观念逐渐显现出来。2007 年，国家共评选出 677 个二级学科国家重点学科。另外，此次还评选出 286 个一级学科国家重点学科、217 个国家重点（培育）学科。与前两轮重点学科评审工作相比，新增的一级学科重点学科评审制度体现出我国对学科综合优势和整体水平的强烈关注，遴选国家重点（培育）学科展示出我国对重点学科建设的梯度管理与培优行动，即重点学科评审制度趋于完善。

从另一个角度来看，重点学科评审制度所带来的相关问题也是显而易见的。伴随"211 工程""985 工程"的出台与推进，学科建设工作以"项目化"方式运作的特征愈加明显。重点学科拥有相应的政策支持、经费配套，在学术平台优化、学术梯队建设以及学术成果产出等方面也具有优势，从而马太效应与虹吸效应显著。"国家重点学科""国家重点培育学科""省重点学科"以及"校重点学科"等不同的学科等级意味着不同的学科资源分配以及学术话语权，从而"学科锦标赛"成为一种隐性制度支配着各大高校的学科建设思维与行动。"一级学科硕士点""二级学科博士点""一级学科博士点"以及"博士后流动站"等成为学科建设在组织层面具有区隔意义的重大成果。"院士""文科资深教授""国家杰青""国家优青""长江学者"等成为学科建设在个体层面具有标识意义的荣誉象征。SCI、SSCI、CSSCI、北大核心、普通期刊等学术成果的级别与数量，国家重大攻关项目、国家重大项目、国家一般项目、省部级项目、校级项目等科研项目的级别与经费都衍化成为衡量学科建设成效的重要指标。在这种情形之下，学科建设的等级思维被人为制造出来，同时学科发展前途又容易为学科评估结果所左右。

国家重点学科审批制度具有一定的历史必然性，发挥着政策指引与统筹规划作用，在较大程度上提升了高校内部的学科建设意识、激发了高校之间的竞争合作动力，从而为高校集中力量提升学科建设水平提供了制度航向。但这种计划式评选、精英化取向塑造了学科建设的等级观念，这不仅不符合学科发展的生态规律，而且还侵蚀着非重点学科的生存权与发展权。"重点扶植"的学科建设思路体现出政策所携带的权威性分配权力。尽管这一时期学科建设从"行政管理"迈向"项目治理"，回应了社会发展的总体趋势，但学科身份固化、学科壁垒森严、科际生态失衡等问题依然丛生。

第三节 "动态调整"复苏学科发展生态（2015年至今）

早在1998年12月，教育部发布的《面向21世纪教育振兴行动计划》就对我国高等教育有了较为翔实的规划，以"创建若干所具有世界先进水平的一流大学和一批一流学科"为主要目标开展学科建设活动。党中央和国务院于2015年10月出台了《统筹推进世界一流大学和一流学科建设总体方案》（简称《总体方案》），"985工程"和"211工程"开始退出历史舞台，"双一流"建设思路逐步清晰起来。《总体方案》明确提出："国家将鼓励和支持不同类型的高水平大学和学科差别化发展，建设将更加突出绩效导向，通过建立健全绩效评价机制，动态调整支持力度。不断完善政府、社会、学校相结合的共建机制，形成多元化投入、合力支持的格局。"与国家重点学科建设相比，"双一流"建设更加强调高校学科的分类分层发展，将高校建设和学科建设放在高等教育的国际舞台上，通过建设一流学科以提高我国高校的综合实力，实现我国的高等教育强国梦。

2017年1月，教育部、财政部和国家发展改革委联合印发了《统筹推进世界一流大学和一流学科建设实施办法（暂行）》。这标志着"双一流"建设的教育工程在我国正式启动。"双一流"建设最为突出的亮点在于，学科专业的动态调整机制。它强调绩效导向，打破了重点学科建设工程遗留的学科布局，着力解决重点学科身份固化问题，引进竞争机制，为非国家工程重点建设高校谋求新的发展出路，即普通高校也有竞争高等教育资源的机会，国家政策性资源的分配更加合理与公平。同时，"双一流"建设也鼓励高校优势学科和特色学科的发展，"以学科为基础"的建设原则使得具有特色学科或新兴交叉学科的一般高校也有机会步入一流学科建设高校的行列，这焕发了学科的发展活力，使学科建设这一潭"死水"真正地变为"活水"，学科生态环境得到明显改善。"双一流"建设是新时代背景下的重大抉择。其中，一流学科建设面临着国际化与本土化的纠葛，面临着路径依赖难题，还面临着如何动态调整的困境。未来"双一流"建设将如何发展，我们不能妄下论断，唯有拭目以待。

　　总结我国高校学科这70年的建设经验，可以发现：我国学科建设的理念和制度在不断发生更迭与变迁。（1）由最初"院系调整"的国家刚性政策指令引领到如今国家"双一流"的柔性评估导引，我国高校的学科建设主体也在悄然发生变化；（2）从"重点学科审批制度"遗留的固化学科等级到"双一流"建设提倡的动态学科调整，我国高校的学科建设逻辑发生了根本性变革；（3）从只注重外部的学科建制到关注内部的学科文化建设，我国高校的学科建设内容更加全面和完整，完成了学科数量的积累，正逐渐走向学科质量的飞跃。通过对高校学科70年建设历史的回溯，可以大致了解我国高校学科建设的成就和不足，厘清制度变迁的历史脉络，为日后完善学科建设政策提供必要的理论基础。

第三章

比较的视角:中国大学学科建设的世界坐标[①]

2015年10月24日,国务院印发了《统筹推进世界一流大学和一流学科建设总体方案》,该方案的颁布标志着"双一流"建设政策的诞生,为我国世界一流大学和一流学科建设提出了"三步走"战略。"双一流"建设政策实施以来,中国大学在世界大学排行榜上的排名有了较大提升,[②] 在学科建设方面也取得了显著进步。当前"双一流"建设的第一个周期已经结束,中国大学整体在国际学术竞争中处于怎样的位置、哪些方面还有提升空间、未来如何进行战略布局等,上述问题都亟待探索和解答。这不仅关乎第一轮"双一流"建设的成效评价,而且影响着高等教育强国的建设方向及其进程。基于此,我们通过对上海软科2017—2021年世界一流学科排行榜的排名数据进行赋值,形成世界范围内学科建设的"成绩单",以此来探明中国大学学科建设的世界坐标与未来发展方向。

第一节 数据选取与处理

一 数据选取

目前,为人们所熟知的学科排名主要有 ESI 全球学科排名、QS 世界

[①] 此部分以"中国大学学科建设的世界坐标与未来抉择——基于软科2017—2021年世界一流学科排名的数据分析"为题发表在《现代教育管理》2023年第2期,收录在本书时略有删改。

[②] 赵江涛、胡华:《世界大学排名视域下我国"双一流"高校的建设成效与差距》,《高教探索》2021年第7期,第27—33页。

大学学科排名、US News 全球最佳大学学科排名、上海软科世界一流学科排名、教育部学位中心学科评估以及校友会中国一流学科排名等。但教育部学位中心发布的学科评估结果、校友会发布的中国一流学科排名均是针对国内高校进行的学科排名，并未涉及世界其他国家或地区。想要了解中国大学的学科建设成效，确定学科建设的世界坐标，仅参考国内学科排名数据是明显不足的，还需要涵盖全球大学学科排名数据。

即基本科学指标数据库（ESI），是美国科技信息研究所（ISI）推出的一种衡量科学研究绩效、跟踪科学发展趋势的基本分析评价工具，其评价指标主要包括论文收录数、论文被引频次、论文篇均被引频次、高被引论文和热门论文。[1] ESI 收录数据反映了学科建设中的科研创新成果，但并不能全面反映学科建设的实力和水平。同时，其参与排名的 22 个专业领域对中国大学而言存在"对应度不够"的问题。2021 年，QS 涉及的学科总数有 51 个，分布在艺术与人文、工程与技术、生命科学与医学、自然科学、社会科学与管理五大领域，覆盖 85 个国家或地区的 1400 余所高校。QS 的学科评价指标包括学术声誉、雇主评价、论文被引用率、H 指数四个维度，其中大多数学科的学术声誉与雇主评价的权重之和超过 50%，甚至高达 90%、100%。[2] QS 的学科覆盖范围更广、指标涉及也更全面，但把难以量化的学术声誉与雇主评价作为核心指标，其在客观性方面存在争议。US News 的学科总数为 28 个，分布在硬科学、软科学、艺术人文学科和新学科四大领域，涵盖 81 个国家或地区的 1500 多家高校，其评价指标包括声誉指标和文献计量指标两大类。[3] 但 US News 涉及的学科领域对中国大学而言也存在"对应度不够"的问题。

对此，本书选取上海软科发布的 2017—2021 年世界一流学科排名相关数据作为研究的数据来源。之所以选取软科，原因主要有以下几点：第一，软科作为世界大学排名公认的四大机构之一，其学科排名依据重

---

[1] 邹燕：《ESI 全球学科排名与江苏高校学科建设》，《江苏高教》2015 年第 3 期，第 53—55 页。
[2] 王亮、郭丛斌：《世界大学学科排名指标体系研究及对世界一流学科建设的启示》，《教育评论》2021 年第 4 期，第 67—78 页。
[3] 徐蓉、魏雅琛、李文静：《国际学科排名指标体系对我国药学学科发展的启示》，《中国药科大学学报》2020 年第 2 期，第 240—248 页。

要期刊论文数、论文标准化影响力、国际合作论文比例、顶尖期刊论文数、教师获权威奖项数五项客观指标,从而保证了数据的客观性;第二,软科世界一流学科排名覆盖54个学科,涉及理学、工学、生命科学、医学和社会科学五大领域,这与中国大学的学科对应度较高;第三,软科自2017年开始每年公布一次世界一流学科排名数据,这与我国"双一流"建设政策的实施周期恰好是一致的,从而可以将这种历时性数据用于中国大学学科建设的成效评价之中。同时,软科的相关数据均可在其官网获取,数据易获得。值得注意的是,任何排名数据都不是完美无瑕的,[1]相较于其他机构,软科的世界一流学科排名数据更符合本研究的需要。

二 数据处理

一般来说,世界顶尖大学20所左右,世界一流大学100所左右,世界知名大学200所左右。[2]我们可以采取类似的界定方式,在软科世界一流学科排行榜中,排名前20的学科视为世界顶尖学科,排名21—100名的学科视为世界一流学科,排名101—200名的学科视为世界知名学科。因此,数据统计范围为2017—2021年软科世界一流学科排行榜中各学科排名前200名的数据,排名在200名之后的数据不在统计范围之内,如果有学科排名数据不足200名的,以实际数据为准。

本书采用简单赋值法,对所选取的各个学科中的前200名进行赋值。之所以对学科排名进行赋值,是因为单纯看排名和入选的学科数,并不能准确把握各个国家学科建设的整体水平。以200分为满分,排名第1赋值200分、排名第2赋值199分、排名第3赋值198分,以此类推,排名第198赋值3分、排名第199赋值2分、排名第200赋值1分。对2017—2021年五大领域的54个学科前200名进行赋值后,得到53000余条数据,再以国家或地区为单位对其得分进行汇总,按照分数由高到低对这

---

[1] 任增元、王绍栋:《大学排名的缺陷、风险与回应》,《现代大学教育》2021年第3期,第18—25页。

[2] 刘念才、程莹、刘莉等:《我国名牌大学离世界一流有多远》,《高等教育研究》2002年第2期,第19—24页。

些国家或地区进行排序。举例说明：2021年软科世界一流学科排行榜中的土木工程学科，中国共有3所高校进入全球前十名，分别是第一名的同济大学、第三名的清华大学和第十名的东南大学。根据上述赋值规则，这三所高校的赋值分别为200分、198分和191分。2021年土木工程学科，中国共有38所高校进入世界前200名，其赋值总得分为4352分，排名第2，美国有50所高校进入世界排名前200，赋值总得分为4803分，排名第1。计算公式如下所示：

$$S_{ij} = \sum_{m \in I_{ij}} X_m$$

其中，i表示国家或地区，j表示学科，S_{ij}表示某一学科中某一国家或地区入选世界排名前200名的学科赋值总得分，I_{ij}表示某一学科中某一国家或地区入选世界排名前200名的学科排名集合，m属于集合I_{ij}中的元素，X表示各个学科中入选世界排名前200名的学科赋值得分。

为避免某一学科或几个学科赋值总得分较高而呈现在某一领域赋值总分虚高的假象，同时为方便进行学科之间的加总与比较，须对这些赋值总分进行归一化处理。即将排名第1名的国家或地区的赋值分数折算成100分，其余国家和地区的分数按照相同比例进行折算。那么，在2021年土木工程学科领域，美国最终得分100分，中国最终得分90.61分。同样的方法，我们可以得到工学领域中其他学科的赋值得分情况，再以国家或地区为单位，将其在工学领域内各个学科的赋值得分汇总相加，再除以工学领域的学科总数22，得到一个新的分数，再对其进行排序，就得到工学领域的得分情况。如2021年，中国在工学领域的赋值总得分为1934.31分，除以学科数22之后，得到2021年中国在工学领域的最终成绩为87.92分。同理，2021年，中国在生命科学、理学、社会科学和医学领域的最终成绩分别为44.46分、26.08分、11.08分和8.06分。我们将五大学科领域的成绩汇总，就得到中国在2021年的学科排名综合成绩为177.60分。同理，对其他国家或地区的学科排名进行数据处理，最后按照得分降序排列，我们就可以得到2017—2021年世界各国在五大学科领域的单项成绩与综合成绩，计算公式如下所示：

$$P_j = \frac{\max\{S_{ij}\}}{100} \quad U_{ik} = \frac{\sum_{j \in k'} \frac{S_{ij}}{P_j}}{n(k')} \quad F_i = \sum_k U_{ik}$$

其中，max $\{S_{ij}\}$ 表示某一学科中赋值总得分排名第一的国家或地区的得分，P_j 表示将某一学科中排名第一的国家或地区的赋值总得分折算成 100 分的比例。k 表示学科领域，k' 表示学科领域 k 中的学科，$j\in k'$，$n(k')$ 表示学科领域 k 中包含的学科数，U_{ik} 表示某一国家或地区在学科领域 k 的赋值总得分。F_i 表示某一国家或地区在五大学科领域的综合赋值得分。

第二节 "总成绩单"：中国大学学科建设的整体成效

一 中国大学学科建设颇有成效，呈现进步态势

由表 3-1 可知，全球一流学科的世界版图在 2017—2021 年间悄然发生变化：第一，虽然美国依然处于世界一流学科的核心地带，但其学科综合成绩在持续减少；第二，德国、加拿大、荷兰、日本、韩国等国家高校的学科竞争力均出现不同程度的减弱趋势；第三，中国、英国、法国、澳大利亚的学科竞争力有所提升，英国、法国进步幅度较小，澳大利亚进步明显，中国（不含港澳台地区，下同）大学学科发展的上升势头最盛。

中国大学学科建设综合成绩在 2017 年、2018 年、2019 年位居世界第 3 位，在 2020 年成功超越英国居世界第 2 位，在 2021 年保持世界第 2 位，并拉开与第三位英国的差距。这表明，中国大学的学科综合实力已经位居世界第 2 位，仅次于美国。从得分情况来看，中国大学学科的综合得分一直在上升，由 2017 年的 104.81 分上升至 2021 年的 177.60 分，分数增长较快。由前述赋值规则可知，学科排名越靠前，赋值得分越高；上榜的学科数量越多，赋值得分越多。中国大学的学科综合赋值得分上升如此迅速直接表明，中国大学的学科排名越来越靠前，进入前 200 名的学科数量越来越多。这也充分说明，"双一流"建设政策实施以来，中国大学的学科建设颇有成效，总体呈现出进步态势。值得说明的是，中国香港的学科排名由世界第 18 位上升至第 16 位，中国台湾由世界第 17 位滑落至第 22 位，这种排名上的浮沉及其背后的原因值得我们深思。即便如此，闽台地区、粤港澳大湾区的高校也具备深度合作的区位优势。

表3-1　　2017—2021年世界一流学科排名"综合成绩单"

国家/地区	2017年 得分	排名	2018年 得分	排名	2019年 得分	排名	2020年 得分	排名	2021年 得分	排名
美国	494.68	1	490.09	1	485.91	1	479.86	1	473.51	1
英国	148.63	2	148.85	2	146.92	2	147.15	3	150.62	3
中国	104.81	3	124.32	3	138.61	3	153.40	2	177.60	2
澳大利亚	83.71	4	84.40	4	88.94	4	87.21	4	89.75	4
德国	80.56	5	83.62	5	74.92	5	76.68	5	75.26	5
加拿大	68.95	6	69.87	6	69.64	6	64.66	6	64.33	6
法国	58.33	7	53.55	8	55.27	7	59.11	7	60.04	7
荷兰	55.59	8	54.81	7	52.15	8	52.10	8	51.98	8
瑞士	36.66	9	36.27	10	33.38	10	36.38	9	36.03	9
西班牙	35.38	10	35.70	11	32.38	12	33.30	11	33.66	11
意大利	34.49	11	37.38	9	37.02	9	34.75	10	34.81	10
日本	33.22	12	27.71	14	22.71	16	19.70	16	17.95	17
瑞典	30.81	13	32.47	12	32.56	11	32.54	12	32.04	12
韩国	27.68	14	29.23	13	27.04	13	23.49	15	21.34	15
比利时	25.47	15	24.96	16	24.51	15	24.03	14	23.35	14
丹麦	24.06	16	26.57	15	25.36	14	25.36	13	26.19	13
中国台湾	16.65	17	14.58	20	11.30	22	11.35	22	10.70	22
中国香港	16.53	18	16.53	18	17.05	17	17.71	17	18.32	16
巴西	14.65	19	16.73	17	17.71	17	12.83	20	13.27	20
挪威	13.70	20	14.98	19	14.34	19	14.52	18	14.68	18
新加坡	13.65	21	13.73	21	13.34	20	13.80	19	14.04	19

二　中国大学学科实力稳居亚洲首位，并扩大领先优势

由表3-2可知，亚洲国家或地区的学科排名变动情况大致分为三种：保持不变、总体上升、总体下降。保持不变的有中国、以色列、印度和马来西亚。中国大学学科竞争力在2017—2021年始终稳居亚洲首位，以色列的亚洲排名一直位居第7位，马来西亚位居第10位。印度高校学科发展水平在2017—2020年位居亚洲第9位，2021年升至亚洲第8位，但其全球排名一直处于第32位，且学科发展综合成绩只是微弱变动，并未发生根本改变。总体上升的有韩国、中国香港和新加坡。韩国自2018

年超过日本后一直处于亚洲第 2 位，但从学科发展综合成绩来看有退步迹象。中国香港从 2017 年的第 5 位上升至 2021 年的第 3 位，学科发展综合成绩稳中有进。新加坡从 2017 年的第 6 位上升至 2021 年的第 5 位，学科发展综合成绩有进步但较小。总体下降的有日本、中国台湾、伊朗。日本高校学科发展水平在 2017 年位居亚洲第 2 位、世界第 12 位，之后学科成绩和学科排名持续下滑，到 2021 年位居亚洲第 4 位、世界第 17 位。中国台湾高校学科发展水平在 2017 年位居亚洲第 4 位、世界第 17 位，之后学科成绩和学科排名未能顶住颓势，到 2019 年滑至亚洲第 6 位、世界第 22 位，2020 年、2021 年依然没有改观。伊朗高校学科发展水平在 2017 年位居亚洲第 8 位、世界第 29 位，到 2021 年位居亚洲第 9 位、世界第 35 位。

表 3-2　　　　2017—2021 年亚洲一流学科"综合成绩单"

国家/地区	2017 年 得分	排名	2018 年 得分	排名	2019 年 得分	排名	2020 年 得分	排名	2021 年 得分	排名
中国	104.81	1	124.32	1	138.61	1	153.4	1	177.6	1
日本	33.22	2	27.71	3	22.71	3	19.70	3	17.95	4
韩国	27.68	3	29.23	2	27.04	2	23.49	2	21.34	2
中国台湾	16.65	4	14.58	5	11.30	6	11.35	6	10.70	6
中国香港	16.53	5	16.53	4	17.05	4	17.71	4	18.32	3
新加坡	13.65	6	13.73	6	13.34	5	13.80	5	14.04	5
以色列	10.83	7	11.42	7	9.19	7	9.68	7	9.74	7
伊朗	5.65	8	6.55	8	5.52	8	3.21	8	2.42	9
印度	2.91	9	3.59	9	3.85	9	3.14	9	3.03	8
马来西亚	2.12	10	2.34	10	1.38	10	1.23	10	1.43	10

从综合成绩来看，中国大学学科实力一直稳居亚洲第一，并逐步扩大领先优势。这说明，中国大学学科发展的进步速度明显高于亚洲其他国家或地区。这从侧面反映出"双一流"建设政策所产生的头部效应与集群优势。需要注意的是，头部效应与集群优势是评判学科建设成效乃至高等教育强国的两个核心维度，二者互为犄角、缺一不可。像日本、新加坡的学科发展就属于头部效应明显，但集群优势不足，从而在一定

程度上制约学科发展整体格局与全球竞争力和影响力。

三 中国大学学科竞争力增强，与美国差距逐渐缩小

由表3-1可知，中国大学学科发展综合得分一直在增加，由2017年的104.81分一路上升至2021年的177.60分，得分增加72.79分，平均每年增加18.20分。而美国大学学科发展综合得分则一直在下降，由2017年的494.68分下降至2021年的473.51分，得分下降21.17分，平均每年减少5.29分。中美两国大学学科综合得分差距逐渐缩小，已由2017年的389.87分缩小到2021年的295.91分。这表明"双一流"建设政策的第一个周期取得了较为明显的学科建设成效，中国大学的学科竞争力逐年增强，虽与美国相比还存在较大差距，但差距在逐渐缩小。

按照当前发展趋势，我们可以预测，到2030年，中国大学学科发展综合得分为341.40分，美国大学学科发展综合得分为425.90分，中美两国学科发展差距将进一步缩小。到2034年，中国大学学科发展综合得分为414.20分，美国大学学科发展综合得分为404.74分，中国将首次超越美国位居全球大学学科发展综合成绩榜首。综合考虑各种因素，中国有望在2030—2035年取得令国人振奋的高等教育"成绩单"，高等教育强国建设之路将取得阶段性成果，这与《中国教育现代化2035》所设定的时间表几乎是一致的，[1] 与中国GDP有望问鼎世界第一的时间几乎也是一致的。[2] 我们需要清醒地认识到，美国大学学科发展的整体趋势在统计学意义上是逐步衰微的，但这种颓势很可能会在一个"拐点"之后进入平稳期，中国大学学科发展的增势也会在这个"拐点"到来之际遇到"天花板"。也就是说，2035年之后，世界高等教育中心应该不是由美国转移至中国这种简单的地缘层面的替代关系，[3] 很可能是以英美为代表的基督文明与以中国为代表的儒家文明这种更为复杂的文化层面的互补关系，这从根本上契合了"人类命运共同体"的全球理念与行动。

---

[1] 高书国：《中国教育现代化六大趋势》，《人民教育》2020年第8期，第36—41页。

[2] 吴庆军、王振中：《论新常态下中国对美国经济的追赶与超越》，《当代经济研究》2018年第9期，第47—54页。

[3] 李盛兵：《中国成为世界教育中心八问——与菲利普·阿特巴赫教授的对话》，《教育发展研究》2018年第17期，第1—5页。

第三节 "单项成绩单"：中国大学学科建设的分领域成效

近年来中国大学学科发展综合成绩可圈可点，但不同领域的单项成绩喜忧参半，即对工学、理学、生命科学、社会科学和医学学科建设成效的剖析更能让我们认识优势与短板。

一 工学领域跃居世界第一，但隐忧需要警惕

由表3-3可知，中国、美国、英国、澳大利亚和加拿大在工学领域的学科发展成绩处于全球前五位。中美两国大学在工学领域占据绝对优势，并遥遥领先于世界其他国家或地区。在2017—2021年，美国在工学领域的得分一直在减少，中国在该领域的得分一直在增加。2020年，中国在工学领域成功超越美国位居世界第1位。2021年，中国对美国的比较优势进一步扩大。这表明，中国在工学领域的学科建设成效显著，学科竞争力已经处于世界领先水平。

表3-3　2017—2021年不同国家或地区工学领域赋值得分表

国家/地区	2017年 得分	排名	2018年 得分	排名	2019年 得分	排名	2020年 得分	排名	2021年 得分	排名
美国	94.68	1	90.09	1	85.91	1	79.86	2	74.26	2
中国	60.65	2	70.07	2	78.66	2	83.07	1	87.92	1
英国	21.20	3	22.15	3	22.11	3	21.65	3	20.60	3
澳大利亚	19.01	4	18.31	4	19.10	4	19.95	4	19.42	4
加拿大	15.65	5	15.37	5	14.88	5	13.36	5	12.48	5
韩国	12.85	6	13.88	6	12.47	6	10.17	6	9.10	6
德国	11.59	7	11.06	7	9.83	8	8.71	8	7.57	8
法国	10.90	8	8.25	10	8.61	9	8.74	7	8.45	7
西班牙	10.73	9	8.99	9	7.70	10	6.41	11	4.78	14
意大利	9.51	10	10.48	8	10.11	7	8.25	9	6.94	10
荷兰	8.98	11	7.54	11	6.91	11	6.39	12	5.95	11

续表

国家/地区	2017年 得分	2017年 排名	2018年 得分	2018年 排名	2019年 得分	2019年 排名	2020年 得分	2020年 排名	2021年 得分	2021年 排名
日本	7.72	12	7.50	12	5.61	15	4.63	16	3.77	16
中国香港	7.03	13	6.75	13	6.85	12	7.16	10	7.38	9
瑞士	6.38	14	5.48	16	5.54	16	5.35	14	5.04	13
新加坡	6.21	15	6.42	14	6.06	13	5.88	13	5.75	12
中国台湾	6.11	16	5.07	18	3.49	21	2.66	21	1.96	23
瑞典	5.95	17	6.13	15	6.00	14	5.34	15	4.40	15
丹麦	4.90	18	4.80	19	4.15	19	3.73	17	3.47	17
伊朗	4.43	19	5.15	17	4.57	17	3.07	20	2.38	20
比利时	4.34	20	3.99	21	4.25	18	3.43	19	3.11	19

需要特别指明的是，2021年中国内地高校在工学领域的22个学科排名中获得12个学科的世界冠军，分别是西安交通大学的机械工程、西安电子科技大学的通信工程、哈尔滨工业大学的仪器科学、同济大学的土木工程、清华大学的能源科学与工程、上海交通大学的船舶与海洋工程、武汉大学的遥感技术、北京科技大学的冶金工程、北京航空航天大学的航空航天工程、东南大学的交通运输工程、江南大学的食品科学与工程和中南大学的矿业工程。冠军学科数量占比超过一半，这也进一步表明中国在工学领域的学科建设成效表现抢眼。这与中国大学学科建设的"理工化"思维不无关系，[1] 但其中的隐忧也是显而易见的——工学领域学科发展得分增幅放缓，由2017—2018年10分左右降至2020—2021年5分左右。就整体实力来说，水资源工程、生物工程的学科建设成绩尚未达到质量意义上的"及格线"，电子电力工程、生物医学工程、环境科学与工程、遥感技术的学科建设成绩在分数上看处于中等水平，还可以有所提升，见表3-4。可以预见，中国在工学领域的进步空间正在逐渐缩小，如果未来仅靠工学领域来带动中国大学学科综合竞争力的提升，恐怕成效并不显著。现实中诸多"卡脖子"难题也需要从基础科学领域获

---

[1] 黄文武、王建华：《"双一流"建设中一流学科建设理工化问题及对策》，《中国高教研究》2020年第6期，第86—91页。

得突破，从而开拓出更多具备全球竞争力的学科增长点。

表 3-4　　2017—2021 年中国大学工学领域各学科赋值得分

学科	2017 年 得分	排名	2018 年 得分	排名	2019 年 得分	排名	2020 年 得分	排名	2021 年 得分	排名
机械工程	46.63	2	72.24	2	81.73	2	83.98	2	95.68	2
电子电力工程	37.29	2	30.90	2	41.15	2	46.78	2	65.10	2
控制科学工程	75.19	2	100	1	100	1	100	1	100	1
通信工程	72.54	2	98.32	2	100	1	100	1	100	1
仪器科学	100	1	100	1	100	1	100	1	100	1
生物医学工程	37.82	2	46.67	2	60.21	2	66.04	2	73.35	2
计算机科学与工程	60.84	2	54.66	2	61.02	2	86.68	2	100	1
土木工程	37.40	2	39.09	2	54.13	2	74.23	2	90.61	2
化学工程	95.83	2	100	1	100	1	100	1	100	1
材料科学与工程	42.70	2	47.49	2	82.43	2	91.45	2	100	1
纳米科学与技术	87.78	2	78.43	2	96.39	2	100	1	100	1
能源科学与工程	78.22	2	92.85	2	100	1	100	1	100	1
环境科学与工程	25.99	2	28.46	2	40.96	2	44.74	2	60.50	2
水资源工程	42.86	2	35.48	2	41.77	2	44.21	2	49.80	2
食品科学与工程	75.02	3	83.34	2	100	1	100	1	100	1
生物工程	40.10	2	50.71	2	54.73	2	48.52	2	58.64	2
航空航天工程	34.39	2	58.79	2	60.13	2	64.15	2	69.00	2
船舶与海洋工程	56.71	2	100	1	100	1	100	1	100	1
交通运输工程	43.82	2	66.14	2	90.70	2	100	1	100	1
遥感技术	43.13	2	58.08	2	65.10	2	76.64	2	71.62	2
矿业工程	100	1	100	1	100	1	100	1	100	1
冶金工程	100	1	100	1	100	1	100	1	100	1

二 理学和生命科学领域表现强劲，但短板较为明显

理学领域涉及数学、物理学、化学、地球科学、地理学、生态学、海洋科学和大气科学八个学科。由表3-5可知，美国、英国、中国、法国和德国在理学领域的学科发展成绩处于全球前五位。2017—2020年中国在理学领域一直位居全球第4名，2021年成功超越法国位居世界第3名。从得分情况来看，中国在理学领域的得分一直在上升，这说明近年来在学科建设上确实颇有成效，虽然没有像工学领域那样表现抢眼，但上升势头强劲，预计很快就能超越英国位居世界第2名，但与第1名的美国还存在巨大差距。中国大学向理学领域进军，不仅可以提升理学自身实力，而且能够为工学发展注入原始动力。坦率地讲，工科独自发展也许可以走得很快，但只有与理科同行才能走得更远。

表3-5　　2017—2021年不同国家或地区理学领域赋值得分

国家/地区	2017年得分	排名	2018年得分	排名	2019年得分	排名	2020年得分	排名	2021年得分	排名
美国	100	1	100	1	100	1	100	1	99.24	1
英国	38.70	2	36.67	2	36.54	2	38.29	2	38.86	2
法国	24.57	3	22.99	3	22.27	3	22.23	3	23.34	4
中国	16.73	4	18.44	4	19.39	4	21.39	4	26.08	3
德国	16.30	5	17.01	5	15.18	5	15.88	5	16.33	5
澳大利亚	15.76	6	15.42	6	14.81	6	15.70	6	16.10	6
加拿大	11.58	7	10.98	7	11.68	7	10.02	7	10.31	7
瑞士	9.19	8	8.27	8	7.40	9	7.60	9	7.85	9
日本	8.03	9	7.26	10	6.77	10	5.59	12	5.67	11
荷兰	7.55	10	8.23	9	7.48	8	8.45	8	8.68	8
瑞典	6.71	11	7.09	11	6.77	11	7.27	10	7.19	10
意大利	5.82	12	5.59	12	5.77	12	5.80	11	5.33	12
西班牙	5.12	13	5.17	13	4.81	13	4.86	13	5.24	13
丹麦	4.48	14	4.96	14	4.00	14	4.26	14	3.95	14
比利时	3.99	15	3.77	15	3.21	15	3.48	16	3.62	15
以色列	2.92	16	2.47	19	2.35	18	1.99	21	2.35	19
挪威	2.85	17	3.19	16	2.93	16	3.76	15	3.60	16
韩国	2.82	18	2.55	18	1.99	20	2.03	20	1.97	20

续表

国家/地区	2017年 得分	2017年 排名	2018年 得分	2018年 排名	2019年 得分	2019年 排名	2020年 得分	2020年 排名	2021年 得分	2021年 排名
中国香港	2.46	19	2.73	17	2.80	17	2.81	17	3.03	17
新加坡	2.34	20	2.05	21	1.87	21	2.04	19	2.41	18

通过表3-6，我们进一步发现：中国在理学领域表现最为突出的学科是化学，2021年拿到78.60分的单项优异成绩，能够预见在未来还会有令人期待的结果，其次表现较好的学科有数学、海洋科学、大气科学、地理学等。从学科发展潜力的角度来说，近年来进步幅度最大的也是化学，海洋科学也表现出强盛的上升势头，但数学、物理、大气科学、地球科学、地理学等几年来发展并不尽如人意。生态学在理学领域中虽然排名增长幅度是最快的，但学科发展成绩尚未获得突破。通过对优势与短板的简要分析，我们需要清醒认识到：虽然中国在理学领域位居全球第3位，但优势主要在化学，其他学科优势都不太明显，尤其是数学、物理、地球科学这种基础学科与高等教育强国相比还有很大的差距。这很难依靠外部力量在短时间内取得突破，必须解放、激发并保护科学家的探究热情。

表3-6　2017—2021年中国大学理学领域各学科赋值得分

学科	2017年 得分	2017年 排名	2018年 得分	2018年 排名	2019年 得分	2019年 排名	2020年 得分	2020年 排名	2021年 得分	2021年 排名
数学	19.65	4	22.66	3	21.45	3	27.43	3	27.13	3
物理学	8.49	8	9.73	7	10.24	7	10.32	6	13.89	6
化学	44.26	2	51.56	2	59.97	2	62.36	2	78.60	2
地球科学	8.81	7	12.34	6	13.78	6	14.69	6	17.29	5
地理学	17.88	6	19.06	5	15.32	5	18.34	5	20.02	5
生态学	1.29	23	2.00	17	1.27	22	3.35	14	4.28	13
海洋科学	—	—	10.74	6	12.04	5	15.94	5	25.04	3
大气科学	—	—	19.42	3	21.08	4	18.71	3	22.39	3

注：表格中"—"说明没有任何一所中国大学进入世界前200位，下同。

生命科学领域涉及生物学、基础医学、农学和兽医学四个学科。由表3-7可知，美国、中国、英国、德国和澳大利亚在生命科学领域的学科发展成绩处于全球前5位。从2017年至2021年，中国大学在生命科学领域的学科成绩得以快速提升，由2017年世界第5位上升到2021年世界第2位，进步迅速惊人，与美国的分数差距逐步缩小。相比之下，多数国家或地区的学科发展得分基本保持稳定状态。这表明，生命科学领域的世界学术格局已经形成且有相对固化的趋势，然而中国大学异军突起，学科建设成效显著并表现出喜人的发展态势，让我们对未来学科发展充满信心。

表3-7　　2017—2021年不同国家或地区生命科学领域赋值得分

国家/地区	2017年 得分	排名	2018年 得分	排名	2019年 得分	排名	2020年 得分	排名	2021年 得分	排名
美国	100	1	100	1	100	1	100	1	100	1
英国	33.50	2	27.73	2	28.96	2	29.24	3	30.78	3
德国	26.78	3	26.20	3	24.71	4	25.19	4	25.43	4
澳大利亚	18.75	4	19.04	5	19.89	5	20.02	5	20.07	5
中国	15.27	5	19.91	4	25.32	3	33.39	2	44.46	2
加拿大	15.09	6	15.29	6	14.77	7	14.20	7	15.18	7
西班牙	14.10	7	13.77	8	12.51	8	13.83	8	15.04	8
法国	14.03	8	14.78	7	16.12	6	17.46	6	17.64	6
荷兰	12.04	9	11.54	9	11.67	9	11.15	11	11.17	11
意大利	11.18	10	10.45	11	10.71	10	11.53	10	13.84	9
日本	10.80	11	7.43	13	5.73	16	5.62	16	4.95	16
瑞士	10.38	12	10.65	10	10.39	11	12.09	9	11.25	10
比利时	7.54	13	7.26	15	7.28	14	7.23	13	7.48	13
丹麦	7.54	14	7.38	14	7.50	13	7.88	12	8.30	12
巴西	7.43	15	8.43	12	8.95	12	5.84	15	6.47	15
瑞典	7.07	16	6.59	16	6.91	15	6.98	14	6.80	14
韩国	4.54	17	4.13	17	4.35	17	3.58	17	2.88	19
挪威	3.26	18	2.92	19	3.40	19	3.42	19	3.67	17
以色列	2.93	19	2.75	20	2.31	22	2.60	22	2.43	23
芬兰	2.82	20	2.41	22	2.53	21	2.61	21	2.54	21

通过表3-8，我们进一步发现：中国在生命科学领域表现最为突出的学科是兽医学，其次是农学，两个学科分别拿到96.46分和71.05分，均位居世界第2位。但在生物学和基础医学上，中国大学依然处于全球学术竞争的边缘位置，"双一流"建设第一个周期内也没有太大的突破。倘若第二个建设周期不在生物学和基础医学上发力，那么我们在生命科学领域想获得进一步的发展几乎是不现实的。不得不说，生命科学领域学术竞争的根本在于生物学和基础医学。

表3-8　　2017—2021年中国大学生命科学领域各学科赋值得分

学科	2017年		2018年		2019年		2020年		2021年	
	得分	排名	得分	排名	得分	排名	得分	排名	得分	排名
生物学	5.63	11	5.59	11	5.21	11	4.33	12	6.69	10
基础医学	3.22	14	3.75	11	3.64	11	3.09	13	3.64	13
农学	30.26	2	35.23	2	41.55	2	54.97	2	71.05	2
兽医学	21.97	7	35.07	3	50.87	2	71.19	2	96.46	2

三　社会科学和医学领域急需努力，发展空间广阔

社会科学领域涉及经济学、统计学、法学、政治学、社会学、教育学、新闻传播学、心理学、工商管理、金融学、管理学、公共管理、旅游休闲管理、图书情报科学14个学科。如表3-9所示，美国、英国、澳大利亚、荷兰和加拿大在社会科学领域的学科发展成绩处于全球前五位，中国处于世界第6名的位置。自2017年以来，中国大学在社会科学领域的学科发展虽有一定的进步，但整体发展较为缓慢，与美国差距巨大。有些国家或地区尽管在社会科学领域的整体实力上无法与美国相抗衡，但可以在某些具体学科上取得突破，如新加坡国立大学在管理学上问鼎世界第1名，中国香港在旅游休闲管理上位居世界首位。目前中国内地高校可以尝试首先在某个学科取得突破，以点带面，进而开拓在社会科学领域的广阔发展空间。更重要的是，我们需要在哲学社会科学领域建构中国自主的知识体系，从而为构建学科体系、学术体系和话语体系奠定基础。

表3-9　　2017—2021年不同国家或地区社会科学领域赋值得分

国家/地区	2017年 得分	排名	2018年 得分	排名	2019年 得分	排名	2020年 得分	排名	2021年 得分	排名
美国	100	1	100	1	100	1	100	1	100	1
英国	25.40	2	27.24	2	26.28	2	22.92	2	23.41	2
澳大利亚	13.49	3	14.27	3	15.02	3	11.00	3	11.35	3
加拿大	10.81	4	11.21	4	10.49	4	8.92	5	8.47	5
荷兰	10.48	5	10.56	5	10.25	5	10.69	4	10.18	4
德国	4.91	6	5.45	6	4.84	7	5.39	7	5.42	7
中国香港	4.21	7	4.57	7	4.61	8	4.52	8	4.52	8
中国	3.85	8	4.45	8	5.27	6	6.90	6	8.06	6
比利时	3.71	9	3.66	9	3.65	10	3.53	10	3.24	12
韩国	2.84	10	2.50	17	2.60	16	2.82	15	2.74	14
瑞典	2.81	11	2.98	13	3.11	12	2.83	14	2.59	15
瑞士	2.78	12	3.13	12	2.88	14	3.21	12	3.24	11
新加坡	2.65	13	2.78	15	2.83	15	2.52	17	2.56	16
丹麦	2.63	14	3.60	10	3.66	9	3.37	11	3.32	10
法国	2.52	15	2.68	16	2.90	13	3.09	13	3.03	13
以色列	2.32	16	2.89	14	2.38	18	2.73	16	2.51	17
西班牙	2.23	17	3.49	11	3.55	11	3.78	9	4.01	9
新西兰	2.03	18	1.71	20	1.81	20	1.50	20	1.37	21
意大利	1.95	19	2.21	18	2.49	17	2.30	18	2.41	18
挪威	1.49	20	1.79	19	1.89	19	1.69	19	1.66	20

从当前各学科的表现来看，如表3-10所示，中国大学在社会科学领域表现较好的学科有旅游休闲管理、图书情报学、统计学、管理学和经济学，这些学科也展露出较为强势的发展势头，很可能会成为未来社会科学领域的学术增长点。中国在法学、政治学两个学科上尚未有进入世界前200名的大学，社会学、心理学、新闻传播学、教育学等学科虽有个别高校进入了世界前200名，但尚未形成集群优势，甚至有退步的迹象。如何发挥高校优势，进一步繁荣哲学社会科学是讲好中国故事、传播中国声音，加强东西方文明对话的重要前提，如此才能形成"各美其美、美美与共"的世界格局。如何讲好中国故事、传播中国声音、加强文明

对话，是中国社会科学发展的时代议题。

表3-10　2017—2021年中国大学社会科学领域各学科赋值得分

学科	2017年 得分	2017年 排名	2018年 得分	2018年 排名	2019年 得分	2019年 排名	2020年 得分	2020年 排名	2021年 得分	2021年 排名
经济学	5.10	11	7.03	9	7.80	7	7.98	8	10.36	4
统计学	14.01	3	15.26	3	14.45	3	15.86	3	17.09	3
法学	—	—	—	—	—	—	—	—	—	—
政治学	1.02	19	1.16	16	0.29	24	—	—	—	—
社会学	—	—	—	—	—	—	0.29	22	0.24	21
教育学	—	—	0.83	16	0.95	17	0.92	17	1.32	16
新闻传播学	—	—	—	—	—	—	0.27	24	0.24	25
心理学	1.20	13	1.23	14	1.26	16	0.93	16	0.47	20
工商管理	4.45	7	4.36	7	4.98	7	5.84	6	5.63	8
金融学	5.32	7	6.89	7	8.19	4	6.47	6	8.34	4
管理学	7.62	7	11.37	4	12.17	5	14.30	3	14.70	3
公共管理	—	—	3.60	18	3.21	16	3.44	15	4.22	13
旅游休闲管理	4.30	13	5.96	13	12.56	9	19.84	5	27.10	5
图书情报学	10.87	4	4.56	7	7.97	5	20.48	2	23.13	2

医学领域涉及临床医学、公共卫生、口腔医学、护理学、医学技术和药学六个学科。由表3-11可知，美国、英国、澳大利亚、德国和加拿大在医学领域的学科发展成绩处于全球前五位，英国、澳大利亚的学科竞争力不断增强，日本在该领域的竞争力持续减弱。中国在医学领域的学科发展成绩有所提升，但排名一直比较稳定，基本处在世界第7名的位置。易言之，中国大学在医学领域的学科发展总体上是有进步的，但建设成效并不明显，仍需继续努力。

表3-11　2017—2021年不同国家或地区医学领域赋值得分

国家/地区	2017年 得分	2017年 排名	2018年 得分	2018年 排名	2019年 得分	2019年 排名	2020年 得分	2020年 排名	2021年 得分	2021年 排名
美国	100	1	100	1	100	1	100	1	100	1
英国	29.82	2	35.06	2	33.01	2	35.05	2	36.96	2

续表

国家/地区	2017年 得分	排名	2018年 得分	排名	2019年 得分	排名	2020年 得分	排名	2021年 得分	排名
德国	20.97	3	23.90	3	20.37	3	21.50	3	20.50	4
澳大利亚	16.70	4	17.37	4	20.13	4	20.54	4	22.81	3
荷兰	16.53	5	16.94	6	15.84	6	15.41	6	16.00	6
加拿大	15.82	6	17.02	5	17.81	5	18.16	5	17.88	5
中国	8.31	7	11.45	7	9.97	7	8.65	8	11.08	7
瑞典	8.28	8	9.68	8	9.77	8	10.12	7	11.05	8
瑞士	7.94	9	8.74	9	7.18	10	8.14	9	8.64	9
日本	6.42	10	5.28	14	4.43	16	3.71	18	3.48	20
法国	6.31	11	4.85	15	5.36	14	7.58	10	7.58	10
意大利	6.03	12	8.64	10	7.93	9	6.87	11	6.29	12
比利时	5.88	13	6.27	11	6.12	11	6.36	12	5.90	13
中国台湾	5.68	14	4.69	17	4.00	18	5.16	14	5.08	14
韩国	4.62	15	6.16	12	5.64	13	4.90	15	4.66	15
丹麦	4.51	16	5.83	13	5.82	12	6.12	13	7.14	11
巴西	4.26	17	4.00	19	4.67	15	3.57	19	3.59	19
挪威	3.72	18	4.83	16	4.22	17	3.91	17	4.28	17
西班牙	3.21	19	4.28	18	3.81	19	4.43	16	4.59	16
芬兰	2.91	20	3.83	20	3.51	20	3.54	20	4.18	18

从当前各学科的表现来看，如表3-12所示，中国大学在医学领域表现较好的学科有药学、口腔医学和公共卫生，护理学的进步较为明显，医学技术和口腔医学基本保持稳定，而临床医学在2020年、2021年更是没有大学进入世界前200位。值得特别指出的是，近年来中国大学在公共卫生方面的发展势头向好。我们有理由相信，在后疫情时代，中国将在疾病防治、疫苗研发、卫生监督以及健康教育等方面取得重大突破，实践领域的进步将加快公共卫生领域的学科发展。

表3-12　　2017—2021年中国大学医学领域各学科赋值得分

学科	2017年 得分	排名	2018年 得分	排名	2019年 得分	排名	2020年 得分	排名	2021年 得分	排名
临床医学	0.94	21	2.38	13	2.19	17	—		—	
公共卫生	2.77	17	4.89	13	8.83	8	9.09	8	10.75	7

续表

学科	2017 年 得分	排名	2018 年 得分	排名	2019 年 得分	排名	2020 年 得分	排名	2021 年 得分	排名
口腔医学	15.60	6	14.35	6	13.92	7	16.00	6	18.21	5
护理学	2.49	17	3.68	16	3.82	15	5.76	14	8.72	9
医学技术	6.65	11	5.18	15	5.54	14	4.88	14	6.04	14
药学	21.41	4	38.22	3	25.51	4	16.16	5	22.73	4

综上所述，"双一流"建设政策实施以来，中国大学学科发展取得了不俗的成绩，在五大领域都有着不同程度的进步。中国大学在工学领域表现最为突出，稳居世界首位；生命科学领域后来居上，位于世界第2位；理学领域稳步前进，位居世界第3位；社会科学和医学领域发展空间巨大，分别位于世界第6位、第7位。透过成绩的背后，我们发现：中国大学在生命科学领域的优势在于兽医学和农业，而在竞争激烈的生物学和基础医学领域则暴露出短板；理学领域的优势在于化学，其余学科虽有发展潜力但尚未冒尖；社会科学和医学领域学科建设成效仍不明显。就基础学科而言，中国大学在化学方面具备一定的优势，但数学、物理学、生物学、地球科学等距离世界强国仍存在较大差距。需要思考的是，中国大学学科建设的未来抉择是什么？

第四节 中国大学学科建设"成绩"提升路向

2017—2021 年，中国大学在工科领域的大发展在整体意义上带动了中国全球学科的竞争力，国际排名迅速上升，但这种增长不可能是持续的线性增长。如果不进行战略调整，"双一流"建设的第二个周期内就会遭遇学科发展的"高原期"或"瓶颈期"。由于中国大学学科发展成绩存在严重的"偏科"现象，这就需要政府层面加强顶层设计[①]、高校层面加

[①] 姜涛、曲铁华：《我国大学学科建设的历史递嬗、演进逻辑与深化策略》，《现代教育管理》2021 年第 4 期，第 7—15 页。

强制度探索①、师生群体积极参与改革,多主体协同推进学科均衡发展战略②,即在保持工学领域学科优势的情况下,实施理工融合发展计划、推行生命科学与医学协同发展计划、坚持社会科学的国际对话理念、发展学科建设的优势联盟。

一 实施理工融合发展

自2017年2月份以来,教育部先后颁布了《关于开展新工科研究与实践的通知》《关于推荐新工科研究与实践项目的通知》等文件,积极推进"新工科"建设,全力探索具有中国模式、中国经验并领跑全球的工程教育建设模式。尽管学术界对于"新工科"之"新"的理解尚未达成共识,但不容否认的是,"新工科"之"新"的关键离不开理科之基。也许,工科在技术层面可以走得很快,但想要走得更远就必须在科学层面寻找理科的突破。这是因为理科涉及基础研究领域,唯有这种原始创新能力才能够更好地推动工科发展。用工科优势带动理科发展,以理科突破推动工科迈向新阶段,方可将"中国制造"推向更高层次的"中国创造"与"中国智造"。

国家可以在科研层面加大对理工类院校的支持力度,鼓励理工科在有条件的情况下融合发展,特别是需要探索出对理科原始创新成果的评价体系。高校需要破除"按照位次配置资源"的惯性思维,在理工融合的发展道路上开展自主探索,加大对基础原创研究的科研经费支持,③ 对学科增值评价予以特别关注。除此之外,理工融合的发展思路还要贯穿在人才培养过程中。自2020年起,部分高校开展基础学科招生改革计划——"强基计划",④ 主要目的是选拔培养有志于服务国家重大战略需求且综合素质优秀或基础学科拔尖的学生,这从侧面也体现了中国大学

---

① 解德渤、崔桐:《我国高校学科建设的制度意蕴、困境与创新》,《现代教育管理》2021年第7期,第54—61页。

② 王建华、靳莹莹:《世界一流大学与一流学科关系探析——基于软科2019年排行榜的分析》,《河北师范大学学报》(教育科学版)2021年第1期,第43—51页。

③ 张钦徽:《基础科学研究是科技创新的源头》,《科技与创新》2021年第14期,第107—110页。

④ 郁悦、张绍文:《论"强基计划"提振基础学科的逻辑与出路》,《教育评论》2021年第10期,第30—35页。

学科建设的新动向。2021年，海南省满分考生通过"强基计划"考入清华大学，其录取专业为数理基础科学和微电子科学与工程，这是人才培养环节理工融合发展的重要缩影。

二 推行生命科学与医学协同发展

未来中国大学在生命科学领域的突破有赖于生物学和基础医学，医学领域的发展需要"全面开花"。我们清楚，生物学是现代医学，特别是基础医学的重要理论基础，解剖学、组织胚胎学、生理学、寄生虫学、微生物学、免疫学、药理学以及病理解剖学等都是以生物学中的细胞为研究基础的，而基础医学又与医学领域中的临床医学、公共卫生、药学等紧密相关。诺贝尔生理学或医学奖于1901年12月10日首次颁发，至今已有120年的历史。这从侧面也表明生命科学与医学始终携手同行，不可人为设置学科壁垒。2017年12月，中国科学技术大学成立生命科学与医学部，积极探索生命科学与医学一体化的发展思路，目前在生物学、基础医学、医学技术和药学四个学科取得较大进步，均处于全球301—400位的区间。由此而言，生命科学与医学领域息息相关，推行生命科学与医学协同发展计划势在必行。具体措施如下：第一，在动态调整中，重点关注并支持生命科学与医学领域学科建设成效均比较优异的高校；第二，鼓励生命科学与医学在科研领域协同攻关，加大科研经费投入与政策倾斜；第三，在人才培养中，深化生命科学与医学深度融合的育人模式，储备复合型人才。

三 坚持社会科学的国际对话理念

与其他学科不同，社会科学领域中的多数学科具有明显的民族性和本土化色彩，这就使得该领域在不同国家或地区拥有不同的评价标准。这种分数上的高低绝不意味着文化层面的优劣，虽说统一的评价标准容易忽视文化差异，但这并不妨碍各自构建具有本土意义的学术体系、学科体系和话语体系，[①] 进而在独立平等的基础上进行文化交流、文明对

---

① 谢伏瞻：《加快构建中国特色哲学社会科学学科体系、学术体系、话语体系》，《中国社会科学》2019年第5期，第4—22页。

话。当然，那些单纯地追求在社会科学领域发表国际成果，甚至为追求学科排名而将国外期刊奉为圭臬的行为是不可取的。我们需要做到三点：第一，不迷信社会科学领域的全球排名，中国应立足自身的发展历史与社会实践，总结中国经验、书写中国故事、凝练中国模式、生成中国理论，将论文写在祖国大地上；第二，不盲信西方社会科学的理论与方法，中国应客观评价、全面分析、正确看待国际上的科研成果；第三，站在人类命运共同体的立场上看待不同文明之间的冲突，坚持社会科学领域的国际对话理念、姿态与行动，积极寻求全球问题解决方案，不可落入简单的排名比较之陷阱。

四 发展学科建设的优势联盟

未来中国大学学科建设需要具备更为强烈的合作意识，矫正以往的过度竞争甚至不正当竞争行为，这就需要组建学科建设的优势联盟，[1] 旨在进一步强化集群效应。[2] 一方面，各个学科领域具备顶端优势的大学要"强强联合"，如在通信工程领域，进入全球前十位的西安电子科技大学、清华大学、东南大学、电子科技大学、北京邮电大学、上海交通大学以及华中科技大学可以在重大科研项目上集体攻关，在人才培养上推行插班互访，同时通过设立"教师流动站"、推行"短期服务制"等方式对口支援其他高校尤其是中西部高校的学科建设；另一方面，要加强与境外高校的交流与合作，两所或多所高校可以签署学科发展的合作备忘录，借鉴学科发展的有益经验。当前粤港澳大湾区已经形成良好的高等教育协同发展基础，[3] 广东、香港与澳门高校之间的学术交流与合作越加密切，这也是在学科发展道路上的积极探索。

综上所述，"双一流"建设政策实施以来，中国大学的学科发展取得

---

[1] 闫建璋、郑文龙：《"双一流"建设背景下的学科联盟建设困境与优化路径》，《现代教育管理》2021年第9期，第20—26页。

[2] 潘海生、周志刚：《大学集群竞争优势及其形成机制研究》，《科技进步与对策》2011年第7期，第140—143页。

[3] 孙清忠、孙轶林、黄方方：《自组织理论视角下粤港澳大湾区高校联盟研究》，《高教探索》2021年第10期，第119—122页。

了卓越成绩,可谓前景光明,但依然任重道远。[①] 在新型举国体制之下,政府、高校需要共同推动学科均衡发展战略,根据具体情况实施理工融合发展、推行生命科学与医学协同发展、坚持社会科学的国际对话理念、发展并优化学科建设的优势联盟,如此方可兑现建设高等教育强国的政策承诺。

[①] 胡德鑫:《中国大学距离世界一流有多远——基于大学排名与学术竞争力的视角》,《现代教育管理》2017年第3期,第16—23页。

第 四 章

制度的视角：中国大学学科建设中的"学术发包制"[①]

近年来，我国在学术研究上的发展成绩有目共睹，突出表现为论文发表数量"爆炸式增长"，[②] 重大学术成果开始涌现。有学者曾利用企业理论对我国经济社会发展奇迹与政府治理体制进行分析，提出"政治锦标赛"和"行政发包制"的分析框架，借此来理解我国政府治理模式的基本特征。[③] 在此基础上，不少学者引入锦标赛制理论对学术产量繁荣的原因进行探讨。然而，学术竞争背后的动力机制是什么，在学术事务中是否也存在一种发包关系？目前，学术界关于学术治理模式的探讨大多集中在学术自治和科层制上，但这两种模式都难以充分解释我国大学学术治理的一些现象与特征，是否存在一种具有中国特色的学术治理模式呢？为此，我们尝试借助"行政发包制"这一组织治理形态，对我国大学学术事务的"发包制"特征进行深入研究。应该说，"学术发包制"贯穿整个学术治理体系之中，既包括政府与大学之间的学术发包关系，也包括社会与大学之间的学术发包关系，还包括大学组织内部的学术发包关系。限于篇幅，我们主要分析学术发包制在大学组织内部的基本特征、

---

① 此部分以《中国大学学科建设的世界坐标与未来抉择——基于软科 2017—2021 年世界一流学科排名的数据分析》为题发表在《现代教育管理》2023 年第 2 期，收录在本书时略有删改。

② 陈先哲：《学术锦标赛制：中国学术增长的动力机制与激励逻辑》，《高等教育研究》2017 年第 9 期，第 30—36 页。

③ 周黎安：《转型中的地方政府：官员激励与治理》（第二版），格致出版社 2017 年版，第 317 页。

形成机理、具体影响以及优化路径，以期为中国特色学术治理模式提供一个有益的研究视角与变革思路。

第一节 "行政发包制"相关研究的梳理与应用

行政发包制与政治锦标赛一样，都与经济学的企业管理理论有着密切联系。周黎安曾运用锦标赛体制（tournament system），从横向晋升竞争的角度阐述我国地方官员以 GDP 为中心的政治激励的性质及其影响。[1]之后，他从学界对企业发包制（subcontracting）和雇佣制（employment relations）的区分与讨论中得到启发，结合政治锦标赛理论，提出了一种既区别于韦伯的科层制（bureaucracy），也有别于纯粹的外包制（putting-out system）的"行政发包制"这一新概念，并将其作为一种介于二者之间的混合治理形态的"理想类型"，对政府之间的关系、官员激励以及政府治理等相关主题进行了系统、深刻的探讨。

"行政发包制"概括了一种正式组织在统一的权威之下内部事务层层发包的关系，是发生在行政组织边界内的一种内部发包制度。在他看来，单纯以严格强调层级、规则和程序的科层制来看待中国行政组织和政府治理是一种理想化的做法。他将政府治理过程中的各种非正式制度和变通实践等类似于企业内部市场化运作的行为视作一种"均衡"的常态。他指出，"行政发包制"是一种中间形态的组织类型，并从三个方面给出了颇有力度的解释：（1）在行政权的分配上，发包方拥有正式权威与剩余控制权，以任务下达和指标分解的方式将行政事务层层发包，承包方利用被"默许"的自由裁量权将任务执行和落实；（2）在经济激励上，因为实行的是财政分成和预算包干制，承包方虽然自负盈亏但享有剩余索取权，从而是一种强激励的治理方式；（3）在内部考核控制上，实行的是以结果为导向、人格化担责的考核逻辑。[2] 此外，周黎安还从质量压力、统治风险和治理成本三者关系出发，对行政发包的程度与边界条

---

[1] 周黎安：《中国地方官员的晋升锦标赛模式研究》，《经济研究》2007 年第 7 期，第 36—50 页。

[2] 周黎安：《行政发包制》，《社会》2014 年第 6 期，第 1—38 页。

件予以论述,并进一步讨论了其与政治锦标赛理论之间的相互作用。这不仅为以后的理论发展开拓了广阔前景,而且为研究国家治理模式提供了一个独特视角。

"行政发包制"的概念一经提出,就引发了学术界的广泛关注和热烈讨论。周雪光在周黎安研究的基础上进一步分析了治理效率提升和统治风险降低这两个治理目标之间的关系,并引入了执政者偏好这一要素,提出了一个修订版"集权—分权抉择"的理论分析模型。他还将行政发包制置于帝国逻辑的宏观背景下深入讨论,在相当程度上深化了行政发包制的理论认识。[①] 张静则从政府行政体系的组织基础方面深度挖掘了行政发包制的缘起问题,分析了诸如多重权威中心治理、隐形而分殊的实际控制权等问题,丰富了行政发包制的理论图景。[②] 而应星则追溯到抗日战争和解放战争时期来思考行政发包制的历史根源,提出了一个与之相对应的"军事发包制"的概念,将内部发包制的生长环境转换为军事行政组织,探讨中国共产党在战争时期局部执政过程中的特殊组织形态,从历史维度延拓了行政发包制的研究空间。[③] 由此可见,"行政发包制"是一个极具研究价值的范畴性概念。作为一种理想类型,它不仅能用于解释政治和军事领域的一些现象和问题,而且可为其他领域研究提供一个考察视角。

在对"行政发包制"相关研究进行梳理的过程中,我们发现:社会学中的"科层制"、经济学中的"企业外包制"以及政治学中的"行政发包制"对我们思考当前的学术治理问题具有重要的启发意义。例如,谢笑珍探讨了大学学术治理的行政化趋向,从组织行为学的视角讨论了以科层制为价值导向来治理学术事务的制度性困境。[④] 阎梦娇则从大学治理结构的角度讨论学术自治与科层制之间的关系,探寻其中的冲突根源与平衡之道。[⑤] 熊进着眼于国家与大学之间学术治理的互动层面,认为学

[①] 周雪光:《行政发包制与帝国逻辑——周黎安〈行政发包制〉读后感》,《社会》2014年第6期,第39—51页。

[②] 张静:《行政包干的组织基础》,《社会》2014年第6期,第85—97页。

[③] 应星:《军事发包制》,《社会》2020年第5期,第1—33页。

[④] 谢笑珍:《大学学术治理行政化的制度性困境——基于组织行为学的视角》,《高教探索》2012年第5期,第33—37页。

[⑤] 阎梦娇:《大学学术自治与科层制的冲突与平衡——基于中国大学治理结构的分析》,《高教探索》2019年第8期,第10—14页。

术场域存在一个政府"发包"、高校"抓包"的自上而下的学术项目分级系统，呈现出将科层制嵌入项目制的学术治理格局。[①] 上述文献从不同角度揭示了当前大学学术治理的某些重要特点，但稍显遗憾的是，大学组织内部学术治理的整体运作机制问题尚未得以充分解答。

第二节 "学术发包制"的基本特征

在其他领域治理模式的影响下，我国大学学术治理模式也逐渐表现出具有包干色彩的发包制特征。我们可以将这种学术治理模式称为"学术发包制"，这是参照"行政发包制"而提出来的一个具有隐喻（metaphor）性质的概念。"学术发包制"意指政府与大学、社会与大学以及大学组织内部围绕学术任务而形成的一种发包关系，这种制度形态作为学科建设的一种实践方式深嵌在学术事务之中。这种发包关系贯穿我国整个的学术治理体系之中，不仅存在于政府与大学之间，也存在于社会与大学之间，而且显著地存在于大学组织内部，并直接作用于学术事务治理实践。在大学组织内部，大学通过授权和参与的制度环境，建立起多重委托代理关系，以任务下达和指标分解的方式将学术事务层层发包，相关职能部门与各学部、院系签订相关责任书和任务书，层层落实大学发展战略规划或具体任务指标。在这种模式下，大学通过多种渠道将学术资源委托给有能力创造和传播高深知识的教师和科研人员，并以学术绩效问责机制对其学术成果予以严格的监督管理，借由其专业性与被层层激发的学术潜力产出更多科研成果，从而进一步推动大学发展与学科建设。

一 学术发包制的特殊性揭示

学术发包制具有着不同于行政发包制抑或其他发包制的特殊性，具体参见表4-1。大学组织和大学教师群体的特殊性决定了学术发包制并非其他领域的发包制在大学组织内部的自然延续，其他发包制的分析框

---

① 熊进：《科层制嵌入项目制：大学学术治理的制度审思》，《现代大学教育》2016年第3期，第15—22页。

架都无法简单复制到学术领域。

表4-1　　　　　　　　学术发包制与其他发包制之间的比较

发包制名称	发包内容	发包目的	发包方式	表现形式	发包方与承包方之间的关系
学术发包制	学术事务及权力	履行高校发展责任	签订任务书、责任书等方式	隐性	双重激励关系
行政发包制	行政事务及权力	完成底线式任务目标	通知、指示等方式	显性	行政隶属关系
企业发包制	企业生产任务	选优择优高效生产	竞标、合约等方式	显性	平等契约关系
军事发包制	军事决策的裁量权	保证战事机动灵活	军事指令	显性	军事隶属关系

　　一方面，大学组织在本质上是一个既松散又耦合的特殊组织。大学肩负人才培养、科学研究和社会服务的职能，这一使命决定了学术治理无法单独依靠科层制实现，也无法单独依靠外包制实现。就前者而言，学术权力与行政权力在结构上的共存与互补，既是高深知识发展的内在要求，也是大学自身协调运行并与外部环境互动的现实需要。故而大学组织内部既存在强调统一的科层组织，也存在较为松散的学术组织，既存在"学校—学部—院系"的隶属关系，也存在"学部—学部""院系—院系"之间的平等关系。就后者而言，大学以创造知识和传授知识为主要任务，其生产的产品——知识很难通过量化等操作化评价的方式予以清晰界定，加之教师的教学与科研行为也难以监控和评价，决定了其不可能像普通的物质产品一样被简单地市场化定价与交易。这就意味着，学术发包制并不是为完成行政部门设立的底线式学术指标而存在的学术治理手段，也不是单纯为了择优选拔合作伙伴以促进产品的高速生产进而争取利润最大化，而是一种融合了科层制、项目制以及锦标赛的混合治理形态。

　　另一方面，大学教师是一个具有"双重忠诚"（dual loyalties）的特殊群体。大学教师在工作过程中既要对其所属的学校忠诚，又要对其所从事的学科及其所在的学术共同体忠诚。① 由此观之，大学内部的各级行政职能部门与负责一线教学和科研的教师之间并不是单纯的行政隶属关系，也非完全的平等契约关系。大学组织与大学教师之间的利益和目标虽非对抗，却也并非完全相同，存在一定的冲突与博弈。然而在学术发包制的运作下，双方的利益产生了强有力的联结，各级发包方与承包方之间构成了独特的双重激励关系。在学术发包制模式中，学术成果既是影响大学排名、声誉和资源分配的核心要素，也是决定教师职位晋升和学术利益的重要依托。大学组织希望以教师个人的学术绩效来提升大学的整体绩效，大学教师也希望通过大学组织获得的学术资源来提升自身的发展空间。由此一来，大学组织与大学教师之间逐渐通过学术发包制形成了紧密的利益关联，在各级发包方与承包方之间均表现出交错的双重激励关系。

总体而言，当前的学术场域存在行政权力、市场竞争与学术权力三种逻辑的相互作用：行政权力的逻辑使得大学内部的行政系统存在着一定的科层式的垂直隶属关系，市场竞争逻辑的日渐渗透使得大学内部多方主体展开了以自身目标利益为中心的资源博弈与争夺，而学术权力的逻辑则使大学内部的学术组织与教师之间表现出相对平等的共事关系，彼此间"以学术产出论成败"。在此基础上，学术发包制成为以科层制为制度根基、以项目制为制度手段并以学术锦标赛为制度精神的特殊性存在，并在制度层面表现出学术治理权分配、学术资源激励和学术绩效问责机制三大特征。

二 学术发包制的制度呈现

（一）学术治理权力分配

在学术治理权的分配上，一方面，大学组织内部的发包方拥有正式权威和剩余控制权，掌握着学术事务相关的审批权、指导权、监察权、人事权、否决权和干预权等权力。这也意味着发包方的角色大多由学校的行政人员（包括身兼行政职务的教师）担任，即以上权力在多数情况

---

① 刘国权、彭学文：《治理视角下我国大学教师"双重忠诚"研究》，《大学教育科学》2015年第1期，第25—29页。

下由大学权力结构中的行政权力把控。另一方面，具体学术事务的执行权落到承包方手中，剩余权力则通过自由裁量权以"默许"的方式被赋予到发包的项目和任务当中，也即承包方拥有学术事务的实际控制权与具体执行权，这些权力在逐级分包的过程中表现出相对性的特点。如此一来，大学组织内部的学术治理权力形成了一种从学校管理部门出发，依次历经学部、院系的相关负责人，最终到达科研一线的教师乃至研究生手中的逐级传达和分解路径，每相邻的上下两级主体之间都体现为发包方与承包方的关系，每一级发包方都按层级享有不同程度的正式权威和剩余控制权，每一级承包方也都按层级享有不同程度的实际控制权和具体执行权。在这个过程中，各级各类高校结合本校情况通过签订任务书和责任书、项目竞标等方式将学术事务在学校内部进行层层传达与部署，相关的项目、任务、政策以至权力也按学校内部的层层串联关系被逐级分解下达。在这种自上而下的逐级发包关系下，不同的学术组织和师生群体可以相对充分地利用专业性和自主性进行判断和取舍，进而完成相应的任务和指标。值得注意的是，学校各学部与院系之间存在学科实力的强弱之分，彼此拥有的权力并不相等，分担的任务也不尽相同，所以发包方在进行任务发包的过程中也会综合考虑承包方的资质问题。

（二）学术资源激励

不容否认，各种科研项目、人才项目以及其他的学术任务、指标都蕴含着学术资本的属性与价值，它们会为各级承包方带来相应的学术资源。在市场竞争逻辑的影响之下，大学组织内部学术资源的配置不是以学校管理人员下达指令的方式进行的，而归根结底是各级承包方凭借自身所完成的项目、任务和指标数量逐级向拥有资源的上级发包方争取的，是一种"议价"能力的结果。各学部、院系与教师手中的招生指标、科研资金等资源以及教职人员的薪酬、福利、职称等待遇都在相当程度上与其所拥有的学术项目、任务和指标挂钩。这就说明，各学部、院系要想获得更多的发展资源抑或各级教职人员要想获得更高的薪酬待遇就必须努力完成上级的"发包"任务并主动去"抓包"，进而争取更多的学术资源以完成更多的学术 KPI（Key Performance Indicator）。最终，在大学内部形成了一种以学术资源为中心的"强激励"状态，大学内部多级承包方围绕各自上级提供的学术资源以多种竞争方式展开博弈与争夺。此外，虽然学术发包制中的承包方也拥有剩余索取权，却是不完全的剩余索取权，其中的实行力度有所侧重。"剩余索取权是指对高校分配资源获得的总收益扣除所有的资源付出后的剩余收益的要求权，具体表现在人才培养、教学研究和服务社会三个方面的剩余收益，这个剩余收益可能是正的，也可能是负的。"[①] 我国大学内部的行政组织掌握着校内科研项目、科研经费、科研奖励、职称评审等学术资源的分配和使用，拥有更多的决定性权力。与教师和科研人员相比，学部与院系中的行政组织享有的剩余索取权中的责任和风险明显降低，而教师和科研人员不仅很难自行解决资源方面的困难或者自负盈亏，同时我国科研成果转化和归属问题尚处于改革调整阶段，教师和科研人员在这方面的收益也是有限的。

（三）学术绩效问责机制

在学术发包制中，学术绩效问责是必不可少且显而易见的。在新公共管理运动的影响下，基于结果导向的学术绩效问责机制成为学校管理部门的重要治理手段，具体表现为上级发包方以承包方所成功申报、完成的项目、论文数量与责任书要求的绩效指标等作为评价基础，对相关单位、负责人与成员进行工作考核。这种内部控制以一种操作性极强的方式，简单、直观地呈现学校内部各级承包方的学术"成绩单"，倘若成绩没有"达标"，就会面临被问责的境遇。这就给学术组织和师生群体提出或显或隐的要求，即必须要有"可辨识""能量化""看得见"的学术产出。在这种机制作用下，上级发包方将学术任务"以一流为目标，以问题为导向，以绩效为抓手"层层下达，很可能既不关心承包方的能力和条件是否足以支撑任务指标的达成，也没有持续关注或跟进具体学术研究的进程，最终各级发包方与承包方仅"以学术产出论成败"。久而久之，在这种内部控制下，承包方以"结出"的学术成果向发包方申请所需要的发展资源和晋升资格，发包方则以承包方"上交"的学术成果满足自身发展需求，双方都争取以最小的治理投入获得最大的学术产出，

---

① 刘晓斌、洪昔仁：《我国高校权力中剩余控制权和剩余索取权配置结构探析》，《教育发展研究》2015年第11期，第55—60页。

最终形成了一种刚性的规范性监督和有效约束。① 与此同时，各级发包方与承包方之间也凭借完成的各项学术绩效在同级间展开激烈的利益争夺，上演着一场又一场以学术成果为"武器"的"无硝烟战争"。

第三节 "学术发包制"的制度进路

我国当下的学术治理模式形成了一种既不同于民国时期的"教授治学"模式，也区别于中华人民共和国成立初期的"单位制"模式，还有别于改革开放后的"项目制"，而是一种在此保留以上模式基因的基础上不断迭代生成的、融合了"学术锦标赛"精神的一种全新的治理模式——学术发包制。学术发包制的形成过程是一个不断吸纳各个时期制度经验的融合历程。这也是透视不同阶段学科建设行为的体制性密码。

一 "单位制"逻辑下的制度底色

新中国成立初期，百废待兴，国家正式步入计划经济时代，出于对政治格局和经济发展需要等因素的考量，雏形初露于革命根据地时期的"单位制"日趋成熟，成为占据主导地位的国家治理机制，单位组织也随之成为我国特色的社会组织形式，整个社会都处在一种"总体社会"的大状态当中。随着中华人民共和国各项事业迈向正轨，单位制逐渐延伸到高等教育场域，成为公立大学的组织基础和制度环境，进而形塑其内外部权力结构与治理模式。② 加之此时受到全面"以苏为师"方针的影响，我国正式将高等教育纳入国家统一领导的轨道当中，建立起了高度计划、高度集权的高校管理体制，为高校内部包括学术事务在内的诸多事务的治理逻辑刻上了中国化的"科层制"烙印。

当时我国大学的内外部组织制度皆是寄居于"单位制"当中，仿照行政组织抑或直接围绕行政权力建立起来的，运用严格的垂直等级管理

---

① 向东春：《问责与信任：大学学术治理的逻辑与路径》，《教育发展研究》2020年第19期，第42—48页。
② 肖京林：《从嵌入到断裂：公立大学组织认同的困境与超越——基于单位制变迁的视角》，《江苏高教》2021年第3期，第18—26页。

方式管理大学学术事务，使之在相当程度上表现出类似行政科层化的组织体系，体现了颇为明显的科层逻辑意味。这一时期内，高校的教学科研、经费使用与人事聘任等大小各项事务均须接受国家的计划安排和直接统一领导，其他有关部门协助执行管理，党政联合体制掌握高校事务的绝对管理权和资源支配权，形成了"条条为主"自上而下的纵向集权式治理模式。① 大学作为基本单位组织，正式被容纳进"国家—单位"和"单位—个人"的向上依附、向下支配的治理链条当中，内部各项事务通过指令性、非竞争性和封闭性的方式进行运作，大学内部的学术事务也因此被理所当然地深嵌于我国特有的单位制度和单位文化当中。②

总体来说，在中华人民共和国成立初期到改革开放前的这段时间里，我国在大学学术事务管理方面的种种改革措施，都是与我国当时的宏观政治体制、经济建设要求与国际大环境相适应的有益尝试，并且也确实取得了一定的成效。尽管我国的单位制与西方社会所普遍采取的"科层制"存在很大的不同，而且随着改革开放后市场逻辑的加入特征日渐式微，但是其背后所遵循的逻辑机制仍然是强调管控惯性的科层制逻辑，行政力量在大学内部的绝对执掌力仍然为大学组织深深刻下了科层制度的烙印，行政权力自上而下的纵向层级链条再难以打破，我们甚至可以直接将其称之为"嵌入了科层制的单位制"③。加之高等教育大众化进程的不断推进，我国现代大学的科层组织特性也进一步显现，科层制度的逻辑色彩已经不仅仅是得以保留的程度，而是代代流传刻画进了大学组织及其相关管理人员的思维图式当中，融入了大学和大学人的行为惯习之中。

二 "项目制"模式的体制性吸纳

经过思想上的拨乱反正，党和国家的工作重心逐渐转移到经济建设上来，改革开放的春风吹向中华大地，社会主义市场经济的蓝图徐徐展

---

① 陈阳：《基于现代大学制度的教授治学与治校研究》，硕士学位论文，长安大学，2017年，第22—23页。

② 张应强、周钦：《从学术单位体治理走向学术共同体治理：我国大学学术治理改革的基本方向》，《高等教育研究》2022年第2期，第31—41页。

③ 张应强、周钦：《从学术单位体治理走向学术共同体治理：我国大学学术治理改革的基本方向》，《高等教育研究》2022年第2期，第31—41页。

开。在政治经济体制改革的加持下，国家也开始改革原先在计划体制下日渐僵化的高等教育事业。此时，大学的科学研究职能被请上舞台中央，大学组织开始成为科研工作的主要载体。为了更好地调动大学组织的活力，进而培养出更多适应国家经济建设的专业人才，创造出更多有价值的科研成果，建设出更多高水平的大学，国家对大学学术事务的管理慢慢地从直接统一领导转变为宏观调控，同时引入市场调控机制，利用从社会其他领域溢出的"项目制"作为辅助性的技术手段，将其嵌入形式上逐渐淡出、实质上却不断再生产的、保有科层制显著特征的单位制组织逻辑当中，二者在彼此不断互动嵌套的过程中构建了这段时期我国大学学术治理的基本模式。

步入20世纪90年代后，国家着手进行了深刻的分税制改革，中央开始用"项目"作为奖励手段引导、调动和激励下级政府与项目承包者，"项目制"成为国家在各领域进行财政转移支付和资源配置的重要手段。自项目制从财政领域溢出到高等教育领域，越来越多的学术性事务被打造成各类专项任务，其中不乏诸多带有常规性质的工作被强制性冠以"项目"之名，"项目意识"日渐广泛存在于大学场域之内。截至当前，光是依据目标内容对高等教育场域中存在的项目进行分类就可以分为以下多种类型：以学科发展为宗旨的科研项目，例如国家自然科学基金项目和国家社会科学基金项目；以人才培养为目的的教学项目，如高等学校本科教学质量与教学改革工程项目；以院校发展为目标的综合项目，例如"2011计划""双一流"建设项目等。而在诸多的项目当中，科研项目的重要性日益凸显了出来。一是国家对大学的科研职能予以了政策和经费方面的大力支持，二是科研工作与教学等事务相比，其更容易被量化评估从而与绩效考核、项目竞标等挂钩。于是，在不知不觉间，大学教学与科研之间的"天平"越加趋向科研的一方倾斜。由此，相关部门提供的与科研相关的项目类型数量、层次级别层出不穷，竞标评审的方式更是别出心裁，经费投入也是与日俱增。而就在此时，随着项目制的成熟，其整体的资源配置方式已经发生变动，逐渐从专项补助的方式转变为绩效拨款，资金的配给不再是终身固有而是趋向于流动淘汰。在如此这般的项目热潮的冲击下，各级各类高校及相关的学术个体为了争取更多的利益开始暗暗较劲，彼此之间绞尽脑汁渴望跻身其中"分一杯粪"，并为之乐此不疲，前赴后继——拿到校级项目的希望进一步申到省部级项目，拿到省部级项目的则梦想申到国家级项目，得到普通项目的则希望申到重点重大项目……没申请到的屡败屡战，得偿所愿者再接再厉，"学术锦标赛"已然拉开了登场的序幕。

三 "学术锦标赛"精神正式登场

随着项目制的成熟和泛化，高等教育领域内"项目治理"的特征越发显著，政府对大学进行资源配置的方式更加突出了按绩效拨款的价值导向，进一步放大了竞争激励约束机制的作用。继"211工程"和"985工程"后，一系列关于大学、科研和人才建设的重点建设项目如雨后春笋般涌现，国家不断为各大高校提供全新的参与和竞争的平台。2001年，我国正式加入世界贸易组织，全球化进程在中华大地上迅速推进。在国家"科教兴国"等一系列政策的加持下，尤以科研产出为代表的学术事务与其本身发展所需要的诸多资源高度挂钩。因此，于大学而言，科研产出的重要性逐渐超过了其他事务，与科研相关的项目也随之成为了大学及相关人员眼中最具价值的"香饽饽"。就在此时，大学排行榜在我国日渐盛行，与学术产出高度相关的各式各样的排名结果背后牵扯出来无数的资源利益，使得大学或主动或被动竞相奔赴到越来越多的"学术角逐"中去，打响一场又一场"学术锦标赛"的号令枪。"琳琅满目"的项目仿若各级政府和相关部门为大学搭建好的一个又一个竞演擂台，大学在其中带着"锦标赛制"的精神链条乐此不疲地竞赛打擂。

随着竞争的愈演愈烈，学术场域的"锦标赛制"特征逐渐延伸至大学内部。一方面，各级学部与院系为了扩充自身的发展空间，逐渐在各层级与各学科之间拉开了学术成果博弈的帷幕；另一方面，为了激励大学教师快速进行学术产出，相关职能部门将教师的薪酬福利和晋升资格与学术产量挂钩，并通过各种学术绩效指标对其施加压力，大学教师为了获得更多的学术资源和自身发展前途而互相竞争，这种竞争甚至贯穿其整个从业生涯。至此，可以说，在项目制的成熟、高校自主权的扩大以及大学排行榜的红火等因素的综合作用下，我国高等教育自内而外的整个体系都在不知不觉间被纳入锦标赛体制之中。各高校及相关的学术个体为了自身声誉和生存发展，对项目的执着追求夹杂着对排名的狂热执念，不遗余力地展开了一场又一场以学术成果为中心的激烈争夺和比拼，最终形成"学术锦标赛"的白热化场面。

"学术锦标赛"以论文、项目等学术成果为中心，面向学校及学术人员建立了一套精密细致的评价和奖惩机制。一方若能够产出更多学术论文，抑或取得更多更高级别的项目，其在相应排行榜上的排名就会更靠前，其获得的科研经费也就更多，声誉也会更佳，能够吸引到更多优秀的生源和企业、政府的投资和合作，从而更有动力和资本产出更多的学术成果，形成了一个看似完美的"永动机"闭环。相关职能部门基于上述运作机制设置了相关的评价指标，将职称评审、奖励津贴、荣誉职务乃至招生名额都与项目、论文相勾连，构成了一种以学术成果为核心的"赢者通吃"的"锦标赛式"学术治理模式，一荣俱荣，一损俱损。诚然，这样的竞争模式有助于调动学术产出的积极性。然则，学术锦标赛在给我们带来繁荣景象的背后，也潜藏着大学及大学人近乎走火入魔式的持续冲动和破釜沉舟式的悲壮勇气。锦标赛的火热使得学术竞争愈发趋于表面化，大学及其内部开始痴迷于"数字游戏"，诱使大学偏离自身的本质使命。

第四节 "学术发包制"的形成机理

伯顿·克拉克提出的三角协调模型表明，政府权力、市场因素和学术权威是影响高等教育和大学发展的三股重要力量。[①] 在我国高等教育发展过程中，学术发包制也是在多种因素交织、多方力量制衡的长期影响下产生的，并内在遵循着特定的形成机理。

从组织角度来看，行政管理的思维惯性是学术发包制形成的组织基础。中华人民共和国成立初期，为适应经济建设的需要，加之受到"以苏为师"的影响，国家大力培养高级专门人才，从而在高校设立、专业设置、人员任免、学校管理、课程设置、教学安排、招生工作、文凭颁发、毕业分配等各项事务上实行政府统一安排、计划管理、严格控制。

---

① [美] 伯顿·克拉克：《高等教育系统——学术组织的跨国研究》，王承绪、徐辉、殷企平等译，杭州大学出版社1994年版，第159页。

伴随改革开放和高等教育大众化进程的不断推进，高等教育规模日益扩大、大学组织结构日趋复杂、整体管理难度与日俱增，计划式大包大揽的大学治理模式弊端明显暴露出来，市场经济的风气开始进入高等教育领域，项目制成为重要的大学治理手段。21世纪以来，以"去行政化"为典型标识的建立现代大学制度的呼声越来越高。但不容讳言的是，在行政管理模式的长期熏染之下，大学内部形成了根深蒂固的行政文化，携带着几近本能的行政管理思维。时至今日，科研项目、科研经费、科研奖励、职称评审等学术资源的分配权和使用权、项目审批权以及人事任免权等权力大多集中在行政权力手中，即由行政管理部门予以统筹规划。由此而言，在强调效率与规则的行政文化传统的影响下，学术发包制在科层制中悄然孕育。

从文化心理来看，不断"赶超"的心态成为学术发包制形成与发展的心理土壤。自20世纪80年代后期，为在未来世界发展格局中争取有利位置，政府开始以"项目"为载体、以"重点建设"为突破口大力发展高等教育。于是乎，诸如"211工程""985工程""973计划""长江学者奖励计划""2011计划"以及"双一流建设计划"等相继出台、实施。与此同时，各式各样的大学排名开始如雨后春笋般涌现并活跃至今。诚然，大学为了自身排名与声誉，就会不遗余力地努力达成项目或计划所要求的各项指标，这种压力就会通过考核评价的方式转嫁至教师与学生身上。可以说，国家层面的"赶超"心态、学校层面的排名压力、师生群体的考核压力等因素相互叠加使得学术竞争愈演愈烈，彼此之间激烈的"学术锦标赛"持续上演。阎光才发现，我国大学教师在整个从业过程中都具有锦标赛制特征，并且各方行政部门还通过各种绩效指标对大学教师施予更强的竞争压力。[①] 陈先哲进一步指出，当前我国学术治理模式具有较为明显的学术锦标赛制特征，并认为其通过利益捆绑机制将国家、大学组织以及大学教师三方目标统一起来，产生强激励并促进学术产量持续高速增长。[②] 学术锦标赛的愈加火热，使得大学开始"谋划"快速出成果的途径，催生了各种校内发展的"规划"，学术发包制走向

---

① 阎光才：《学术等级系统与锦标赛制》，《北京大学教育评论》2012年第3期，第8—23页。
② 陈先哲：《捆绑灵魂的卓越：学术锦标赛制下大学青年教师的学术发展》，《教育发展研究》2014年第11期，第12—18页。

成熟。

从制度运作角度看，纵向发包与横向竞争的制度性互嵌成为学术发包制进一步发展的根本动力。就纵向发包而言，高校各级管理部门作为发包方将与学术相关的政策、项目或任务层层下达，将绩效指标层层分解，并与承包方签订相关任务书和责任书，要求相关部门与人员分解落实，最终的学术成果以"看得见"的量化方式进行绩效考核，考核通过就会获得相应的激励，若是考核不通过就会被问责。就横向竞争而言，大学之间、院系组织之间、教师之间都存在为声誉、尊严、资源等展开学术竞争的情形，这种竞争既来自内部驱动，也来自外部压力。但是，纵向发包与横向竞争的相互叠加，则将学术竞争引向了更为激烈的境地，使得学术发包制进一步获得制度性生长的空间。在多种因素的影响下，大学不仅在局部意义上形成了"学术资源—学术发包—学术成果—学术资源"的简单循环，而且在整体意义的学术治理模式中形成了一种难以打破的"学术发包制—学术锦标赛—学术发包制"的"莫比乌斯环"。

第五节 "学术发包制"的具体影响

作为一种中间形态的学术治理模式，学术发包制在客观上适应了当前我国学术发展的现实要求，但其诸多难以避免的弊病值得警惕。我们需要全面审视学术发包制的合理性与局限性，旨在兴利除弊。

一 学术发包制的合理性

第一，学术发包制有助于降低学术治理成本，提升学术治理效率。大学组织结构复杂、学科专业多样，这就使得大学学术治理的难度增加，直接体现为治理成本上升、治理效率降低。然而，学术发包制通过任务层层下达、指标层层分解的方式，将责任也交由下一级承包人层层落实。同时，学术成果的数字化管理和绩效问责制度可以让发包人对学术任务或指标的落实情况一目了然，从而大大降低了在学术事务监督、管理上的成本与难度。

第二，学术发包制有助于灵活处理大学内部学术事务，及时调整治理方向。学术发包的程度和范围通常由学术发展的质量压力与治理效率之间的平衡程度决定，并随着学校的发展情况灵活调整。一方面，当学术治理以效率为先的时候，发包方会增加行政权力的管控力度，通过严格学术任务的下放和审批、学术资源专项专用、强化绩效考核等方式，在尽可能降低学术成本的同时，调动承包方的积极性。另一方面，当学术治理把质量压力作为重要考虑之时，发包方会倾向于将学术治理的部分权力下放到院系或教师身上，为他们提供一个相对宽松的发展空间。即发包方可以根据自身情况进行权衡，随时调整学术发包的程度和范围，以加强对学术事务进行有效治理。

第三，学术发包制有助于激励学术成果的快速产出，并引导学科发展向国家重大战略需求靠拢。大学争取的项目往往服务于国家重大战略需求，学术发包制将各项任务层层发包，并通过签订指标任务书的方式对活动范围加以规范。在正式权威、资源激励和绩效问责机制的多重作用下，各承包人对数字指标承担责任，从而形成自我约束和质量压力，最终产出科研成果、服务国家战略需求。在学术发包制与学术锦标赛的共同作用下，纵向发包和横向竞争从不同角度促使各级承包方为获得更多资源层层加码，进一步促进了学术成果的高速增长，从而带动相关学科的快速发展。

二　学术发包制的局限性

第一，学术发包制隐含着行政权力与学术权力的冲突与博弈，暗藏着对大学内部学术自由的威胁。学术发包制在制度运行过程中隐含着"集权—分权"问题，具体表现为行政权力与学术权力之间的冲突。拥有行政权力的发包方在统一的权威下，享有管理学术事务的正式权力和剩余控制权，代表学术权力的承包方则被赋予执行学术任务的自由裁量权和实际控制权。行政权力伴随着学术任务层层向下传递，学术项目逐级向上申报并凭借绩效"论功行赏"，这在一定程度上意味着学术权力依附于行政权力。同时，这一过程使得教师的学术自主性和创造性受到约束，从而生产出来的大多是"规划的知识"[①]。可能出现的另一种现象是，部

[①] 熊进：《科层制嵌入项目制：大学学术治理的制度审思》，《现代大学教育》2016年第3期，第15—22页。

分大牌教师和科研人员利用非正式制度和变通性实践对行政权力进行"反控制",最终使得两种权力交织在一起,相互越位、难解难分。

第二,学术发包制容易导致学术资源的分配不公,诱使大学内部产生"马太效应"和"剧场效应"。在学术发包制下,学术资源的分配往往依据学术任务的完成情况,而学术任务的完成又高度依赖于学术资源的多寡,这种难以打破的"莫比乌斯环"会使学术资源源源不断地流向资源本就丰厚的承包方。这样一来,承包资质较优的重点学科以及少数教授就会凭借累加优势变得"强者恒强",间接抑制了非重点学科和青年教师的发展。这种"马太效应"又会进一步触发"剧场效应",即不同院系、不同学科或教师之间为争夺发展资源而不惜展开恶性竞争,更有甚者可能会选择贿赂、合谋等非法手段。

第三,学术发包制为"求数不求质"科研观的扭曲发展提供了制度空间,加剧了学术"内卷化"。学术发包制将学术事务层层发包,以量化的可操作的绩效指标进行结果导向的学术评价,而减少了对学术研究过程和质量的监督。这种将学术研究进行"数字化管理"的方式,忽略了学术研究的长效性和知识发展的内在规律。长期以强激励和学术绩效问责的方式进行管理会模糊学术探究的本真目的,科研人员为追求论文数量变得急功近利。"学术 GDP 主义"日渐盛行的结果就是,学术人员疲于奔命、难以创新,"逐渐异变为学术生产场域中'精致的利己主义者'"[1],而日益加剧的"内卷化"使得学术研究呈现出一种"虚假繁荣"的景象。坦率地说,当前的"破五唯"正是针对此类现象发出的强力呼喊。

此外,学术发包是一个纵向发包的过程,其横向协调和整合能力相对有限,在处理跨学科、交叉学科事务时难以准确衡量和判定。申言之,学术发包制为当前破除学科壁垒的集体行动制造了一定的麻烦。

第六节 "学术发包制"的优化路径

如前所述,学术发包制体现出当前我国大学学术治理鲜明而独有的

---

[1] 向东春:《问责与信任:大学学术治理的逻辑与路径》,《教育发展研究》2020 年第 19 期,第 42—48 页。

特征，既有其合理性也有其局限性。因此，我们有必要从理念融通、目标转移和方式转变三个方面审慎思考制度优化的可能路径。

一　理念融通："发包抓包"与"购买服务"的结合

学术发包制在理念上是由上级发包方与下级承包方之间的"发包—抓包"互动机制指导的，承包方必须按时完成发包方委托的"包"中的各项任务，彼此之间在本质上是一种以科层制为制度根基的双重激励关系，带有学术权力依附于行政权力的风险。为此，学术发包制需要扭转自上而下的"发包抓包"，并适当融入自下而上的"购买服务"的制度理念。"购买服务"是一种起源于西方国家的政府治理理念，即政府通过公共财政向社会组织购买服务，从而以"合同"为基础在政府与社会组织之间形成一种相对平等的契约关系。在学术治理中，学术发包制的表现形式不止一种：要么是大学内部的各级发包方向承包方派发任务或分解指标，要么是承包方基于自身资质或实力通过竞标的方式独自承揽某些项目，还可以通过事后购买服务的方式重构学术发包方与学术承包方之间的激励关系。由于学术事务中"包"是一个模糊包，我们可以让所有潜在的学术组织、学术团队和师生群体按照自己的研究兴趣进行探索，学校或者学院根据学术成果初步崭露出来的影响力和集群程度进行相应激励与后续支持。虽然教师和科研人员的考核压力并未减少，但至少获得了一定的自由空间，不必因"包"而焦虑不安，有益于其安心教学与科研，更容易凝练出特色学科发展方向。延伸开来，政府在推行"学术发包"的同时，更应该积极贯彻"购买服务"的学术治理理念，为学术发展营造宽松、健康、可持续的生态环境。

二　目标转移：从"刚性发包"到"弹性发包"

尽管当前人们已经意识到"破五唯"的现实性，各种评价技术和方法也在不断革新，但是学术发包制对刚性指标的追求并未发生实质改变。学术研究的专业性和不可预期性决定了它不是一种完全按照时间轴发展的工作，更非流水线作业的社会化大生产，难以单纯凭借数字指标规划管理。① 因此，学术发包制的目标亟须实现从"刚性发包"到"弹性发包"的转移，理应将学术发包制的目光放得更加长远。一方面，发包方要避免对承包方"统得过死"，要随时关注承包方的条件与能力浮动，灵活机动地调整任务指标，避免学术工作畸形发展；另一方面，不断优化学术评价体系，实现评价取向从"忠实取向"到"调适取向"转变。易言之，学术发包方要摒弃"一刀切"的硬性指标评价方式，结合不同学科的特殊性，推行更具柔性和弹性的多维度、多指标评价。此外，还要进一步完善同行评议制度，继续探索代表作制度，最终形成"质量结合，以质为主"的学术评价导向。在学术发包的过程中，理应顺应学科生长规律，尊重学术发展的自为性、生成性与长效性，避免"完全地通过预设指标或外力干预实现学科建设的宏伟目标"②，缓解学术内卷，最终为学术发展与创新保驾护航。

三 方式转变：从"竞争性发包"到"协作性发包"

为公平分配学术资源、不断优化学术质量，学术发包制需要实现从"竞争性发包"到"协作式发包"的方式转化。"协作式发包"要求在对项目、任务、指标等事务进行发包的过程中，不同层级的学术发包方与学术承包方需要充分地沟通与协商，相同层级的学术承包方之间根据优势互补原则进行协同攻关。首先，要大力推进学术资源配置主体的多元化，尊重学术人员和学术组织在资源配置中的话语地位，听取多方主体的意见与建议，合理规划学术资源的使用，科学安排各方各级指标任务；其次，要使作为承包方的行政人员也承担剩余索取权，"承担剩余索取权中的风险可以减少道德风险，享有剩余控制权中的收益可以减少激励机制的扭曲"③，由此可以在一定程度上制约行政人员消极管理、腐败寻租等行为。最后，要完善行政系统和学术系统彼此间的监督机制，要加强

---

① 仲彦鹏：《学术锦标赛制下大学教师学术身份的异化与纠偏》，《重庆高教研究》2018年第4期，第109—118页。
② 解德渤、李枭鹰：《中国特色学科评估体系的优化路径——基于第四轮学科评估若干问题的分析》，《厦门大学学报》（哲学社会科学版）2019年第1期，第101页。
③ 刘晓斌、洪昔仁：《我国高校权力中剩余控制权和剩余索取权配置结构探析》，《教育发展研究》2015年第11期，第59页。

学术承包方之间的协同机制，推进信息公开、资源共享，提高各级发包方和承包方的主动性和积极性。这就使得学术治理形成了一套科学合理的决策机制，也在一定程度上避免了因资源争夺而引发的恶性竞争。可以说，"绿色发包"是学术发包制的题中之义，也是人心所向。

作为混合治理形态，学术发包制是具有中国特色的一种学术治理模式。"学术发包制"意指政府与大学、社会与大学以及大学组织内部围绕学术任务而形成的一种发包关系，这一制度形态作为学科建设的重要实践方式已经深嵌在学术事务之中。学术发包制以科层制为制度根基、以项目制为制度手段、以学术锦标赛为制度精神，具体表现为学术治理权的分配、学术资源激励以及学术绩效问责三大特征。学术发包制内在遵循着特定的形成机理，对大学发展、学科建设具有合理性与局限性的双重影响。因此，我们需要促进"发包抓包"与"购买服务"的理念融通，推动从"刚性发包"到"弹性发包"的目标转移，并加速从"竞争发包"到"协作发包"的方式转变。综上所述，学术发包制为研究中国特色学术治理模式提供了一个全新的视角，这一研究视角有助于将学术治理的整体运作机制从静态揭示推向动态描绘，也有利于从科层制与学术自治二元对立的学术治理思维推向一种更趋复杂、互动的思维框架。然而，鉴于学术场域的复杂性，目前关于学术发包制的探讨依然是一个初步探索，尚存诸多不足，仍有待进一步的理论研究与实践观察。

第 五 章

技术的视角:中国大学学科建设中的"学术工分制"

近年来,我国学术研究呈现一片繁荣景象,但果真如此吗?研究表明,我国大学的学术治理仍存在学术权力滥用[1]、学术成果泡沫[2]、行政权力惯性[3]等问题。这些问题产生的原因并非一个,而是多种因素叠加的结果,但其中有一个至关重要的技术手段因素——"学术工分制"不可忽视,它起着推波助澜的作用。我们参照集体经济时期的"工分制",提出"学术工分制"的概念。如果说"学术发包制"从宏观层面为我们分析中国大学学科建设的蓬勃局面为我们提供了一个制度视角,那么"学术工分制"就是从微观层面提供了一个技术视角。概言之,学术工分制是一种"治理术",它是管理者在学术治理过程中经常使用的技术工具,对高校学科建设方向及其进程具有深刻影响。

第一节 "工分制"相关研究梳理

工分(Work Points)是对工作量和工作质量的一种计量方式。工分是作为劳动量及其可获报酬的度衡量而存在,从而可将其视为管理科学

---

[1] 陈芳、张乾友:《学术权力的存在、滥用及其治理》,《大学教育科学》2022 年第 6 期,第 43—51 页。
[2] 杨光钦:《高校学术生产数量繁荣与学术制度的内在逻辑》,《教育研究》2015 年第 7 期,第 49—56 页。
[3] 余利川、段鑫星:《逻辑、困境与规制:"府学关系"的权力边界观照》,《黑龙江高教研究》2017 年第 5 期,第 26—29 页。

化道路上的人为创造物。在中国，"工分"的说法源于1933年秋中国共产党发布的关于互助合作的第一个文件——《劳动互助社组织纲要》。这与当时农村生产力低下、物资匮乏的社会情况密不可分，这种劳动互助的组织形式及其经验也为后来的农业合作化时期的互助组、人民公社时期的生产队所吸收。以工分进行劳动计量的相关制度也逐步完善起来，形成了围绕挣工分、记工分、评工分、算工分、分口粮等环节的一系列制度安排，即"工分制"（Work Point System）。

我国的"工分制"是从私有制个体经济向公有制集体经济转型的过渡形式，普遍应用于集体化时期农村对于劳动质量、数量以及劳动分配的记录，[①] 是特定社会时期特殊的历史表达方式。"工分制"本质上是在公平与效率之间、公平至上的一种分配制度，带有一定的平均主义色彩，公平在具体实施过程中仅可相对保证[②]，从而在计量和分配环节容易出现问题。"记工分"主要包括"死分活评""死分死记""定额记工""以物记分""大寨式记工"五种形式。[③] "记工本有64开那么大，皮是浅黄纸，上面有姓名栏，芯儿是白纸，按月份把每日都画出格子，记工员把某社员这天农活事项，写在小格子里，逢月公布，张贴在生产队队部的门板上。"[④] 遇有差错，记工员可以修改，这就有一定的权力寻租空间。另外，在记工的过程中，"由记工评分滋生出一种干多干少一个样，干好干坏一个样的社会痼疾，使之完全成了按劳分配原则的对立物"，这就容易挫伤社员的劳动热情。"分口粮"就是最终的收入分配环节。"社员通过按劳分配所取得的个人收入，不仅取决社员所应得的工分数量，而且取决每一个工分值的大小。前者决定于社员个人提供的劳动数量和质量，后者决定于各个集体所有制单位全体社员集体劳动的生产成果。"[⑤] 分配方式主要有实物分配和现金分配两种，实物分配占大部分、

[①] 赵俊红、高晋文：《集体化时期工分制演变的分析》，《经济师》2020年第11期，第28—29页。

[②] 吴丰华、白永秀、周江燕：《中国共产党90年分配思想：阶段划分与成果梳理》，《经济学动态》2011年第6期，第16—21页。

[③] 潘淑淳：《记工分》，《档案天地》2009年第6期，第13—17页。

[④] 鱼泉剑：《挣工分的那些日子》，《文史博览》2014年第6期，第66页。

[⑤] 许经勇：《关于贯彻农村人民公社中的工分制问题》，《中国经济问题》1978年第3期，第71—74页。

现金分配仅为辅助。① 可以说，在资源匮乏的年代，这种劳动计量、收入分配方式在事实上发挥着组织管理的社会作用。

何谓"工分制"？学术界较为认可的说法是，"工分制"是"中国农村集体经济组织内部计量农民参加生产劳动的数量以及计算劳动报酬的一种方法，亦称劳动日制，也是农村集体组织对农民进行劳动管理的一种形式"②。简言之，"工分制"就是以劳动工分作为管理方式、计量标准和分配尺度的一种劳动制度集合，其中劳动计量制度是"工分制"最直接的制度形式，劳动分配制度是"工分制"赖以存在的根本制度依托，劳动管理制度则是"工分制"作为微观管理技术的组织化表达。我国"工分制"开始的时间可以从1952年算起，③ 到1984年撤销生产队为止，家庭联产承包责任制使得"工分制"赖以生存的制度基础瓦解，这项制度前后存续30余年。但是，工分及"工分制"却超越了特定历史阶段而获得了广阔的存在空间，引发学术界的持续关注。

现如今，"工分制"作为一种绩效考核机制已经渗透各个领域。社会学的许多学者关注了"工分制"对生产效率的影响问题，主要形成"低效论"和"有效论"两种声音。"低效论"的声音比较洪亮，以林毅夫、周其仁、李秀林等为代表。由于"退出权缺失"④，"产权不完备"⑤，缺少监督、缺少竞争、激励不足等，⑥ 导致"磨洋工""搭便车""出工不出力"等现象突出；"有效论"的声调可谓别具一格，以张江华、孙敏、冯裕强为代表。张江华通过个案研究的方法得出"集体时期的工分制是一种相当有效的劳动激励制度，它所形成的激励与相互竞争使得农民通

---

① 梅德平：《60年代调整后农村人民公社个人收入分配制度》，《西南师范大学学报》（人文社会科学版）2005年第1期，第99—103页。
② 潘淑淳：《记工分》，《档案天地》2009年第6期，第13—17页。
③ 孙敏：《集体经济时期的"工分制"及其效率产生机制——基于J小队"工分制"的历史考察》，《湖南农业大学学报》（社会科学版）2016年第2期，第29—35页。
④ 林毅夫：《技术、制度与中国农业发展》，生活·读书·新知三联书店1994年版，第36—37页。
⑤ 周其仁：《中国农村改革：国家和所有权关系的变化（上）——一个经济制度变迁史的回顾》，《管理世界》1995年第3期，第178—189页。
⑥ 李秀林：《农业集体经济缘何低效率：一个交易费用分析——以安阳县吕村乡前奇务大队为例》，《当代经济》2008年第3期，第40—41页。

过不断追加劳动以获取更多工分的行为成为一种理性选择行为"①的结论。孙敏从口述史的视角对民间熟人社会中的"工分制"进行研究,揭示了"工分制"中蕴含的复杂人情网络,"在'小队干部带头、小组劳动监督、熟人社会评价'等多重力量的约束下,从个体名声、家庭收入以及社会性惩罚等方面的考虑出发,以工分制的形式共同参与集体劳动"。②冯裕强分析了工分被稀释的重要原因——"把非农业生产的工分拿回农业之内进行分配",从而出现当时农业生产效率表面看起来较低但实质却很高的悖论。③此外,夏倩芳分析了"工分"对于劳动者与职业的影响,认为"工分"改变了新闻从业者的劳动样态,以稿件的数量和长度为王,使得新闻的深度、创意、价值在评价之中无所适从。④胡伟从"工分制"的角度对国家与社会之间的关系进行了解读,认为"工分制"背后的"两种平均"(分配平均与贡献平均)是造成国家—社会分离的重要因素。⑤这些研究表明,"工分制"可以提高社会效益与管理效益,⑥具有明显的制度优势,但也要防治因制度异化所带来的各种问题。

在高等教育研究领域,国内最早提到"工分"这一概念是在2006年。陈钢等认为,指标化的学术评价体系使得学术研究如同"挣工分","这在激发科研积极性的同时,加重了学术的急功近利和浮躁之风"⑦。朱青松等认为,我国高校现阶段实行的量化考核体系,实质上是一种科研成果"工分制",偏离了考核的真正目的,进而提出多元化考核标准、采

---

① 张江华:《工分制下的劳动激励与集体行动的效率》,《社会学研究》2007年第5期,第1—20页。

② 孙敏:《集体经济时期的"工分制"及其效率产生机制——基于J小队"工分制"的历史考察》,《湖南农业大学学报》(社会科学版)2016年第2期,第29—35页。

③ 冯裕强:《工分制以及工分的稀释化——以广西华杨大队第十生产队为例》,《现代哲学》2018年第6期,第52—62页。

④ 夏倩芳:《"挣工分"的政治:绩效制度下的产品、劳动与新闻人》,《现代传播(中国传媒大学学报)》2013年第9期,第28—36页。

⑤ 胡伟:《貌合神离:正当性视角下的国家—社会关系——集体化后期水利个案研究》,《中国研究》2014年第2期,第25—44页。

⑥ 王淼:《"工分制"考核管理体系的构建与实施》,《中国电力企业管理》2020年第26期,第86—88页。

⑦ 陈钢、蔡玉、高刘江:《高校"指挥棒"下学术研究如"挣工分"》,《新华每日电讯》2006年11月16日。

用有效的目标管理、加强过程监督和考核、规范科研成果的认定过程、定性与定量相结合、考核内容多样化、建立监督机构并完善监督机制等具体改善措施。① 邬大光认为："我国高校的内部治理制度和机制，主要是采用'工分制'的绩效管理方式，这与学术文化、一流大学的学术价值以及推进内涵式发展的大学理念相背离。"② 目前，高等教育中的"工分制"主要是一种"学术工分制"，故而有必要将"工分制"与学术场域结合起来，以推进研究走向深化。

第二节 "学术工分制"的概念及特征

进入 21 世纪以来，我国大学治理越来越强调绩效管理，学术治理被五花八门的评价指标体系织就的错综复杂的微观权力网络所包裹。师生们在努力"挣工分"、学校人事部门管理者忙着"定工分""评工分"、院系管理者则负责"记工分""算工分""分口粮"，这与农村集体经济时期实行的"工分制"何其相似。但细致分析，我们又发现："学术工分制"拥有不同于一般意义上"工分制"的制度禀赋，所以在揭示其概念内涵与基本特征的基础上，再去分析"学术工分制"的特殊性之所在，就有助于人们形成一幅更加全面而立体的认知图景。

一 何谓"学术工分制"

目前，大学的学术绩效考核大多采用计算工分的方式。表面看来，学术绩效的考核对象包括大学、院系、教师、学生，但事实上考核压力的最终承担者并不在于组织而在于人。进言之，某所大学的学术绩效是通过所有院系的集体努力实现的，某个院系的学术绩效是通过所有教师与学生的集体努力实现的，所以组织层面的学术绩效压力最终都会在管理的名义下转嫁至个人身上，特别是教师承受着前所未有的学术压力。

---

① 朱青松、叶如燕、蒋从根：《由发达国家高校教师科研考核引发的思考》，《中国高校科技与产业化》2009 年第 12 期，第 46—48 页。

② 邬大光：《走出"工分制"管理模式下的质量保障》，《大学教育科学》2019 年第 2 期，第 4—7 页。

也就是说，当前的"学术工分制"的言说对象主要是教师，我们从教师学术绩效考核的烦琐条目就可窥其一斑。

在绩效考核中，不同级别的论文、专利、获奖、咨询报告、课题等等均严格按照等级划分，被赋予不同的分数，甚至因完成人的排名顺序被赋予不同的系数[1]，大学通过这些指标的积分多少去获取国家的学术资源、教育经费以及政策支持等，院系通过这些指标的积分去争取大学的信任与重视，教职工个体的收入也是通过获得的工分数量来确定。这种绩效考核方式中大学或院系完全掌握目标设定权、检查验收权、激励分配权，与教职工个体形成高度关联型的治理模式[2]。"学术工分制"即蕴含在上述考核方式之中，是学术资源总量匮乏情境下的特殊分配方式。

"学术工分制"意指在学术资源有限的情况下，政府对大学、大学对院系以及院系对师生围绕学术贡献进行的量化评价手段。这种量化评价手段将学术贡献分解为论文、课题、项目、获奖、教材等指标，并对不同指标进行评级、赋分、注释，最终按照各项加和分数层层评定学术贡献、分配学术资源。而该评价手段因政府与大学及大学内部的高度关联关系而上升为自上而下的学术评价制度，作用于学术治理，显著地存在于大学组织内部，尤其是大学及院系对师生进行的绩效考核，其内部组织之间具有极为敏感的互动反应。

"学术工分制"为合理分配学术资源、激发学术潜力而生，但在制度设计及实践环节出现偏差。从制度设计环节来看，"学术工分制"在信息转化过程中人为地忽视了质性信息。"学术工分制"的主要评价内容是学术贡献，学术贡献不仅包含可以量化的论文数量、项目数量、项目等级、科研经费、课时量等内容，还包含论文质量、课程质量、学术影响力、技术突破等难以量化的内容。"学术工分制"将学术贡献转化为量化积分的这一制度设计人为地将注意力聚焦到数字上，丢失了一部分质量信息，使学术贡献中蕴含的有效信息有所损耗。从制度实践环节来看，"学术工分制"追求极致科学化，未对数据风险进行有效规避。由于在"学术工

---

[1] 邬大光：《大学的"制度+"》，《高等理科教育》2022年第1期，第3页。
[2] 周雪光：《中国国家治理的制度逻辑——一个组织学研究》，生活·读书·新知三联书店2017年版，第103—104页。

分制"的制度实践中，目标设定权、检查验收权、激励分配权均属于考核方，但层层加码的考核压力却最终倾注于教师与学生个体身上，致使个体在仅能决定自身劳动投入的条件下，根据个人能力和考核要求理性计算投入与产出的效益，最终将目光置于周期短、工分高的高性价比工作，忽视了集体公共利益。在长期的质性信息损耗与投入效益计算中，极易形成"数字至上"的功利性文化，促使"学术工分制"走向异化，与其合理分配学术资源、激发学术潜力的初衷相悖，需要引起重视。

"学术工分制"的考评结果以"学术工分"的形式呈现，学术工分即被考评方在考评方制定的规则中获得的量化积分，是分配学术资源的依据。由于被考评方无权修改规则，也无权退出竞争，故只有在既定的规则中脱颖而出，被考评方才能如愿获得资源支持。具体来讲，只有获得更多的学术工分，大学及院系才能获得更多的支持与信任，教职工个体才能获得更多的薪酬和晋升机会。无论是大学、院系还是师生，都必须在搭建好的舞台上竞技，以确保自身需求得到保障。

总而言之，"学术工分制"是在学术场域中产生的自上而下的分配制度与自下而上的理性选择的融合关系，以自上而下的分配制度为主导，自下而上的理性选择仅是制度运行过程中衍生出的自我保护机制。

二 "学术工分制"的基本特征

第一，"学术工分制"是一种显性考评机制。"学术工分制"的考评规则、考评依据等均显性存在、公开发布。大学在对教师个体的考评文件中，各类条目清晰可见，对应的工分数公开透明，计算规则简洁明了，人人可看，随时可查。

第二，"学术工分制"是一项以数字为核心的极度精细化的制度安排。大学绩效考核分为学校、院系、教师个体三个层次，学校层面的评价指标一般包括七个模块：学术资源、学术成果、师资质量、学生质量、学校资金、学校声誉、物资资源；教师个体层面的评价指标一般包括三个模块：科学研究、人才培养和社会服务。[1] 尽管每一所学校的考评条目

---

[1] 李军锋、彭冲：《基于 KPI 的高校院系整体绩效考核应用研究》，《北京航空航天大学学报》（社会科学版）2011 年第 4 期，第 111—114 页。

有所差异，但呈现方式却几乎相同：将每一个模块的内容分成若干具体条目，再在具体条目中划分若干等级，每个条目每个等级均从高级到低级、从重要到次要对应不同的分数，细致到方方面面并对各项条目加以详细说明，以用于最终的绩效考核。在年终绩效的核算阶段，学术工分的数量是唯一的评价标准。

第三，"学术工分制"是一项单向刚性的制度安排。政府掌握着绝大多数学术资源，并且对大学具有人事任免权、基金批准权及评估权[1]，近年来大学的自主权虽然受到重视并有着不断扩大的趋势，但是在政府与大学的关系实践中仍然是以政府为主导的，存在一定的行政思维惯性。由此来看，"学术工分制"的计分规则和资源分配方式都是以政府为风向、大学单向制定的，很难体现出院系特色或是教职工个体的意志。换言之，"学术工分制"实际上是行政逻辑对于学术事务的一种规范，大学、院系、教师个体三者均不具有退出权，由微观权力凝聚的力量只能作用于个体的理性选择，衍生出自下而上的行动逻辑，其理性行为也只能停留在制度框架之下的自身行为选择上，几乎不能对行政规则起作用。

三 "学术工分制"的特殊性

"学术工分制"具有不同于中国集体经济时期"工分制"的特殊性，如表 5-1 所示。这是由大学组织的特殊性决定的。

表 5-1 "学术工分制"与中国集体经济时期"工分制"之间的比较

工分制类型	评价内容	运行逻辑	制度理念	同层级间的竞争程度	社会关系纽带
学术工分制	学术成果	行政逻辑与学术逻辑的双重逻辑	绩效优先	激烈竞争	弱
中国集体经济时期的工分制	农务工作量	行政逻辑	公平优先	几乎无竞争	强

---

[1] 周光礼、吴越：《我国高校专业设置政策六十年回顾与反思——基于历史制度主义的分析》，《高等工程教育研究》2009 年第 5 期，第 62—75 页。

一方面，大学具有学术组织属性，具体而言，大学由文化、制度等多种要素构成，大学治理模式由其自身发展逻辑和组织形态决定[1]。从高等教育发展历程来看，大学内部治理一直处于学术权力与行政权力的协调博弈之中，具有复合逻辑。"学术工分制"作为一种大学治理术，在行政逻辑和学术逻辑耦合下的双重逻辑中运行，而集体经济时期的"工分制"遵循单一的行政逻辑。值得一提的是，相对于生产队而言，大学内部的社会关系纽带相对较弱。生产队一般以邻里为单位，以亲缘关系为纽带，将强烈的道德束缚加之于个体[2]，而大学组织内部存在互赖关系、博弈关系、共同体关系[3]，社会关系纽带的约束作用减弱。

另一方面，学术事务具有复杂性，难以通过单一标准或量化数据来评判。"学术工分制"的评价内容是学术贡献，举例来说，在评判大学的科学研究成果时，如果必须将所有研究成果按照先后顺序排序，很难说哪一项在前，哪一项在后；尤其是人文社科类学科中，同行之间的认可度具有重要意义。是以在评判学术贡献时，"学术工分制"的理想运行状态变得复杂。除此之外，根据马斯洛需求层次理论，"学术工分制"与集体经济时期的"工分制"评价结果对应的需求层次不同。集体经济时期，"工分制"公平优先，纳入评价结果的主要为农民的基本生活需求，农民生活在低水平徘徊，致使竞争机制失效；而"学术工分制"绩效优先，旨在推动我国高等教育的改革与发展，其评价结果与组织及个人的未来发展空间联系紧密，竞争机制被激活，在大学之间及大学组织内部形成"大学—大学""院系—院系"同层级之间的激烈竞争。

故而，在资源总量有限的前提条件下，"学术工分制"的运行逻辑复杂、社会关系纽带较弱，作为参与者的大学、院系、教职工个体相对于集体经济下的农民而言具有更大的心理压力，暗流涌动加剧。

---

[1] 李立国：《大学发展逻辑、组织形态与治理模式的变迁》，《高等教育研究》2017年第6期，第24—31页。
[2] 孙敏：《集体经济时期的"工分制"及其效率产生机制——基于J小队"工分制"的历史考察》，《湖南农业大学学报》（社会科学版）2016年第2期，第29—35页。
[3] 胡仁东：《人·关系·方法：大学组织内部治理的三个维度》，《大学教育科学》2015年第3期，第24—30页。

第三节 "学术工分制"的形成机理

费孝通先生最早提出"双轨政治"这一概念，即自上而下的正式制度与自下而上的非正式制度并存。[①] 王务均和王洪才将"双轨政治"用于分析中国大学治理的逻辑，将其引申为学术逻辑与行政激励的并行与矛盾。[②] 事实上，我国高等教育中的制度正是在行政轨道与学术轨道的双轨相互冲突、平衡、融合的作用下发展的，"学术工分制"也是在行政轨道与学术轨道的长期平衡下产生的，受正式制度与非正式制度的双重影响，并遵循特定的形成机理。

从组织体制来看，学术文化的缺位为学术工分制的孕育提供了现实空间。大学既具有发展学术、生产高深知识的功能，又承担着文化传承创新的使命。实际上，大学是一个具有文化属性的组织，其文化元素融合在办学理念、运行机制、发展实践等方方面面，潜移默化地对大学发展产生影响。目前，学术界已经注意到大学的文化功能，也明确了其重要性，但是在现实中，大学文化尤其是学术文化仍然处于弱势地位。学术文化是在大学学术发展中形成的共同价值，我国大学的学术文化在儒家传统的中庸思想、纲常思想以及集权化管理、行政化管理等的影响下，存在学术政治化、功利化、封闭性等问题。[③] 在这种情况下，大学失去了或者说淡化了学术文化对大学办学的正向孵育作用。在学术逻辑与行政激励的博弈之下，行政激励通常占据上风，"学术工分制"的孕育也就具有了合理性与现实空间。

从制度运作来看，绩效考核的广泛应用是"学术工分制"形成的基础。其一，由于高等教育具有准公共物品属性，我国的高等教育经费投入也逐年增加，故高等教育的发展情况受政府、社会、人民群众

[①] 费孝通：《乡土中国》，上海人民出版社2007年版，第275—293页。
[②] 王务均、王洪才：《学术逻辑与行政激励：中国大学的双轨治理机制》，《大学教育科学》2022年第2期，第28—36页。
[③] 李泳波：《当前我国大学学术文化存在的主要问题及其原因分析》，《湖南师范大学教育科学学报》2011年第6期，第61—64页。

的广泛关注。① 基于此,开展高等教育绩效考核具有必要性,开展高等教育绩效考核同时也是我国高等教育发展的时代要求,绩效考核也因此成为我国大学现行制度的重要组成部分。学术工分制本质上就是一种绩效考核制度,因此"学术工分制"在行政轨道中得以扎根。其二,我国自2015年以来开始进行"双一流"建设,动态支持意在打破"985工程""211工程"带来的大学身份固化与竞争缺失②,以资源倾斜、经费投入来推动学科建设,"学术工分制"作为明确可观测的技术手段,在"双一流"建设绩效评价的强行政激励下得以快速成长。其三,绩效优先是我国高等教育治理改革中的原则之一,考核评价是绩效优先原则的实现方式。③ 学术绩效分为形式学术绩效和实质学术绩效,在绩效考核中偏重于形式学术绩效,偏重于量化效率④,因此考核评价主要考的是如何在投入尽可能低的成本情况下,获得更多的能够被考核方认可的产出成果,评的也是投入成本相对于产出成果的效率与效能。工分是一个直观且可行的描述产出成果的指标,学术工分既可以对学术成果的产出加以描述,又可以体现成本与成果的相对效率,能够在行政激励与学术逻辑二者之间找到一个平衡之处,因此"学术工分制"得以在行政轨道与学术轨道的重叠之处受到滋养。

从高等教育发展实践来看,我国高等教育现实与理想之间的"时间差"促进了"学术工分制"的成熟。"中国特色、世界一流"的目标定位对我国高等教育事业发展是一种方向性指导,但如何实现对各方来说都是不小的挑战。从宏观层面来讲,与西方发达国家相比,中国高等教育在教育理念、管理水平、制度建设等方面均存在一定的"时间差"。⑤

---

① 李宣海、薛明扬、王奇、冯晖:《试论高等教育的绩效评估》,《中国高等教育》2011年第Z2期,第19—22页。
② 周志刚、宗晓华:《"双一流"建设绩效评价下高校的"唯指标"办学倾向与规制效应》,《高教探索》2021年第10期,第40—46页。
③ 操太圣:《遭遇问责的高等教育绩效化评价:一个反思性讨论》,《南京社会科学》2018年第10期,第129—136页。
④ 蔡连玉、吴文婷:《高校学术治理的双重绩效与同行评议》,《江苏高教》2019年第5期,第35—39页。
⑤ 邬大光:《走出"工分制"管理模式下的质量保障》,《大学教育科学》2019年第2期,第4—7页。

中国近代高等教育始于洋务运动时期，是"学习西方先进科学技术，培养新式人才"变革下的产物，1862年京师同文馆的成立是中国新式高等教育的开端①，而中国高等教育发展历程也就70余年，其中还包括"文化大革命"期间荒废的10年。② 西方高等教育始于中世纪，已有近千年历史。可以说，中国高等教育与国外高等教育处于不同发展阶段，我国高等教育的发展现实与奋斗目标——"世界一流"还存在很大的差距。为促进高等教育的改革和发展，实现我国高等教育的宏伟蓝图，行政激励的手段便不可避免，在短期内成效显著。从中观层面来讲，我国目前的学术治理由"学术单位体"主导，根据不同的专业、院系形成"学术圈"，造成了院系之间的白热化竞争和绩效主义取向③，现实中我国高等教育还存在专业壁垒或者说是院系壁垒，但如今的知识生产模式已经呼吁从单学科走向跨学科乃至超学科，其中的现实与理想的差距可见一斑。这正是在行政的强激励作用下，学术逻辑与行政逻辑相互拉扯的真实写照。从微观层面来讲，我国高校教师具有严重的时间焦虑，这种时间焦虑已经不仅是对于钟表时间流逝的紧张，而是发展成了对于周期性活动的节奏感的丧失。④ 高等教育具有滞后性，高等教育研究是周期性活动，高等教育发展也是周期性活动，过于急躁是与学术逻辑相悖的。因此，高等教育在行政的强激励下，学术逻辑与行政逻辑尚未找到二者之间的平衡点，"学术工分制"在二者的拉扯之中走向成熟。

综上所述，"学术工分制"是特定发展阶段的特殊技术手段，符合时代的既定价值和发展逻辑，是研究中国大学学术治理的新路径。在学术治理实践中，"学术工分制"因强调绩效优先的原则，容易走向短平快的功利化旋涡，因此需要学术文化的熏染。现阶段，我国对于"学术工分制"的相关研究并不多，仍然需要进一步探讨与完善。

---

① 刘海峰、史静寰：《高等教育史》，高等教育出版社2010年版，第95—108页。
② 潘懋元、蔡宗模、朱乐平等：《中国高等教育改革发展70周年：回顾与前瞻——潘懋元先生专访》，《重庆高教研究》2019年第1期，第5—9页。
③ 张应强、周钦：《从学术单位体治理走向学术共同体治理：我国大学学术治理改革的基本方向》，《高等教育研究》2022年第2期，第31—41页。
④ 阎光才：《大学教师的时间焦虑与学术治理》，《教育研究》2021年第8期，第92—103页。

第二单元

学科建设的实践机制

第六章

学科评估：中国大学学科建设的制度约束[①]

学科评估是检验学科建设水平、诊断学科发展问题、衡量人才培养质量以及推动学科稳健发展的重要手段，[②] 也是推进中国特色理论体系与话语体系建设的有力抓手，即发挥着"以评促建""以评促改"的重要功能。自2002年以来，教育部学位中心（以下简称"学位中心"）针对具有硕士及以上学位授予权的单位进行每四年一轮的一级学科评估工作，至今已历时16年完成四轮学科评估。经过四轮的指标设计、技术调整以及方法优化等，中国特色学科评估体系已经初具形态。它与注重教学质量评价的英国"教学卓越框架"（Teaching Excellence Framework，TEF）[③] 和美国的"专业认证"（Specialized or Programmatic Accreditation）表现出明显不同，[④] 也与强调科研成果评价的英国"科研卓越框架"（Research Excellence Framework，REF）和美国ESI（Essential Science Indicators）评

[①] 此部分以"中国特色学科评估体系的优化路径——基于第四轮学科评估若干问题的分析"为题发表在《厦门大学学报》（哲学社会科学版）2019年第1期，收录在本书时略有删改。

[②] 王小梅、范笑仙、李璐：《以学科评估为契机 提升学科建设水平（观点摘编）》，《中国高教研究》2016年第12期，第23—30页。

[③] 英国TEF主要围绕三个一级指标（教学质量、学习环境和学习结果）和与其相对应的六个二级指标（课程教学、评估反馈、学术支持、辍学率、就业率与继续深造比例、优秀就业率与继续深造比例）实施。（侯定凯：《英国大学卓越教学评估：为何评、评什么、如何看》，《高校教育管理》2018年第2期，第88—97页。）

[④] 美国的专业认证主要涉及特定专业（通常是应用型学科，如机械工程、建筑、医药等"硬"应用学科和法学、商学、公共管理、新闻传播等"软"应用学科）的教学质量，一般不涉及基础的传统的自然科学、人文、社会科学等学科。（蒋笑莉、王征：《研究型大学学科国际评估的探索与实践——以浙江大学为例》，《学位与研究生教育》2013年第10期，第44—48页。）

估展现出较大差异。①

当前我国的学科评估主要是从人才培养、科学研究以及社会服务等多个维度，以一级学科为基本单位开展综合性评估。在此基础上，我们应该如何进一步建设具有中国特色、国际影响的学科评估体系，以更好地服务政府、服务高校、服务社会、服务国际呢？② 显然，推进乃至破解该命题具有重大理论价值与实践意义。为此，我们将研究视野聚焦于第四轮学科评估，从中寻求中国特色学科评估体系的完善之道。第四轮学科评估主要是在除军事学门类（16个学科）之外的95个一级学科范围内展开。2017年12月28日，"学位中心"正式公布第四轮学科评估结果。这股"冲击波"快速地从实务界扩散至学术界，从而在"双一流"建设背景之下掀起一场关于学科评估的讨论热潮。相比于前三轮，第四轮学科评估在评估理念、评估指标、评估过程以及评估技术等方面都进行了明显的优化设计，③ 但由于学科评估涉及诸多利益相关者的诉求，从而出现了若干值得深思的问题。是故，我们非常有必要对这些问题及其产生根源进行深入剖析。这不仅为我们全面审视当前学科评估提供了一个新视角，而且该问题的解决对推动我国学科建设事业发展、完善中国特色学科评估体系具有重大现实意义。

第一节 "分档呈现"与"排名混战"

与前三轮学科评估相比，第四轮学科评估首次采用"精准计算，分档呈现"的方式，可谓是一大亮点。从正面来看，"分档"是学科评估中一个小小的技术性改进，但其背后折射出的则是评估理念的巨大进步。这种将前70%的学科分为九档（A+、A、A-、B+、B、B-、C+、

---

① 英国REF评估的前身是RAE（Research Assessment Exercise）评估，维度主要包括成果质量（the quality of output）、社会影响（their impact beyond academia）以及学术环境（the environment that supports research）。（http://www.ref.ac.uk/）美国的ESI学科评估是由美国科技信息所（ISI）于2001年推出的一项文献评价分析工具，当前它在我国已经成为评价高校学科发展水平的重要指标。

② 王立生、林梦泉、任超等：《我国学科评估的发展历程和改革探究》，《中国高等教育》2016年第21期，第38—41页。

③ 田延辉：《第四轮学科评估的思考》，《光明日报》2016年11月22日。

C、C-)呈现的方式从根本上拒绝了根据得分排名次的传统做法。毕竟，不同学校在学科层面细微的分数差异和排名先后没有任何实质性意义，那不过是人为臆想出来的一种"精致"，抑或是人为制造矛盾的一个"祸端"。从理论上说，"分档呈现"的做法至少有三点好处：第一，淡化学科评估分数和排名，这个政策信号有助于引导高校将注意力从关注具体分数的"短视之举"转移到学科建设的"长远大计"上去，这是在评估导向上的一个重大变化。第二，"分档呈现"既可以区分不同学校学科建设水平，还可以清晰观测其变化情况，从而具有较强的区分度和辨识度，这是对原有学科评估方式的一次"守正创新"。第三，"分档呈现"可以较为直观地满足考生、家长和企业对不同高校教育质量的知情需求，从而为考生和家长填报志愿、企业择优选材提供一定的参考。组织社会学中的"目标偏离"理论时刻提醒我们：目标执行过程中预期与结果之间很可能会出现不一致的情形。[①] 在这里，"分档呈现"的目标设计也引发了始料未及的"排名混战"的现实结果。

　　第四轮学科评估结果一经公布，参评高校的规划处、学科办以及社会上的第三方评估组织在2018年元旦期间作出各式各样的排行榜，效率之高、反应之快令人惊叹。在此之后，许多高校都开始组织各个层面开展第四轮学科评估讨论会议，通报各个参评学科的全国排名、省内排名、A+学科数量排名、A类学科数量排名、各类学科积分排名，与上一轮评估相比进步学科数量、退步学科数量，如何在下一轮评估中跻身A类行列或者"分档前进"等。值得玩味的是，绝大多数高校采纳与公布的都是对自己处境更为有利的排名，不少参评高校的学科建设似乎都呈现一片"繁荣景象"，一时间令人眼花缭乱，但其背后折射的则是一种毫无明确对象或目标的隐匿交锋，可谓是一种"排名混战"。请问，为什么原本淡化排名的"分档呈现"却在高校引发了一场"排名混战"？这是我们在第四轮学科评估中需要深入反思的问题之一。这场"排名混战"又会引发哪些"多米诺骨牌效应"？这又是我们不得不审慎思考的现实问题。

　　当前我们将太多的目光聚焦于A类学科，尤其是含金量十足的A+学科，而对B类、C类学科的关注远远不足，那些未进入前70%行列的

---

① 周雪光：《组织社会学十讲》，社会科学文献出版社2003年版，第89页。

学科几乎不在公众视野范围之内。在一定意义上说，这些学科评估位次基本上构成学校内部资源配置与权力话语的"差序格局"，从而"学科生态"作为一个严肃的话题浮现出来。许多重点院校面对教育部下一轮学科评估的策略很可能是努力保住 A 类学科、积极转化 B 类学科、竭力争取 A + 学科，那些 C 类学科和未进入 70% 行列的学科很可能面临着"边缘化"甚至"被裁撤"的危险，从而学科"动态调整"机制在高校层面很可能会成为学科"生态失衡"的根源之一。学科生态和学科布局问题很可能就会被人为悬置起来，学科评估排名成为校内资源配置的主要依据。不止于此，为在下一轮的学科评估榜单中拥有优异表现，"抢人大战"依旧在所难免。尽管第四轮学科评估试图纾解原来"数帽子""数成果"等强调数量或规模指标的做法，但高端人才作为稀缺性资源必将成为决定高校竞争力的核心指标。在排名混战中，挖"帽子人才"在短期内是最见成效的策略，这必然需要一笔天价"转会费"。但实际上，人才在绝对数量上并没有增加，我们只是在相对意义上用头衔、荣誉、金钱等外赋性地定义了人才，但由此所造成的经费耗损却是惊人的。也就是说，我们理应通过科研"活跃度"与"贡献度"来评判人才及其发展潜力，绝非各式各样的"帽子"。从整个国家的角度来看，人才流动是必要的，但大规模的"挖墙脚"确实是一场触目惊心的内耗运动。

这种矛盾现象的产生与学术锦标赛思维或者奥运会思维关联密切。我们过于关注"金牌"学科，实际上"银牌""铜牌"学科也很宝贵，甚至那些整体排名不佳但颇具特色的"无冕之王"学科也理应给予充分的肯定与尊重。但事实上，学术锦标赛思维已经深深嵌入大学发展模式之中，[1] 以金牌榜和积分榜为表征的竞技体育正在并将持续影响大学运行及其策略选择。这种学术锦标赛思维在本质上是一种行政化思维，使得大学难以实现学术为本的初衷。[2] 这就自然折射出大学与政府之间的关系处理仍是一个任重而道远的实践议题。

---

[1] 阎光才：《学术等级系统与锦标赛制》，《北京大学教育评论》2012 年第 3 期，第 8—23 页。

[2] 王洪才：《中国大学为何难以实现学术为本》，《探索与争鸣》2014 年第 4 期，第 77—80 页。

第二节 "学科评估"与"学科建设"

学科评估与学科建设之间的关系颇为微妙。如果我们恰当地运用这把"量尺"，学科评估不仅可以测度学科建设成效，而且有助于加强学科内涵建设。反之，"量体裁衣"的美好理想就有可能演化为"削足适履"的潜在危险。从数据上来看，2002—2004 年第一轮学科评估的参评单位是 229 家、参评学科 1336 个；2006—2008 年第二轮学科评估的参评单位是 331 家、参评学科 2369 个，参评学科数量增长 77.3%；2012—2013 年第三轮学科评估的参评单位是 391 家、参评学科 4235 个，参评学科数量增长 78.8%；2016—2017 年第四轮学科评估的参评单位 513 家、参评学科 7449 个，参评学科数量增长 75.9%。[1] 这从侧面反映出，越来越多的高校开始接受并认可学科评估规则。既然如此，这套学科评估规则自然就会释放出一些信号，高校会因"模仿性机制"的存在而习得相应的行为模式，而"集体行动"下的行为模式则会对学科建设产生难以预估的影响，甚至会对国家整体的学科发展生态和学科发展布局带来不可估量的戕害。正因如此，我们需要深思的是，学科评估规则是什么？这些规则又是如何形塑高校的总体认知与行动选择的呢？

"一级学科评估"是历次学科评估的基本规则，这对高校学科发展的影响持久而深远。教育部根据《学位授予和人才培养学科目录》中的"一级学科"开展评估众所周知，但这一评估规则与提倡高校大力发展交叉学科、特色学科以及新兴学科等实践取向存在较大冲突，使得许多高校可能会更加倾向于服从评估规则。毕竟，这些交叉学科、特色学科以及新兴学科的发展在短期内并无益于"一级学科评估榜"名次的提升，在短期内也难以取得"看得见"的成效。更致命的是，"一级学科评估"规则等于是变相纵容甚至是鼓励新一轮"摊大饼"或"拼体量"的传统做法，由此可能引发的"重复建设""资源浪费"等问题则不难想象，而那些颇具特色的二级学科与研究方向的重要价值就会被忽视甚至是抹杀。

---

[1] 黄宝印：《努力构建中国特色国际影响的学科评估体系》，《中国高等教育》2018 年第 1 期，第 13—18 页。

譬如，A学校在"科技哲学"二级学科上实力强劲，但在"哲学"一级学科评估中表现平平，为了在下一轮评估中有更好的表现，正在试图打造"哲学航母"。进一步追问，一个二级学院的化学实力能够与一所化工大学相媲美吗？这也就是为什么为数不少的行业类院校在此次学科评估中表现抢眼的重要原因。由此来看，学科评估规则与学科建设导向之间存在的隐匿问题值得我们深思。

"绑定评估原则"和"成果归属原则"是第四轮学科评估中增加的新规则，我们需要辩证看待其对高校学科建设的影响。为避免学科间拼凑材料，第四轮学科评估在要求参评高校本着实事求是的原则填报材料的同时，采取了按学科门类"绑定参评"的规则，即"同一门类下具有硕士一级授权及以上的学科要参评同时参评，不参评都不参评"，从而有效抑制了相近学科材料不合理整合现象，最大限度地保证申报材料真实准确反映学科建设的实际情况。"绑定评估原则"的实践要求有两点：其一，如果同一学科门类下的一级学科参评则同时参评，否则都不参评，这是为防止高校将相邻学科评估材料进行拼凑申报而进行的技术改进。比如说，法学门类之下的法学、政治学、社会学以及民族学等一级学科必须"同进同退"，避免"拆东墙补西墙"的情形。显然，这对于保证学科评估的公平、公正具有积极意义，但它也进一步强化了"一级学科评估"的正当性与稳固性。其二，不同学科门类之下的学科评估材料不得重复使用。如教育经济与管理的相关材料必须在教育学、经济学或管理学的某个一级学科之下使用。事实上，这种交叉学科形成的是一种双赢乃至多赢的局面，并非通过人为划分就可以泾渭分明，这对于学科整合、学科交叉的削弱作用也是显而易见的。需要注意的是，"成果归属原则"是为解决跨界合作成果认定而出现的一种技术手段，使得跨单位合作、跨学科合作得到认可与鼓励，但是"拆分归属"的做法并不能从根本上解决交叉学科或跨学科评估的根本难题，从而无法评估跨学科的发展状况，也无法推进跨学科的发展进程。

上述问题的出现恰恰反映出学科评估面临一个"两难困境"。如前所述，采用"一级学科评估"容易导致"学科航母"的出现，以及对"新兴学科""特色学科""跨学科"和"交叉学科"的忽视。但若不采用"一级学科评估"，而是对"二级学科""新兴学科""特色学科""跨学科"和"交叉学科"进行评估,又会因界限模糊而导致更为严重的材料拼凑,从而对全国学科整体发展状况的判断更加失准。这种"两难困境"从根本上反映出统一化的学术管理思维与多元化的学术发展诉求之间的矛盾,从而表征为学科评估与学科建设之间的实践难题。

第三节 "评估指标"与"评估结果"

从理论上说,学科评估指标越加完善,它就会获得更为坚实的合法基础;学科评估方法越多元,就越有利于提升评估结果的准确性与有效性。就评估指标而言,第四轮学科评估的指标体系包括"师资队伍与资源""人才培养质量""科学研究水平"以及"社会服务与学科声誉"四个一级指标。具体而言,"师资队伍与资源"包括"师资队伍"与"支撑平台"二个二级指标,"人才培养质量"包括"培养过程质量""在校生质量""毕业生质量"三个二级指标,"科学研究水平"包括"科研成果""科研获奖"和"科研项目"三个二级指标,"社会服务与学科声誉"包括"社会服务贡献"和"学科声誉"二个二级指标。就分类适用而言,学位中心围绕学科评估指标体系的整体框架分别开发出适用人文、社科、理工、农学、医学、管理、艺术、建筑以及体育不同学科的九套指标体系框架,而且根据每个学科的特殊性设置不同权重。就评估方法而言,第四轮学科评估采取"客观数据评价与主观评价相结合"的方式。"客观数据评价"主要包括公共数据、学校填报数据和问卷调查数据三个部分,另有13000多名同行专家、23万学生和15万用人单位联系人参与了主观评价。[①] 由此可见,第四轮学科评估在具体指标体系和指标运用方法上相比前三次有了明显的完善。

令人疑惑的是,上海软科教育信息咨询有限公司(以下简称"软科")在2017年10月12日发布的"中国最好学科排名"与"学位中心"在2017年12月28日公布的第四轮学科评估结果具有较强的一致性。问题的关键在于,上海"软科"采用的是高端人才(400分)、科

---

① 王小梅、范笑仙、李璐:《以学科评估为契机 提升学科建设水平(观点摘编)》,《中国高教研究》2016年第12期,第23—30页。

研项目（400分）、成果获奖（300分）、人才培养（100分）和学术论文（400分）五项评估维度。尽管这与"学位中心"的指标体系在师资队伍与资源、科学研究水平、人才培养质量三项评估维度上具有较大契合之处，但我们需要澄清三点：第一，上海"软科"的"科研水平"（包括科研项目、成果获奖和学术论文，计1100分）计算分值最高，"高端人才"（400分）次之，"人才培养"（100分）最低。"学位中心"则坚持将"人才培养"放在首位，并从三个维度构建人才培养质量评价方法。第二，上海"软科"的"人才培养"指标只统计该学科所培养的科学院士、工程院士、长江学者和国家杰青等高端人才，而"学位中心"则从"培养过程质量""在校生质量"以及"毕业生质量"三个维度，通过大规模开展学生调查和雇主调查得出评估结果。第三，"学位中心"的学科评估指标框架中专门设有"社会服务与学科声誉"这个维度，而上海"软科"在这个维度上是缺失的。需要深思的是，为什么在指标框架和指标权重不同的情况下，两个评估机构的评估结果仍高度相关呢？

非常明显，"学位中心"第四轮学科评估的指标体系与评估方法比上海"软科"与前三轮都更为完善，但"人才培养因素""社会服务因素"以及"学科声誉因素"的加入并没有从根本上改变学科评估结果。我们对此可以作出两种诠释：第一，人才培养、社会服务、学科声誉等指标具有极强的合法性意义，尤其是将"人才培养"放在首位的象征意义更是不言而喻。这有助于引导高校关注人才培养的全过程，不仅要给在校生创造良好的学习条件，还理应为毕业生的后续发展提供相应支持，这使得校友因素逐步凸显出来。与此同时，这套较为完善的评估指标框架更容易让公众确信评估结果的准确性和有效性。第二，师资条件、人才培养、科学研究、社会服务、学科声誉等指标并非完全独立，它们相互叠加、相互强化，从而形成"累积效应"和"外溢效应"。在科研至上的今天，科研水平对学科评估结果具有决定性作用，而规模性的评估指标则进一步强化了科研主宰的地位，故而人均性指标与比例性指标需要适当介入以稀释或消解其负面影响。因此，如何从重复性指标向独立性指标转变、从规模性指标向结构性指标转变,[①] 这是下一轮学科评估可以改进的地方。这两种诠释共同揭示了评估指标的合法性与有效性之间的隐匿关系。

第四节 "分类发展"与"领跑跟跑"

不同类型高校肩负不同的办学使命、拥有不同的办学定位,理应具有不同的发展轨道。从理论上说,中央部属高校主要培养学术型人才,从事纯粹性科学研究,更多着眼于服务国家乃至世界的发展与进步。地方本科院校主要培养应用型人才,从事应用型科学研究,更多服务于区域经济社会的发展。遗憾的是,高校"分类发展"的理想图景在教育实践中遭遇不少困难。尽管教育部联合多部门在2015年10月下发《关于引导部分地方普通本科高校向应用型转变的指导意见》,要求有条件、有意愿的试点高校率先探索应用型发展模式,大力培养服务于社会一线紧缺的应用型、复合型与创新型人才,但这项政策的落地生根存在较大困难。问题的关键在于,由来已久的"金字塔式"资源分配方式与社会认知方式形塑了大学的等级思维,[②] 许多地方院校的"改名冲动""升格行为""争硕抢博"等策略选择不难理解。向研究型大学的"看齐意识"不断作祟,它们无须审慎考虑学校发展战略,进而"懒汉思维"暴露无遗。当这种根深蒂固的思维惯性与学科评估相遇之时,"领跑跟跑"的传统路径得以强化,"分类发展"的理想路径依然遥不可及。

第四轮学科评估的参评单位共有513家,除去16家科研院所、5家党校机构和1所中国科学院大学,参评高校共有491家,其中至少有1个学科进入前70%行列的上榜高校有460家。从这个数据来看,绝大多数参评高校为地方本科院校,但绝大多数地方本科院校在A类学科上的表现不尽如人意。尽管有14所地方高校冲进学科榜首,如上海中医药大学

[①] 蒋林浩、沈文钦、陈洪捷等:《学科评估的方法、指标体系及其政策影响:美英中三国的比较研究》,《高等教育研究》2014年第11期,第92—101页。

[②] 解德渤、赵光锋:《地方本科院校转型发展:理念、困境与突围》,《山东高等教育》2015年第4期,第13—18页。

的中医学、中西医结合以及中药学三个一级学科进入 A+行列，南京林业大学的林业工程、林学二个一级学科进入 A+行列，中国美术学院的美术学、设计学二个一级学科进入 A+行列，云南大学的民族学、上海体育学院的体育学、华南师范大学的心理学、西北大学的考古学、南京信息工程大学的大气科学、西南石油大学的石油与天然气工程、上海海洋大学的水产、天津工业大学的纺织科学与工程、南京医科大学的公共卫生与预防医学、上海音乐学院的音乐与舞蹈学、黑龙江中医药大学的中药学也入围 A+行列。但这并非是地方本科院校的胜利，而是特色学科发展的胜利，是差异化发展道路的胜利，更坦诚地说，这是评估规则的"制度偏好"为行业类院校所带来的意外结果。当前，我国在顶层设计上积极推动地方本科院校向"应用型"转型发展，旨在实现不同类型高校在各自跑道上"赛出风格""赛出水平"，但显然这次评估实践仍是把不同类型高校放在同一条跑道上，按照同一套"赛制规则"来进行，从而形成一道熟悉的风景线：部属高校"领跑"，地方本科院校"跟跑"。这样的"同台竞技"看似公平，实则在公平外衣之下掩盖的是竞技规则的不公正。如何走出院校发展"路径依赖"的怪圈，成为第四轮学科评估必须深刻反思的一个实践议题，也是下一轮学科评估必须着手解决的一个棘手难题，更是完善中国特色学科评估体系必须寻求突破的一道重大命题。

  从发展愿景的角度来说，费孝通提出的"各美其美，美人之美，美美与共，天下大同"是一种多元并存、和谐共治的文化生态，实际上也是大学生存的理想生态，更是学科发展的理想生态。但事实上，这是一场关乎大学声誉、学科尊严、学术资源的评估活动。一旦进入学科评估前列，所谓的声誉、尊严等无形资源以及其他有形资源都会纷至沓来，"马太效应"异常明显。由于这种潜在效应存在，国内诸多知名大学都普遍存在一种慌乱心态，唯恐搭乘不上政策倾斜的快车，更遑论生存条件更加困难的地方本科院校。这从根本上说明，我们大学的发展理念出了问题，它直接表现为不合理的制度设计。有学者不无忧虑地表达："这次第四轮评估背后仍然是教育行政化的思维在主导。这是关系到我国学科发展的一个根本性问题，是不是只有评估才能促进学科发展？行政化不去掉,这一评估的负面影响只会越来越严重。"① 在行政化思维主导下的学科评估抑或大学排名都将极大地考验高校的办学智慧,考验着大学校长的办学定力。

第五节　中国特色学科评估体系的优化路径

除上述问题之外,第四轮学科评估中还存在一些需要反思的其他问题:"第三方评估"与"准官方评估"的问题,评估的独立性令人生疑;中央政府部门强调"自愿参评"与地方政府部门要求"强制参评"的问题,评估的自愿性令人困惑。坦率地说,当学科评估带有行政背景、携有资源分配、参与高校广泛之时,不参加评估很可能会被视为"异类""另类",因此而付出的代价是大多数高校所不能预估的,故而"自愿参评"这一规则沦为许多高校的一种"难言之隐"。如果将今天讨论的"一级学科评估"与当前热议的"一流学科建设"两个话题结合起来进行思考,我们可以追问这样一个问题:一流学科建设等于一级学科建设吗?显然,这也是学科评估中映射出的实践议题。尽管评估技术不断革新、评估方法不断更新,但是评估理念似乎并没有发生实质性变革。这种矛盾本身说明评估背后包含着诸多的利益诉求或者是深层意味,隐含着大学与政府之间的博弈、理论与实践之间的纠葛、合法性与有效性之间的冲突、政策与政策之间的矛盾等。归根结底,上述若干问题是学科评估制度"激励失效"的具体表征,说明我们并未真正摆脱对行政式指令、统一化行动以及标准化程式等传统模式的"路径依赖",而作为"惯习"存在的行政化思维则成为问题丛生、路径依赖的根源。即在行政化思维的影响下,分档呈现仍没有摆脱"等级性"的桎梏、评估规则仍具有较大的"统一性"特点、评估指标仍带有一定的"标准化"特征、参评高校仍属于"同台竞技"的传统模式等。在现有的体制环境下,我们应该如何完善学科评估制度?这才是我们反思

---

① 陈学飞、叶祝弟、王英杰等:《中国式学科评估:问题与出路》,《探索与争鸣》2016年第9期,第59—74页。

第四轮学科评估的关键所在，也是完善中国特色学科评估体系的根本立脚点所在。

若从学理上说，中国特色学科评估体系的形成与发展必须坚守几条基本原则：第一，尊重学科生长规律；第二，契合中国本土经验；第三，符合国际评估潮流；第四，推进高校生态发展。其中，"尊重学科生长规律"是完善中国特色学科评估体系的基本前提，即学科发展具有内在的自为性与生成性，需要适当、适度的宽松环境，而不能完全地通过预设指标或外力干预实现学科建设的宏伟目标。"契合中国本土经验"是健全中国特色学科评估体系的核心内涵，以政府为主导的学科评估早已成为历次学科评估的基本底色，我们对此绝不能视而不见。任何企图照搬照抄其他国家经验的做法基本都是不明智的，也是很难行得通的。"符合国际评估潮流"是为中国特色学科评估体系提供重要参照，尤其是评估理念和评估技术上的最新进展或最新成果可以为我们所借鉴、吸收。"推进高校生态发展"则是建立中国特色学科评估体系的最终目标，即学科评估旨在促进不同高校学科的特色发展、不同学科部落的优势整合、同一学科群落的生态发展。这就说明，中国特色学科评估体系的建设与完善必须以良好的评估理念为核心、以本土的评估经验为基础、以合理的评估技术为手段、以高校的生态发展为追求。

需要注意的是，后现代大学时代的来临使得"去中心化"的征候越加明显，[①] 强调特色、多元的学科评估理念开始深入人心。但我们似乎还不太适应多元化的评估结果，反而更乐意追求评估结果的唯一性与等级性。从这个意义上来说，良好的评估理念必须借助于合理的评估技术、结合一定的本土经验方有落实的可能性。2005年，欧盟委员会为呈现并强化欧洲高校的多样化样态而开发了U-Map（University-Map），它从教学状况、学生状况、科研投入、知识转化、区域参与以及国际化导向六大维度、23个具体指标呈现了高校的基本面貌。[②] U-Map的设计理念是坚持

[①] 王洪才：《"根叔"现象：大学进入后现代的征候》，《大学教育科学》2010年第6期，第3—6页。

[②] 茹宁：《U-Map：欧洲版本的高等教育分类体系》，《中国高教研究》2012年第3期，第49—53页。

用户导向，通过不分等级、不做评价、多维度多指标描述，使得美不止一种，为追求"各美其美"的高校生态发展提供了技术支持。那么，我们是否可以通过借鉴 U-Map 的设计理念，结合当前我国学科发展的实际情况与学科评估的指标体系，开发出具有中国特色、国际影响的 D-Map（Discipline-Map）学科评估体系？

D-Map 学科评估体系设计可谓是一种"守正创新"，它对完善中国特色学科评估体系的贡献主要表现在以下四点：第一，以政府为主导的学科评估方式保持不变，将特色、多元的学科评估理念融入其中，这一点在第四轮学科评估中已初现端倪。第二，现行的学科评估总体框架保持不变，将"规模指标"向"结构指标"，"重复指标"向"独立指标"的转化作为重要的改革方向之一，即对现行的"师资队伍与资源""人才培养质量""科学研究水平"以及"社会服务与学科声誉"四个一级指标、十个二级指标进行优化。第三，除了"规定指标"之外，增设"自定指标"，由学校自主申报交叉学科、特色学科（含特色的二级学科与研究方向）、前沿学科或跨学科的建设状况；第四，取消不同指标的具体权重，不以"总分"或"分档"的方式呈现，而是更加强调"单科实力"。如此一来，"学位中心"既可以了解全国学科建设的整体实力，也不必担心高校陷入按照指标、权重进行学科建设的误区；各大知名高校也基本不会因为追求"榜单总分"或"总排名"而作出重复建设或无端裁撤某些学科的举措；中央部属院校与地方本科院校因为"同台竞技"而引发的不公平问题也可得以缓解。

应该说，D-Map 有助于从技术层面破解分档呈现"等级性"所带来的"身份难题"，缓解评估规则"统一性"所带来的"两难困境"，纾解评估指标过于"标准化"所带来的"合法性危机"以及扭转参评单位"同台竞技"所隐含的"奥运会思维"。这就意味着，D-Map 可能会大大减少高校发展与学科建设进程中的"内耗行为"，使高校将注意力更多地转移到自身内涵发展以及服务国家发展大局上去，从而实现评估制度的"激励相容"。

总的来说，第四轮学科评估相比于前三轮在评估理念、评估指标、评估过程以及评估技术等方面都进行了明显的优化设计，但其中存在的若干问题透射出作为"惯习"存在的行政化思维在大学依然根深蒂固。

因此，以"激励相容"为典型特征的 D-Map 很可能会成为我国新一轮学科评估理念更新与技术革新的出路所在，也将成为中国特色学科评估体系的优化路径。我们坚信，中国高等教育在新时代背景下必将稳步发展，早日进入"双一流"的行列。

第七章

学术台账：中国大学学科建设中的微观权力

当前，我国大学学科建设的台账逻辑是自上而下的学术审计要求与自下而上的学术反馈活动在长期互动与浸润下形成的隐性但深具支配力量的行动逻辑，它以台账为载体，融合了学术发包制与学术锦标赛制等学术治理机制，由此织就了一张无形的学术治理网络。反观现实，纵向层层叠加的审计压力与横向日益激烈的资源竞逐使"学术台账"很容易走向异化，而落入"痕迹主义""数字陷阱"以及"阴阳账目"的旋涡之中。为重申并回归学术本质，我们需要在台账建立环节，推崇学术至上的治学理念；在台账展示环节，强调学术贡献的制度安排；在台账审计环节，倡导学术信任的文化建设。

第一节 何谓"学术台账"

台账（standing book）原指在台上供人翻阅的账簿，故而得名。台账最初应用于企业管理中，它不同于会计换算所记的账簿，是企业加强管理而设置的一种辅助性账簿，是一种明细记录表或称流水账。后来，台账在国家治理、社会治理与大学治理等领域颇为流行，成为必不可少的治理工具或"治理术"。所谓"学术台账"就是记录学术事务的文本，汇报学术工作的依据，具有格式相对统一、流程相对完善以及记录相对清晰的特点，反映政府、高校与学院等组织之间在学术活动中的默会语言、沟通方式与运行机制。其他类型的台账是常规性的，是在过程中自然而然形成的，过程色彩浓重。相较之下，学术台账则是非常规的，往往平时不关注，在关键节点进行统计并梳理，具有突出的回溯性和节点性，结果导向更明显。

根据美国博耶在《学术水平的反思》一书中的理解，学术包括四种，分别为探究的学术、应用的学术、整合的学术和教学的学术。学术台账的记录内容也无外乎这四个向度：探究成果台账、应用成果台账、整合成果台账和教学成果台账。除此之外，学术台账还包括学术组织台账、人才帽子台账和科研经费台账等。探究成果台账中清晰记录并统计着科研成果发表的作者、时间、刊物或出版社、级别、数量以及相关同行评价等，科研项目立项的负责人、时间、资助单位、课题名称、经费额度等，科研成果获奖的作者、时间、获奖级别等。应用成果台账上清晰记录并统计着专利、专著、科研成果转化、产学研合作等情况。整合成果台账上清晰记录并统计着跨学科学术组织、跨学科科研成果、跨学科人才培养等。教学成果台账上清晰记录并统计着教学成果奖、一流课程、精品课程、教学名师等情况。学术组织台账上清晰记录并统计着重点实验室、一流学科、一流专业、博士点、硕士点、各类研究中心、学科评估结果等内容。人才帽子台账清晰记录并统计着院士、杰青、优青、长江学者、百千万人才等情况。科研经费台账清晰记录并统计着各类纵向、横向项目的科研经费进账情况。

这些台账作为政府、大学、学院之间的沟通工具而产生，既是学术审计的文本材料，又是学术反馈的沟通渠道，并深受我国社会治理文化的影响，带有明显的行政逻辑。总而言之，学术台账是自上而下的学术审计要求与自下而上的学术反馈活动之间经过长期互动、博弈而建构起来的一种文本治理工具。

第二节 学科建设"台账治理"的实践逻辑

中国大学学科建设遵循政治、学术、市场三重逻辑。[1] 政治逻辑使学

---

[1] 李峻、张珍：《"双一流"建设背景下学科建设的行动逻辑与可能路径》，《江苏高教》2018年第7期，第9—13页。

科建设遵从国家意志，服务于国家战略需求；学术逻辑是学科发展的基本规律，是学科建设的根本逻辑，内含学科差异；市场逻辑是社会对于学科建设的需求和市场竞争对学科建设的规训，使学科建设服务于社会需求并受其调节。中国大学学科建设的运行机制是上述三重逻辑的平衡。学术台账作为内隐于学科建设机制之中的"治理术"，在政府、大学、学院之间形成"输入—输出""反馈—控制"的治理关系。① 为此，我们将学术发包制、学术锦标赛制作为理论基础，对中国大学学科建设中的台账逻辑进行论述。

一　学术发包制：学科建设台账逻辑的纵向对话

学术发包制意在描述一种中国特色的学术治理模式，政府与大学、社会与大学和大学组织内部之间在学术事务治理中存在多重"委托—代理"和"抓包—发包"的关系。发包方以任务下达和指标分解的方式将学术事务层层发包，掌握权威性及学术事务相关的权力。承包方掌握具体学术事务的控制权和执行权。双方依靠有效的利益联结构建了双重激励关系，形成了一种混合治理形态。②

"学术发包制"是一种普遍存在于政府、大学、院系之间的治理模式。在政府与大学之间，政府是委托方，决定发包数量、内容等，承担着发包的工作。相对而言，大学是代理方，负责抓包，完成政府下发的任务。在二者的对话过程中，学术台账充当交流工具。政府通过学术台账向大学传达对学科建设的要求，大学通过建立学术台账对政府的要求作出回应。政府的学术台账以政策文件的形式呈现，其中包含国家层面对学科建设理念、目标、要求、任务以及评价标准乃至期待大学完成任务的标准、学术权力分配、激励及问责机制等内容，以实现对大学的约束与沟通目的。以我国现行的学科建设制度——"双一流"建设台账为例，政府在文件中明确提出"总体规划，分级支持；强化绩效，动态支

---

① 张园园：《"洞穴之治"：中国治理场景下台账的逻辑》，《探索与争鸣》2022年第2期，第106—117页。

② 解德渤、于孟仟：《学术发包制：具有中国特色的学术治理模式》，《重庆高教研究》2022年第2期，第8—16页。

持；多元投入，合力支持"的支持措施，承诺"切实落实建设高校自主权，加大资金、政策、资源支持力度"等内容，从而实现对大学的弹性治理。若站在国际视域下，政府的学科建设台账又是一份中国高等教育的公信力报告。这份报告是供人民监督高等教育发展的材料，也是一份向国际社会发声，证明我国高等教育实力的材料。

大学在学科建设的台账逻辑中是一个具有双重身份的角色，相对于政府而言，大学是代理方、是抓包方，大学必须在政府设计的规则下开展学科建设工作；相对于学院而言，大学是委托方、发包方，通过整体设计和系统布局约束二级学院的学科建设工作。大学的学科建设台账清晰地记录着自身院校定位、重点发展方向、学科布局方式和管理机制等内容，[1] 既交于政府审阅，对其与政府之间的委托—代理关系和发包—抓包关系作出回应，又对学院的学术工作提出具体的约束或要求。在大学与学院之间，大学负责学术事务与权力的分配，二级学院作为代理方和抓包方，在学校精心设计的框架下完成学科建设的具体工作。[2] 学院的学科建设台账清晰地记录着学校下发的指标的完成情况、阶段性突出成绩等内容，是对学校任务下达和指标分解的反馈，也是对国家战略需求的反馈。

综上所述，政府的台账是给上级部门看、给人民看、给国际社会看；大学的台账主要给主管部门看、给社会看、给其他院校看；院系的台账主要是给学校看、给学科同行看、给其他院系看。三者之间的多重委托—代理关系促使其间形成了以学术台账为工具的自上而下的学术审计与自下而上的学术反馈的双重关系。

二 学术锦标赛制：学科建设台账逻辑的横向角逐

学术锦标赛制是学术场域中的一种强激励机制，是由操作主体发起、低于操作主体等级的竞争主体参与并展开角逐，以相对次序作为比赛结

---

[1] 张强、薛庆忠：《"双一流"背景下高校重塑学科生态体系的策略》，《高教学刊》2021年第20期，第30—34页。

[2] 房莹：《一流学科建设高校学科治理的实践困境与改进思考》，《扬州大学学报》（高教研究版）2019年第6期，第22—27页。

果的现象,其中操作主体掌握更多的学术权力和更丰富的学术资源,并且操作主体与竞争主体之间能够通过这些学术资源和学术权力形成利益联结,使竞争主体为从中获利而展开激烈的竞争。[1] 学术锦标赛普遍存在于我国"大学—大学""院系—院系"之间,是中国大学学科建设中的一种常见现象。

中国高等教育管理体制具有明显的集权特征,政府在学术治理中对大学起控制作用,拥有人事任免权、绝大部分科研基金的批准权和对于大学学科建设的评估权,[2] 决定着大学之间的资源分配,甚至影响其社会认可度,为大学之间学术锦标赛的产生提供了制度空间。目前,我国采取的学科建设支持措施是,选拔出一部分优胜的大学或学科予以重点支持,给予资源倾斜和政策倾斜,使政府与大学之间形成利益联结关系,为学术锦标赛的运行提供了必要条件。"僧多粥少"的局面使大学为谋求发展机会不得不参与到激烈的竞争之中,争取短时间内得到国家和社会的认可,争取到更多的资源支持,获得更多的发展机会。在如此境遇之下,大学为谋求晋升机会,需要争先向政府展示自己的优势和成果。这种展示是基于递交的学术台账,从而成为以材料优劣来评价学术治理成效的组织互动方式。故而,大学卷入了以争夺学术资源为目的,以美化学术台账为路径的学术锦标赛之中。

大学与院系之间的学术台账也是如此。大学掌握着对院系的资源分配等权力,对于绩效高的学院论功行赏,对绩效低的学院严厉问责。学科建设绩效好、学术台账美观的学部院能够在校内获得更高的地位、赢得更多的尊重,并且得到学术资源的倾斜;而绩效差、学术台账普通的学院则面临组织生死存亡的问题。院系为了获得更多的资源和发展机会,会尽力美化学科建设台账以证明自己的优秀,使原本作为工作记录的学科建设台账异化为比较优劣、区分高低的材料,最终卷入院系之间基于信息不对称的竞争之中。

---

[1] 赵干:《我国科研评价中的"学术锦标赛"体制及其作用机理研究》,《社会科学管理与评论》2012年第3期,第24—30页。

[2] 陈先哲:《学术锦标赛制:中国学术增长的动力机制与激励逻辑》,《高等教育研究》2017年第9期,第30—36页。

由此可见，在学科建设的台账逻辑中，政府、大学、学部院每个层级在横向上都存在着激烈的资源竞争，涉及经费、政策、声誉等多个方面，此时学术台账不仅仅是学科建设的工作记录，更肩负着作为汇报材料为其争取资源的重任。在监督、审计、问责的背景，大学与院系为了获得有形的经费支持或无形的政策支持，都想把台账做得漂亮一些，证明自己是优秀的，由此卷入了学术锦标赛之中。

三　网状治理模式：学科建设台账逻辑的结构化复合

学科建设的台账逻辑中虽然可以窥见学术发包制、学术锦标赛制等理论的运行逻辑，却不能单独应用其中之一或简单的理论加法解释其逻辑。

一方面，学科建设受制度供给、学术组织、社会需要等多因素的影响。[①] 学科建设本身具有复杂性，不会单纯依附于行政逻辑，也不会纯粹遵循学术逻辑，更不能完全服从社会逻辑。就行政逻辑来说，学科建设中的台账虽表现出纵向的科层逻辑，但仍存在横向的平等关系；就学术逻辑而言，学科建设中的台账要遵循知识发展规律，但仍受政治、经济、文化等因素的制约；就社会逻辑而言，学科建设中的台账蕴含着公共绩效的合法性并为社会发展服务，但只是引入市场机制中的某些成分。因此，学科建设的台账逻辑是行政逻辑、学术逻辑、社会逻辑等融合而成的一种复合逻辑。

另一方面，学科建设中的组织要素具有结构性关联。国家对于学科建设各方面的注意力分配会影响大学学科建设的顶层设计，从而影响院系学科建设工作的建设方向与具体实施。院系从事的学科建设工作同样会反作用于大学的学科群调整，影响高等教育学科生态的全貌。例如，国家关注国际大学排行榜，大学就会随之把注意力放在大学排行榜上，根据榜单侧重方向调整学科布局，院系也会根据榜单指标开展学科建设工作。

由此观之，中国大学学科建设的台账逻辑是学术发包制、学术锦标

---

① 孟艳、刘志军:《"双一流"背景下一流学科建设的三重逻辑——以河南大学学科建设为例》，《研究生教育研究》2017 年第 4 期，第 67—71 页。

赛制等运行机制以学术台账为载体整合形成网状复合运行机制，在政府、大学、院系之间以及三者内部形成结构化联系和动态运行机制。

第三节 学科建设"台账治理"的现实困境

在理想状态下，学术台账是服务于学科建设的纪实性工作记录，学科建设的"台账治理"是一种多方参与、通力合作、共筑阶梯的弹性治理模式。政府、大学、院系在学科建设的台账逻辑之中各司其职又相互扶持，共同为学科建设铺路筑桥。但在具体的实践过程中，政府、大学、学院之间存在复杂的层层委托——代理关系和横向的激烈竞争关系，导致学科建设中存在层层加码的巨大压力和严重的信息不对称问题，学术台账更多的是作为汇报工作或评奖评优的材料而存在，变成了一种失真的信息。由此引发的是，学科建设主体的心态失衡，表演思维涌现出来，使得学术台账落入痕迹主义、数字陷阱、阴阳账目的泥沼之中，这是台账治理需要突围的困境。

一 痕迹主义

痕迹主义是一种以痕迹为中心的务虚不务实的工作方法，表现为以机械化、绝对化的态度对待痕迹管理，只注重工作是否有"痕"可记，而忽视在应然状态下对工作的投入。中国大学学科建设中的痕迹主义反映为台账技术的滥用、台账信息的失效等。

在应然状态下，学术台账的建立主要遵循学术逻辑，建立的台账是学科建设中的业务台账，包括制度文本台账、基础工作台账、专项工作台账和工作纪实台账等。制度文本台账是学科建设的规划蓝图和顶层设计，如《统筹推进世界一流大学和一流学科建设总体方案》《统筹推进世界一流大学和一流学科建设实施办法（暂行）》《关于高等学校加快"双一流"建设的指导意见》等。基础工作台账是学科建设日常事务的记录，包括学科发展史等内容。专项工作台账是学科建设中重要事件的专门记录，包括学术伦理台账、工程认证台账等。工作纪实台账是学科建设中具体工作的记录，包括学术会议的记录、学科建设布置会的记录、学科建设动员会的记录等等。但在具体工作中，学术台账的建立受政治逻辑影响颇深,建立的台账主要作为工作汇报,供人审阅,其建立目的也就从工作纪实转变为完成任务。在这种情况下,台账内容的记录就成了学科建设工作的凭证,形成了一种台账内容多、制作美观就代表学科建设工作做得多、做得好的错误导向,引导学科建设主体走上歪路、歧路——工作中处处留痕,甚至人为制造亮点为台账增色,以此作为日后汇报、获得比较优势的策略。

导致这种不良现象的原因主要有三,分别是台账技术的非专业化、审阅方的走马观花和隐于台账之中的科层逻辑。首先,台账编写缺少专职的技术人员,大多采取"以老带新"的方式。[1] 台账原本是作为一种技术手段而存在的,但在具体应用中编写人员的非专业性导致了台账编写中的技术性缺失,使原本应该保证客观性的工作记录充满了不完整性、不真实性。为求稳妥和高效,"新手"以"老人"制作的台账为模板,台账框架越来越死,痕迹色彩越来越明显,学科建设的实质内容越来越少,久而久之就会卷入痕迹主义的漩涡。其次,检阅方的走马观花催生了学术台账的痕迹主义,是代理方敷衍了事心态的保护色。检阅方拥有对台账进行检查验收的权力,这种检查验收权原本可以对学科建设中的敷衍行为进行某种约束,但在实际运行中行使检查验收权的却是委托方之下的管理方,[2] 这种检阅权力的下移不仅容易造成信息传递的误差,更容易引发委托方的一叶障目,也就没有办法起到约束作用。学科建设成效好不好全靠台账的制作,学科建设质量高不如台账编写美观,认真工作不如琢磨台账制作,由此生成学术台账中的"处处留痕",痕迹主义日益暴露。

二 数字陷阱

数字陷阱是由于信息交流不畅,过于迷信数字的客观性,而落入认识或实践误区的现象。在学科建设中,数字陷阱反映为学科建设成果过

---

[1] 牛正光:《地方政府台账式治理的技术逻辑与实践优化》,《领导科学》2021年第14期,第51—54页。

[2] 于君博、戴鹏飞:《"台账"的逻辑:科学管理还是形式主义》,《新视野》2019年第4期,第97—102页。

度量化、学术台账内容过度数字化、评比中唯数字论英雄等,这使得学术台账偏离了其内在本质,需要引起大家的警惕。

首先,从台账编写主体的角度来看,学术台账的最主要的作用是展示其学科建设成果,从而为其带来良好的经济效益和社会声誉。看似具有客观性、可视化程度高的数字就表现出突出优势,并且数字背后的解释权归属问题使得人们可以借助数字的模糊性实现"成果再造",如科研经费进账多少、发明专利多少项、学术论文多少篇,等等。因此,数字化汇报成为展示学术台账的大众选择。其次,从台账审阅主体的角度来看,审阅主体存在依赖数字作出公正评判的倾向。与文字记录相比,量化数据具有可视化、易比较、更便捷的优势。学科建设成效究竟如何,靠审读学术成果的内容难以实现,只能按照学术成果的数量和级别来进行权宜性判断,以示公平公正。最后,从学科评估标准来看,现行的指标体系侧重于可量化内容,而忽视了不可量化的部分,比如学术贡献、制度建设、组织文化、学科布局、人文关怀等。这种量化评估顺应了"用数字说话"的现实导向,但过度推崇的后果就是容易落入数字陷阱。因为过度量化必定带来"重数量而轻质量""重外在而轻内在""重绩效而轻实效"等问题,从而造成学术"虚假繁荣"的景象,最终阻碍学术发展。近年来,中国学术生产数量呈爆炸式增长,却未有重大科研突破,这便是数字陷阱为我们敲响的警钟。

三 阴阳账目

阴阳账目指的是同一件事两份台账,一份供内部查阅,是实际账目;另一份供外部检阅,是虚假账目。阴阳账目归根结底反映为学科建设主体在学术台账上的策略行为,这种现象的出现主要源自编写方的表演心理和检阅方的审计要求。

中国大学学科评估制度指标细致、面面俱到,论文数量、专利发表情况、科研项目申请情况、学科点建设情况、人才培养质量等都囊括在审计要求之中,将学科建设工作限定在被精心编织的指标框架之中。这种限制实际上是行政逻辑对学科建设的约束行为,背后表达着隐匿于学术台账之中的官僚体制和层级关系。当行政逻辑的外在约束与学科建设的内在逻辑相冲突之时,学校管理者可能会优先满足行政逻辑支配下的相应需求，更加重视短期效应。[1] 外部需求会导致压力的层层叠加，可能造成审计制度中的激励机制与问责机制失效。例如，在上述指标任务超出学校或院系的能力范围之时，学术台账的编写方深知实际账目无法满足其希望获得认可的需求，便会将精力投入可观测的学术台账之中，甚至于为应付检查投其所好，将相近学科的学术台账进行整合或者人为编造优质的学术台账，以期在学科建设成果考核中取得优秀成绩。阴阳账目加剧了不同主体之间的信息差，进一步导致学术成果迈向"虚假繁荣"，这是我国高等教育学术治理中不得不面对的困境。

第四节 学科建设"台账治理"的困境突围

目前，我国大学学科建设中台账治理面临的困境来源于"学术发包制"中委托—代理关系层层加码的巨大绩效压力，和"学术锦标赛"中同行激烈竞争带来的参赛主体以利益为导向的工作态度。这种绩效压力和功利态度催生了各主体的恐惧心理与浮躁心态，使台账治理在学科建设中偏离了学科发展规律的航向。为摆脱如上困境，我们可以从学术台账运行的过程入手探求其突围的可能路径，推动学科建设中的台账治理回归学术逻辑。

一 在台账建立环节，推崇学术至上的治学理念

学术台账原本应服务于学科建设工作，遵循学科建设的学术逻辑，但在实际运行过程中偏离了其应然的运行轨道，突出了行政逻辑，成为政府、大学、院系之间为各自利益而博弈的工具。学术逻辑是学科建设的根本逻辑，偏离了学术逻辑的学科建设是无稽之谈。当前，我国高校的学科建设是由政府主导的，大学和院系的话语权微弱。换言之，大学和院系的学科建设自主权是在政府制度框架之下一定范围内的权限及其实践，其治理重心仍在政府。但坦率来说，学科建设的重心应在二级学院，大学负责学科群建设、政府负责制度保障，为学科建设提供良好的

---

[1] 马廷奇、郑政捷：《大学学科治理：逻辑意蕴、实践困境与破解路径》，《学位与研究生教育》2021 年第 10 期，第 22—27 页。

生态环境。① 政府、大学、院系在学科建设中理应各有侧重，凝聚为学科建设的合力，而非层层限制。学科建设不仅是人才培养、科学研究、社会服务，更是学术组织、学术文化、学术制度的建设。② 任何一个主体都不可能独立完成学科建设工作，也不可能为学科建设设定固定的航道。只有遵循学科建设自身的学术逻辑，辅以平台支撑、政策支持、公共绩效等约束，学科建设方能回归本真。因此，学科建设必须坚持学术至上的治学理念，重在多主体参与、重在合作互动、重在包容开放。如此，学术台账才能回归学术逻辑，学科建设才能重获蓬勃生机。

二 在台账展示环节，强调学术贡献的制度安排

现阶段的学科评估是一种短期的、结果性评估，忽视了学科建设的长期性与过程性。③ 教育部学位中心开展的学科评估，以学科建设成果为依据进行最终的排名。反过来，排名的升降成为学科建设成效的代名词。但学科建设的长远效益、建设方法的有效性及学科建设的经验与创新均不在评估范围内，四年一个周期成"无成果便后退"的时间节点。但实际上，学科建设是一个长期的过程，重大的科研突破需要长时间的积累和沉淀。设置短期的评估周期相当于将真正意义上的学术贡献拒之门外，在制度层面去怂恿"短平快"的知识生产方式。除此之外，目前我国在学科评估中过于重视绩效考核，强调成果的可视化，忽视了学术成果本身难计量的特征。论文数量、专利数量、论文被引量、论文下载量、科研项目数量、科研项目基金、帽子人才数量等这些可量化的指标，仅仅是学术贡献的一小部分，是学术产出的副产品。相比之下，在研究中攻坚克难，解决技术上"卡脖子"的问题，建立中国特色的话语体系等才是学术贡献的应有之义。将可视化指标作为评价大学学科建设优劣的主要标准，是舍本逐末之举，反而是在为学科建设设置阻力。由此观之，

---

① 马陆亭：《一流学科建设的逻辑思考》，《高等工程教育研究》2017年第1期，第62—68页。

② 廖湘阳、工战军：《大学学科建设：学术性、建构作用与公共绩效》，《学位与研究生教育》2006年第3期，第55—61页。

③ 张应强：《"双一流"建设需要什么样的学科评估——基于学科评估元评估的思考》，《清华大学教育研究》2019年第5期，第11—18页。

只有在学科评估中强调学术贡献才能达到以评促建的目的，使学术台账恢复原貌。

三 在台账审计环节，倡导学术信任的文化建设

在大学治理中，制度与文化二者相互嵌入、相互影响、相互转化，[1]而营造良好的审计文化是推进学术台账治理的重要内容。学术信任是在学术事务中的一种相信，认定对方是值得托付或任用。比如，政府相信大学可以创造出有影响力的科研成果，而大学之前积累的信用正是政府相信大学的理由，这就是政府与大学之间的一种学术信任。反观现实，政府持续的学科评估活动虽说是必要的，但学术台账的审计次数过密、审计要求过细，这本身说明大多数高校尚未获得来自政府的信任。清华大学、北京大学在第二轮"双一流"建设中可以"自主确定建设学科并自行公布"，说明这两所学校与中央政府之间基本建立起足够的学术信任。大学相信教师在没有考核压力的情况下依然保持可观的科研产出吗？显然，这种学术信任的文化尚未建立起来，高校更愿意用外在的考评制度来界定大学与教师之间的关系。但不得不说，营造学术信任的环境可以增强学术组织的凝聚力，[2]主体之间的合作意愿更强烈，更容易挖掘学术潜力，形成良性循环。此外，处于学术信任环境之中的主体可以节约因不信任采取相互试探而耗费的时间、精力，提高工作效率和质量。能否在学术台账审计中少一些限制，延长审计周期，自主设定审计要求？如此一来，为学术台账运行提供学术信任的环境，为学科建设提供更多的自主权，重塑学科建设中台账治理的学术逻辑。

综上所述，中国大学学科建设中的台账治理是隐于学术发包制和学术锦标赛制框架下的学术治理机制。该机制由宏观层面的政府、中观层面的大学、微观层面的学院三个主体共同参与，通过作为工作记录的台账形成有机联系。学科建设的台账治理逻辑就在于，通过简易的有形或

---

[1] 张德祥、王晓玲：《制度与文化相互关系中的大学治理》，《教育科学》2022年第4期，第1—7页。

[2] 侯志军、黄燕：《大学发展的信任基础解析》，《现代教育管理》2010年第8期，第34—37页。

无形的账簿，实现学科建设主体之间多层次、跨组织的弹性管理。台账记录或编写的账目明细往往是审计的重要方向，审计方向与要求往往塑造账簿记录的重点，甚至不惜抄袭账本、做假账、出现阴阳账目，即日渐盛行的审计文化和痕迹主义，需要我们警惕高校学科建设滑入形式主义的泥淖和急功近利的深渊。正因如此，推崇学术至上的治学理念、强调学术贡献的制度安排、倡导学术信任的文化建设，有可能会有助于台账治理回归学术逻辑。

第 八 章

学术动员：中国大学学科建设的"非常规机制"[①]

自 2004 年开始，我国科研成果产出数量堪称"爆炸式增长"，呈现世界科研史上绝无仅有的奇观。究竟是什么原因导致了 20 年来中国学术成果激动人心的增长？不少研究者试图对该现象背后的支配逻辑加以解析：第一种观点是"学术锦标赛制"，这是一种比较流行的解释。像陈先哲、赵干、阎光才、刘海洋等学者，从"科研激励""信念共识""评价体制""等级系统""考核压力""利益联结"等不同视角带领我们领略了学术锦标赛的整体图景。[②] 然而，"学术锦标赛制"重在描绘学术场域中激烈的横向竞争景象，难以解释国家、大学与科研系统、学术人员之间复杂的纵向互动机制。第二种观点是"项目制"或"学术发包制"，如熊进、李立国、解德渤、曹妍等学者主要使用"发包—抓包"的关系解释了处于不同位置的行动者如何展开"自上而下"的纵向互动

[①] 此部分以"学术动员：理解中国大学学术治理的新视角"为题发表在《重庆高教研究》2024 年第 3 期，收录在本书时略有删改。

[②] 陈先哲：《学术锦标赛制：中国学术增长的动力机制与激励逻辑》，《高等教育研究》2017 年第 9 期，第 30—36 页；赵干：《我国科研评价中的"学术锦标赛"体制及其作用机理研究》，《社会科学管理与评论》2012 年第 3 期，第 24—30 页；阎光才：《学术等级系统与锦标赛制》，《北京大学教育评论》2012 年第 3 期，第 8— 23 页；刘海洋、郭路、孔祥贞：《学术锦标赛机制下的激励与扭曲——是什么导致了中国学术界的高数量与低质量？》，《南开经济研究》2012 年第 1 期，第 3—18 页。

机制。[①] 但作为行动者之间的互动载体，"项目"或"包"本身是以静态而非动态方式存在。另外，"发包—抓包"同"学术锦标赛制"一样存在于学术治理过程之中，试问行动者们在发包之前、在比赛之前是以何种方式做出行动呢？第三种观点是"学术单位制"，张应强从中国特有的单位制度和单位文化出发，发现"学术单位制"是大学追求学术绩效最大化的底层逻辑[②]，从而完成了对中国特色学术治理模式的总体勾勒。但在"学术单位制"的宏观制度架构之下，与"学术发包制"和"学术锦标赛制"一并发挥作用的还有其他制度安排吗？

想必，大家在学术领域经常听到"科研战线""领军人才""揭榜挂帅"等与军事活动有关的词语，细细想来，我们确实可以将学术治理看作一场战争。只不过，现有理论多注重士兵们在战场上所向披靡、英勇杀敌的过程，却鲜少描绘将士出征前祭祀军旗、饮酒摔碗、齐喊口号的磅礴仪式，从而忽略了这种磅礴仪式给学术产出所带来的可能影响。特别是，2015年"双一流"政策发布以来，各高校的学科建设工作开展得如火如荼——科研项目申报、学术成果评奖、"帽子人才"申请等活动均展现出一派"人人参与"的火热景象。这种愈演愈烈的现象背后除了"学术锦标赛制""学术发包制""学术单位制"之外，还有一种重要的实践机制——"学术动员"在发挥着直接作用。每一位身处大学之中的教师都有直接体验，大学、学部、学院等经常开展动员大会以调动组织、群体或个人的参与积极性，这与"战前动员"可谓异曲同工。因此，我们可以借助"学术动员"这一新概念来描绘集中于学术治理前期复杂的动员场景，给出我国学术治理呈现繁荣之景的另外一种解释，继而为理解并完善中国特色学术治理模式提供新视角、新思路。

---

① 熊进：《科层制嵌入项目制：大学学术治理的制度审思》，《现代大学教育》2016年第3期，第15—22页；李立国、张海生：《高等教育项目治理与学术治理的张力空间——兼论教育评价改革如何促进项目制改革》，《重庆大学学报》（社会科学版）2021年第5期，第135—145页；解德渤、于孟仟：《学术发包制：具有中国特色的学术治理模式》，《重庆高教研究》2022年第2期，第8—16页；曹妍、唐珊珊、苟渊：《项目制背景下激励机制对高校SSCI科研产出的影响研究——基于2014—2018年36所"双一流"建设高校的面板数据分析》，《华东师范大学学报》（教育科学版）2022年第7期，第85—99页。

② 张应强、周钦：《从学术单位体治理走向学术共同体治理：我国大学学术治理改革的基本方向》，《高等教育研究》2022年第2期，第31—41页。

第一节 "学术动员"的概念提出

学术动员是动员实践在学术领域的具体应用。在国家治理模式的影响下，我国大学之中存在大量的学术动员现象，但与军事动员、政治动员、社会动员均有所区别。为更好地描绘学术动员的概念版图，我们可以从"作为治理工具的动员""作为治理实践的动员"和"作为治理制度的动员"三个方面铺陈展开。

一 对"学术动员"的简单勾勒

如果把"学术动员"视作一幅画卷，它应该是一幅水墨画，我们需要对其进行简单勾勒。这幅画既有"着墨"之处，也有"留白"地方，其中"着墨"之处是大家容易观察到的，往往以动员大会的形式直观表征出来。我们以国家自然科学基金、国家社会科学基金等纵向科研项目为例，对动员大会全流程加以解析：第一，学校人事部门将纵向课题的项目级别、经费额度，与教师个人的量化考核、工资待遇以及职称晋升等切身利益直接"挂钩"，即形成"人人可动员"的动员前提；第二，学校主管科研工作的部门（以下简称"科研院"）通知二级单位的科研秘书摸查并上报当年项目申请人名单，即确定"谁能被动员"的动员群体；第三，科研院牵头召开类似于"国家自科、社科基金申报经验交流会暨动员大会"的活动，面向符合申报要求的教师进行精准动员，科研院工作人员开展基金申报政策解读、财务处工作人员进行经费预算说明、申请成功者介绍中标经验与可能的误区、基金申请者针对困惑进行提问，即举办"全方位动员"的动员仪式；第四，国家自然科学基金委员会、全国哲学社会科学工作办公室下发通知，学校科研院向二级单位科研秘书下达通知，明确时间节点，如形式审查时间、学院报送申请书与排序名单的时间、学校资格审查与遴选的时间等，科研秘书再通过邮件形式发给所有教师，即营造"抢时间""争排位"的动员氛围；第五，对于项目成功获批者，特别是重大攻关项目首席专家，学校官网、公众号、视频号等媒体平台对其进行宣传、报道，借助宣传媒介使榜样力量在潜移默化中完成新一轮的激励与动员，即产生"目标可触及"的动员预期。

这个基金申报的动员会是我们可感可知的，其他的动员大会与之相似，只是由于任务内容与目标指向的差异，动员手段的选择与组合会略有不同。

除了动员大会的"着墨"之外，一些容易被忽视的"留白"也是学术动员画卷中需要解读的元素。轰轰烈烈的学术动员之所以声浪滔天，这离不开学科评估的制度力量，特别是评估指标对动员内容及其方向的支配力量，即存在评什么就动员什么的迹象。可以说，优绩主义影响下的学科评估指标是大学学术动员的核心内容，它离不开被人为制造出来的帽子、项目、荣誉、身份等数不胜数的符号。然而，符号是有区别的，以院士、"千人计划"、长江学者、国家杰青、"万人计划"等为代表的国家级人才，以国家自科基金、国家社科基金、科技部重大专项、国家科技支撑计划、国家星火计划、国家火炬计划等为代表的国家级项目，国家科技成果奖、国家教学名师、一流专业、一流课程、一流学科等为代表的国家级荣誉，这些"国家符号"是高校异常关心的，动员受众基本是小范围的，是学术动员的重中之重。"国家符号"的设立仅仅是一个开始，省、市、高校为提前培育、孵化就会形成响应机制，将一流高校、一流学科、人才名目、科研项目等指标按比例放大，形成各级各类的身份符码，从而动员对象的范围和规模进一步扩大，最终形成"校校有名头，人人为先进"的繁荣景象。从细微之处观察，"双一流建设加速跑""全力推进双一流建设破浪前行、行稳致远"等条幅和标语在校园道路、楼宇随处可见，渲染着学术动员的气氛，并借助系列制度安排让教师们"躺下的站起来""站起来的走起来""走起来的跑起来""跑起来的加速跑"。在多重影响下，"双一流""加速跑""乘势而上""力争上游"等简短有力的口号成为老师、学生日常交流的高频词，无形之中塑造着思维方式、学术观念与具体行为，反映为学术动员刺激下的响应。这种响应有可能是积极主动的，也可能是消极被动的。概言之，学术动员通常是动员主体通过项目设立、政策发布、指标下放、利益诱导、宣传鼓动、榜样示范等手段，借助"自上而下"的行政体系促使动员客体达到观念上的服从、认同乃至内化，从而调动客体积极性使其被动或主动地响应并参与到学术事务之中。

二　学术动员与其他动员形式的区别

正如前文所述，学术动员与军事动员、政治动员、社会动员具有诸多相似之处，但我们更需要关注几种动员形式在动员主体、动员客体、主客体关系、动员手段以及动员目的等维度上的区别点，如表 8-1 所示，以更全面、更深刻地凸显学术动员的特殊性。

就动员的主客体及其关系而言，军事动员的行动主体往往是军事首领，代替国家发号施令，其客体主要是士兵，有时平民百姓也会成为动员对象，主客体之间形成一种绝对服从关系。政治动员的主体是政治领袖，背后是国家或政党的力量，其客体是全体社会成员，它通常以政治领袖的指示为起点，以思想政治教育、宣传鼓动为媒介，进而在政治领域展开斗争，这种运行模式映射出政治动员的主客体之间主要是一种思想控制关系。与自上而下的政治动员相比，社会动员更倾向于是一种自下而上的动员体系，每次动员活动均由国家或不固定的社会精英发起，在共同利益感召下吸引社会民众自主参与，从而主客体构成"合意的共同体"，表现为民主协商关系。[①] 与其他动员形式相比，学术动员的主体更为复杂多元，涉及"政府—科研机构—科研团队—科研人员"的主体链条，也包括"政府—大学—院系—教师"的主体链条。更值得关注的是，学术动员活动中出现了隐匿主体，即中央政府、地方政府往往以"不在场"的方式支配着"在场者"的行动逻辑。学术动员的主体与客体之间呈现出不同于"绝对服从关系""思想控制关系""民主协商关系"的另一种关系样态——"激励相容关系"。即学术动员之关系维系的根本，不是客体服从于主体的威权，不是主体控制客体的思想意识，也不是主客体之间平等协商，而是主体对客体的有效激励，反过来客体对主体的自主响应。这样就会形成个体与组织之间、下级组织与上级组织之间的目标相容与价值相容。质言之，"高等教育类市场化"手段[②]在学术

---

① 蔡志强：《社会动员论——基于治理现代化的视角》，江苏人民出版社 2015 年版，第 140—143 页。

② 张应强、张浩正：《从类市场化治理到准市场化治理：我国高等教育治理变革的方向》，《高等教育研究》2018 年第 6 期，第 3—19 页。

动员实践中的制度嵌入，使得学术动员客体追求自身利益最大化，这恰恰是动员主体所期望的结果。因为当利益最大化的客体数量越来越多的时候，学术动员主体的利益就会不断扩张，从而实现了动员主体与动员客体之间的激励相容或激励兼容。

表8-1　　　　　　　　　学术动员与其他动员类型的比较

动员类型	动员主体	动员客体	主客体关系	动员核心手段	动员目的
军事动员	军事首领	士兵、百姓	绝对服从关系	军令下达	赢得战争胜利
政治动员	政治领袖	全体社会成员	思想控制关系	思想宣传	实现政治目的
社会动员	国家、社会精英	社会民众	民主协商关系	协商合意	推动社会发展
学术动员	政府、组织、教师	组织、教师、学生	激励相容关系	多重激励	促进学术繁荣

动员主体与动员客体之间的关系在很大程度上决定着动员核心手段的选择。"军令如山，从令如流"完美地诠释了军事动员的核心手段——军令下达。当然，军事动员主体也会组合使用法律、行政、教育、宣传等手段。政治动员总是依赖政权组织、依托政治权威，以大规模的群众运动显示动员力量，但发挥着统一思想作用的通常是政治动员令、训令、宣言、声明、告人民书等，特别是那些朗朗上口的口号深入人心，即思想宣传是政治动员的核心手段。社会动员更加注重引发客体观念与行为的内化，其前提是动员主张与客体诉求之间的一致性，这就需要通过舆论引导、志愿参与、平等协商等方式，最终达成基于共同利益的合意结果。在激励相容的学术动员关系网络中，不同的动员主体却形成了明显一致的动员手段偏好，他们更喜欢将资源分配、量化评价、绩效考核、职称晋升、工资待遇等与动员客体的切身利益关联起来，从而形成一种学术激励上的"合力"。但不得不说，当前的学术动员已经吸纳了军事动员、政治动员以及社会动员的制度精神，形成了一种既独特又混合的动员形态。比如，大学向学部、学院下达学科建设指标任务之时，就带有军事动员的"军令"性质；大学、学院与学科在迎评检查过程中的组织化动员，就表现出政治动员的"运动"风潮，类似于"加速跑""创一

流"的口号也有助于统一思想；大学与学部、学院就某些学术事务进行协商或讨价还价之时，则带有社会动员的"协商"色彩；大学在学术治理过程中，非常规化的学术动员又会使用常见的"激励"手段。

就动员的目的而言，军事动员、政治动员与社会动员分别以赢得战争胜利、实现政治目的、引导大众参与社会活动为目的。学术动员的目的在于，引导高校、科研单位、广大师生更加积极地参与学术事务、促进学术繁荣。只不过，"为学术发展而动员"的价值取向在实践中有可能被异化为"为学术指标而动员"，从而导致学术组织和学术人员的注意力发生偏移，这是值得警惕并理应引起深刻省察的现实问题。

三 "学术动员"的三重意蕴

学术界关于"动员"形成了三种学说：工具说、实践说与制度说。其中，"工具说"强调动员是治理主体使用的一种非常规治理工具或手段；"实践说"主张动员是治理主体发动人们积极参与其中的具体活动；"制度说"认为动员是以科层制为核心的常规治理失效之时的一种替代机制——"运动型治理"。当我们把动员置于学术治理场景，学术动员就获得了"作为治理工具的学术动员""作为治理实践的学术动员"和"作为治理制度的学术动员"三重意蕴。学术动员首先是一种治理工具，然后是一种治理实践，在根本上是一种治理制度。工具是实践的手段，是制度的载体；实践是工具的运用，是制度的表征；制度是工具的靶向，是实践的尺度。三者层层深入、环环相扣，共同构成学术动员的概念版图。

"治理工具"是理解学术动员的第一道密钥，属于学术动员的基本意涵。美国心理学家马斯洛有这样一句经典名言：如果你手中唯一的工具是锤子，那么一切事物看起来都像是钉子。这意味着，学术治理"工具箱"必然也必须摆放着多样化工具，而绝不仅是一种或一类工具。这要求相关行动者必须在恰当的学术治理场景下选择恰当的治理工具。具言之，"学术动员"与"学术发包制""学术锦标赛""学术台账""学术工分制""跨学科学术合作""有组织科研""产学研合作""产教融合"等都是学术治理的重要工具。有所不同的是，其他治理工具通常在学术治理过程之中发挥作用，而学术动员是在学术治理之前发挥作用。甚至不夸张地说,学术动员是中国当代学术治理场景下的基础工具,其他任何一种学术治理工具的使用都离不开它,都需要与其形成工具组合。作为治理工具而存在的学术动员还可以细化出不同类型乃至不同"型号",如扳手分为梅花扳、开口扳、活动扳、套筒扳等不同类型,开口扳手还可以细分为7号、8号、10号、14号等不同"型号"。这提醒我们,绝不能怠慢对学术动员理想类型的分析,笼统去谈学术动员将大大削弱这一议题的内在张力。

"治理实践"是理解学术动员的第二道密钥,属于学术动员的具体表征。与其他学术治理方式相比,学术动员是以一种显性化的实践方式而存在,即"学术何以动员"的实践过程或运行机制是可以被人们直接观察或直观体验到的。有研究者对公共危机中政治动员的运行机制进行剖析并提出,"应急目标、组织建设、动员执行以及政绩考核构成公共危机中政治动员的整体框架"[1],从而揭示出政治动员的实践过程。但学术界习惯性地截取动员的某个完整片段对其实践过程加以分析,容易忽视不同层级之间从"动员"到"再动员"的转化机制。易言之,学术动员的运行机制基本依循"动员目标—组织建设—动员执行—检查验收"的实践链条。但不能遗忘的是,"套娃式"的学术动员一层嵌套另一层,它涉及多层级的主客体,客体主体化的角色转换现象时有发生,不同层级之间的学术动员又是在何种机制作用下而产生联动效应的呢?即学术动员运行机制中的核心要件是导航系统、组织支持、操作系统、反馈机制以及联动机制等。从治理实践的角度来理解学术动员的概念图景,就必须正面回答学术动员的运行机制问题。

"治理制度"是理解学术动员的第三道密钥,即学术动员属于"运动型治理"的范畴。"从组织学角度来看,常规机制与动员机制是两个互为替代的治理机制,有内在的紧张和不兼容性。"[2] 学术治理的常规机制往往是建立在明确的组织机构与稳定的制度安排基础之上的,如科层制、

---

[1] 钟袁、朱侃、王清:《公共危机中政治动员运行机制研究——基于2015年以来38个重大公共危机案例的分析》,《政治学研究》2021年第2期,第79页。

[2] 周雪光:《中国国家治理的制度逻辑——一个组织学研究》,生活·读书·新知三联书店2017年版,第128—129页。

学术发包制、学术台账、学术评价等。学术治理的动员机制则是在紧急状态下的一种非常规实践方式，它在一定程度上挑战了学术治理的常规秩序，在短期内提升了学术事务的工作效率。像我国20世纪60年代相继研制成功原子弹和氢弹，这就是以国家为后盾的学术动员的真实写照，类似的例子不胜枚举。时至今日，学术动员正在逐步嵌入常规治理机制之中，发展成为一种既有独立气质又具有融合趋势的混合治理样态。这说明，学术动员正在面临着"非常规机制"的"常规化"现象，何以解释？频繁的学术动员不免出现动员疲软的情形，即学术动员的治理失灵问题是当前亟待破解的现实困境，如何走出困境？这就需要从制度更迭的视角观察学术动员的整体演化及其发展趋势。

第二节 作为治理工具的"学术动员"：理想类型的分析

学术动员是学术治理"工具箱"中必不可少的工具，并非只有一种样态。一般来说，最能体现动员特征的两个维度是动员规模与动员方式。根据动员规模的大小，学术动员分为大规模动员与局部性动员两种。根据动员方式的差异，学术动员包括刚性动员与柔性动员两类。以马克斯·韦伯的"理想类型"为方法论指导，[①] 我们可以将学术动员抽象为四种类型，如图8-1所示。这种划分不仅有助于从理论层面洞察不同类型学术动员的特征，而且可以帮助实践者根据不同情境选择恰当的动员工具。

一 大规模刚性动员

位于第一象限的是大规模刚性动员，即学术动员规模比较庞大、动员手段带有强制色彩。这种动员形式常见于"双一流"建设、本科教学评估、学科评估等关乎质量的"绩优"项目，也常见于师德师风、学术伦理等关于良心的"底线"工作。就"绩优"项目而言，动员主体会集

---

① ［德］马克斯·韦伯：《社会科学方法论》，杨富斌译，华夏出版社1999年版，第185页。

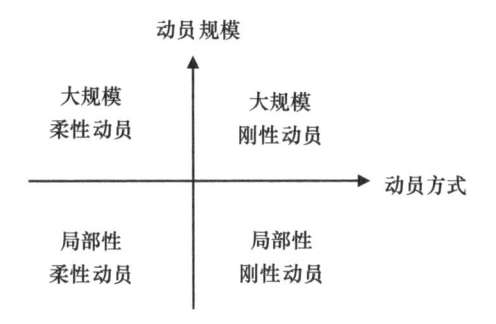

```
       动员规模
         ↑
大规模    │   大规模
柔性动员  │   刚性动员
         │
─────────┼─────────→ 动员方式
         │
局部性    │   局部性
柔性动员  │   刚性动员
         │
```

图 8-1 学术动员的理想类型

中各方力量、盘活全部资源，采用指示命令、指标分解、任务下放、问责追责等方式，使动员客体"动起来"，这是由上级压力传导而来的第一重响应机制。由于动员客体较多，这就加剧了为争夺有限资源而产生的竞争局面，进一步激发了动员客体的参与热情，这是由于横向竞争而产生的另一重响应机制。对于"底线"工作，动员主体通常会采用专项整顿会、应急处理、通报批评、签署承诺书等方式对动员客体的行为加以规约。比如，当出现学术不端、教学事故等严重问题之时，学校通常会依托大学科层体制与行政权力对二级单位与一线教师展开全员动员、全员教育。大规模刚性的学术动员通常适用于学术场域中的事务性工作，具有时间短、范围广、手段硬的特点，从而要求动员客体快速响应、全员响应、高效响应，呈现"运动型治理"的典型特征。

二 大规模柔性动员

位于第二象限的是大规模柔性动员，即学术动员规模比较庞大，但动员手段更为温和。如果说大规模刚性动员是对大多数客体的行为进行塑造，那么大规模柔性动员更倾向于对大多数客体的思想进行熏陶。比如说，国家和大学号召科研工作者要"坚持面向世界科技前沿、面向经济主战场、面向国家重大需求、面向人民生命健康，加快实现高水平科技自立自强"，还有像"破五唯""把论文写在中国大地上""构建中国自主知识体系"等简短有力的口号都是从思想层面引导学术界积极投身科技创新、思想创造的时代洪流之中。此外，对重大科研成果、伟大科学家的新闻报道，一年一度召开的各级各类科研奖励大会，则是通过树立典型、榜样引领、奖励先进的方式，来引发学术界攻坚克难、见贤思齐的思想共鸣。经过各种场合会议精神的学习、贯彻、落实，"科研报国""大学担当""自立自强"等合法性话语深入人心，从而对激发学术热情具有动员之功效。概言之，大规模柔性的学术动员通常适用于学术场域中的创新性工作，在动员范围上面向不确定群体，从而常常采取更为温和方式。与大规模刚性动员相比，虽说大规模柔性动员在响应速度和效果上并不占优，但它符合学术活动的创新本质，也满足了科研工作者的心理需求。

三　局部性柔性动员

位于第三象限的是局部性柔性动员，即学术动员目标群体更加精准、动员方式更为温和。之所以针对该目标群体采取的动员手段较为温和，这可能与他们具有较强的学术话语权有关，也可能因为有些学术任务具有弹性、非预期的特点。目前入选院士、国家杰青、长江学者等重大人才计划的数量成为大学评价、学科评估的核心指标，学校就会对有潜力的学者进行精准动员甚至是提前谋划。此时，学校面对"准帽子人才"采取柔性动员方式，但对学院下达"帽子人才"指标时又会采取刚性动员方式，即行政权力在面对学者与组织会表现出不同程度的科层气质，从而影响动员方式的选择。当面对非预期的、弹性学术任务之时，动员主体会侧重唤起特定群体内心的认同感，使他们认可动员目标与内容，以此来增强参与热情，而不宜对难以预料的行动结果作出强制性要求，否则就会挫伤参与积极性。这也就解释了为什么不少地方院校规定教师申报国家基金项目，无论成功与否，都计算相应的工作量。在此过程中，宣传鼓励、典型示范、参观交流、专题讲座、培训辅导等柔性手段更容易被精准的动员客体所接受。

四　局部性刚性动员

位于第四象限的是局部性刚性动员，即学术动员目标群体更加精准、动员方式比较强硬。之所以针对该目标群体采取的动员手段较为强硬，这与可测量的、硬性学术指标相关，更与以"青椒"、博士后为代表的学术人员的弱势地位有关。学术动员的常见方式是动员会，但动员会并不是学术动员的唯一方式，像学术发包制、学术锦标赛、学术工分制与"非升即走"等制度安排都可以释放出动员的力量。特别是，"非升即走"在最大程度上调动了高校青年学者投身学术活动的积极性，使得外在的制度动员与内在的自我动员相互叠加、互相强化。不止于此，绩效评价的周期是一年，晋升考核的周期是三年。如果晋升未成功，但考核达标可以获得一次续聘机会，若第六年仍未晋升成功，就会被淘汰出局。这种时间压力、晋升压力在很大程度上就会转化为学术生产的动力。加之，"晋升名额限制、聘期的不合理直接导致了晋升机会的减少"[1]，在有限时间内获取更多的学术工分是确保竞争优势的不二法宝。此时，硬性指标、考核时钟、晋升压力、工分焦虑、内卷竞争等会一并演化为强有力的刺激手段与动员力量。

目前，治理主体习惯采用大规模刚性动员、局部性刚性动员的方式开展学术动员，过于依赖刚性动员治理工具。诚然，这种工具的应用在短期内可以提高学术产出，提升学术效率，但学术活动有别于其他活动，需要营造相应的宽松环境，长时间的刚性动员会使研究者疲于完成任务而难以潜心研究。因此，在选择治理工具之时，应注意刚性动员的副作用，适当增加柔性动员工具的使用比例。另外，动员工作并非一蹴而就，单一的动员工具作用有限，在复杂的动员场景中应结合实际选择多种工具进行优化组合，旨在提升学术治理效能。

第三节 作为治理实践的"学术动员"：运行机制的剖析

学术动员的运行机理就是"关于如何进行学术动员才能得到有效响应"的基本原理。表面看来，学术动员是"动员主体—动员方式—动员客体"的显性运行机制，果真如此简单？在显性机制的背后，何种隐性机制在维持学术动员的多层级运转？这些问题都有待进一步澄清。通过大量观察，我们可以初步绘制出学术动员运行机制的基本框架图，如图

---

[1] 刘进、王辉：《什么才是真正的"非升即走"》，《重庆高教研究》2020 年第 5 期，第 49 页。

8-2所示。

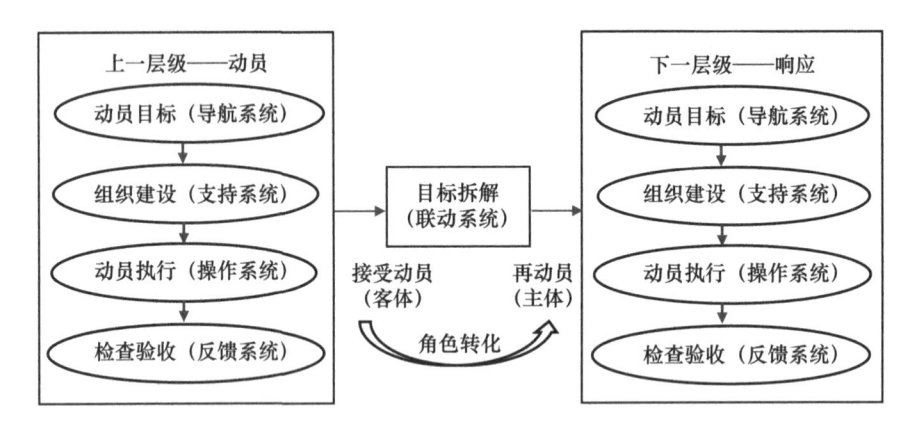

图8-2 学术动员运行机制的基本框架

(一) 显性运行机制

就显性机制而言，动员主体与客体表征为上下层级之间的一种关系结构，即行政权力对学术事务的动员实践具有直接的驱动力，大致按照"动员目标—组织建设—动员执行—检查验收"的顺序渐次展开、环环相扣。第一，动员目标是学术动员的导航系统，引领学术动员的总体方向。它通常是由学术动员主体设定的，在少数情况下属于协商结果。在"压力型体制"下，行政权力就会选择将学术动员目标设定为刚性的，比如某高校明确提出不惜一切代价必须在下一轮学科评估中达到"A类学科过半"的目标期望。学术动员目标也有可能是弹性的，比如某学院提出"争取在即将到来的一级学科博士点申报中达到基本条件"。第二，组织建设为学术动员提供组织支持，是不可或缺的支持系统。自上而下的动员目标与动员任务可以通过人事安排和规章制度来贯彻、落实。"政府—高校—学部（院）—系所"的组织结构本身为学术动员提供了组织载体，组织部、人事处、科研处、学科办等相关部门成为高校开展学术动员的"代言人"或"发令者"。各个部门制定的绩效考核标准、学术贡献指标、职称晋升规则等一系列制度安排，加快了下一层级的响应速度。第三，动员执行可以看作学术动员的操作系统。国家—高校、省市—高校这两对主客体之间的行政逻辑凸显，主体习惯采用政策制定、命令指示的刚性方式对高校进行动员。效率诉求、质量压力、社会关注、资源配置、大学声誉等都会衍化为高校"加速跑"的驱动力，使得动员执行变得理所当然。在高校—院系、院系—教师这两对主客体的动员实践中，主体通常采取任务下放、指标分解、思想动员等方式使客体在行为和思想上与组织保持一致。第四，检查验收是整个学术动员过程的最终环节，也是学术动员的反馈系统。如果没有检查验收环节，那么动员执行效果将不可想象，所以检查验收的权力一定是掌握在动员主体手中。检查验收的结果合格不合格，这会影响到主体在动员之时对客体作出的资源、待遇、职称等方面的承诺，也会影响下一步的动员目标、重点及其方式等。

（二）隐性衔接机制

学术动员运行机制中的核心要件是导航系统、支持系统、操作系统、反馈系统以及联动系统，前四种是行政力量驱使的显性运行机制，后一种是角色转换形塑的隐性衔接机制，它们上下互动、纵横交错、相互嵌套，共同构成一套完整的多层级学术动员机制。需要注意的是，学术动员具有多层级性，在某种情境下的动员客体在另一种情境下可能就会转化为动员主体，学术动员的前一个完整结构与后一个完整结构之间的衔接机制在角色转换中悄然建立起来，大致形成"（原动员客体）接受动员—（新动员主体）目标拆解—（对新动员客体）再动员"的隐性衔接链条。接受动员的过程，实质上是一个观念重构的过程，即动员客体对动员主体确定的动员目标、任务、思想及行动等被动接受或主动接受的过程。如果是被动接受，客体主要是鉴于动员主体的权威而表现出服从态度；如果是主动接受，客体大多是出于组织发展或自身利益等因素而表现出思想认同乃至价值内化的态度。转化角色之后，下一层级的动员主体会依照实际情况对上一级动员目标进行拆解，拆解后的目标更为具体，当然，"层层加码"也有可能在目标拆解中获得合法性。

由上述分析可知，任何一个环节出现纰漏，都可能导致学术动员运行机制不畅，甚至是动员失败。设定过高或过低的动员目标有可能导致响应失灵，不完善的组织结构与不健全的制度安排会导致动员疲软，"一刀切"的动员执行策略会导致动员不力，模糊的检查验收标准会导致激励失效，角色转换中的沟通不畅会导致联动欠佳。也就是说，设定适切的动员目标是应对响应失灵的基本前提，组织重构、更换负责人与制度调整是应对动员疲软的组织方略，根据动员场景、动员任务、动员客体选择恰当的动员方式是应对动员不力的权变思路，确定明确而合理的检查验收标准是应对激励失效的评价措施，建立动员主体与动员客体之间的交流渠道是应对多层级联动欠佳的沟通措施。

第四节 作为治理制度的"学术动员"：制度更迭的探讨

作为一种学术治理制度，学术动员与国家治理的整体制度环境是同频共振的。学术动员的制度更迭符合我国国家治理模式的演进历程——政治导向的国家治理模式、市场导向的国家治理模式、服务导向的国家治理模式[①]，从而表现出相应的三个不同阶段的制度版本——以政治权威为基础的"运动型治理"、以经济激励为手段的"常规化治理"和以人文关怀为追求"人本化治理"。

（一）学术动员的1.0版本：运动型治理

从制度性质上说，学术动员是一种非常规治理，是与常规治理相对的"运动型治理"，在紧急情况下或特殊年代表现得尤为明显。在中华人民共和国建立初期，面对帝国主义的经济封锁与武力威胁，党和国家将"集中优势兵力打歼灭战"的军事思想运用到"两弹一星"的研制之中，打破了常规的学术发展模式，将中国科学院、国防科研机构、工业部门、高等院校和地方科研力量等多方面资源协同起来，将有限的人力、物力和财力集中起来，创造了十年之内核弹爆炸、导弹飞行和卫星上天的伟大奇迹。此时的学术动员作为常规治理制度的替代机制，在打破常规治理层级的基础上展现出"集中力量办大事"的制度逻辑，可以视为学术动员制度的1.0版本。时至今日，这种运动型治理的学术动员方式依然存在。

（二）学术动员的2.0版本：常规化治理

改革开放以后，市场化的激励手段在高等教育领域得到广泛应用。

[①] 辛万鹏、赵青：《新中国成立以来国家治理模式的历史演变》，《特区经济》2015年第10期，第19—21页。

伴随重点学科建设制度的实施,特别是"双一流"建设政策推行以来,学术动员不再游离于常规制度之外,而是逐步嵌入科层制组织管理、学术锦标赛制、学术工分制等常规机制和学术优绩主义的共享观念之中,完成了从"看得见"的运动型治理模式到"看不见"的常规化治理模式的更迭。科层制赋予学术动员以组织保障,学术锦标赛制使动员客体持续面临着来自横向竞争的压力,学术工分制以数目字管理技术使动员客体时刻计算着学术回报,学术优绩主义的盛行又以非正式制度形式强化着人们的竞争观念,多重制度如同不断向上攀爬的藤蔓而彼此缠绕,支配着学术事务的日常运行逻辑。人们慢慢地感受不到运动式学术动员的存在,但动员的身影却又无处不在,这就是学术动员制度的一次迭代,我们可将其视为2.0版本。然而,这种"常规化"在学术治理中经常面临失灵或疲软情形,即动员作用似乎起不到想象中的预期效果。为什么呢?这样的学术动员就像打鸡血,短期见效,但长此以往,弊病就会暴露出来。在此影响下,组织和个人都难免倾向于选择"短平快"的科研方式,"只求数量不求质量"的科研歪风抬头,"学术内卷"加剧,难以产出重大科研成果,学术"虚假繁荣"之景让人唏嘘。

(三) 学术动员的3.0版本:人本化治理

近年来,"破五唯"的呼声高涨,这是对学术评价问题的强力呼喊,也包含着对泛滥的学术动员、结果导向的学术动员之奋力反抗。注重短期结果的学术动员,只是强调学术任务的"完成逻辑",而容易忽视学术研究的创新本质对周期之长、节奏之慢、心态之静的特殊诉求。为什么科研人员对频频的学术动员产生倦怠、疲乏?在很大程度上,这是因为今天的"学术动员"过于侧重"动员"之形式,而忽视了"学术"之本真。不禁发问:我们究竟需要什么样的学术动员?显然,理想中的学术动员应着力激发科研人员的内在动力和潜力,引导科研人员树立正确学术观,勇于探求真理、敢于挑战科学"无人区",真正形成为学术而奋斗的内化观念与自觉行动。也就是说,学术动员必须坚持"以人为本"的价值立场。何以实现?其一,动员主体主要采用宣传示范、参观交流等感化手段,这样的话,动员客体更容易从内心接受动员而不是排斥动员;其二,动员客体要听从内心召唤,不随波逐流,争取自我解放,此时的认知水平不再是"动员自己参与学术事务",而是"动员自己参加更有意义的学术事务";第三,优化学术环境,完善相关制度。过大的竞争压力导致科研人员的职业倦怠和挫败感,影响着高质量成果产出。只有营造出更包容、更宽松的学术环境之时,我们距离学术强国的目标才会更近一些。这就需要在学术评价、学科评估制度上下功夫。因此,从"结果导向"到"以人为本"的实践转向,或许会成为学术动员的3.0版本。

第九章

高位嫁接：非重点学科发展的"超常规策略"[①]

在"双一流"建设背景下，研究型大学对重点学科与非重点学科的注意力配置产生明显分化。重点学科位于聚光灯下，可源源不断地获得政策支持、资源加持与发展空间，[②] 从而虹吸效应显著。相比之下，非重点学科处于隐秘的角落，其生存权和发展权均受到严峻挑战。[③] 这种现象促使我们思考：在一所研究型大学内部，重点学科与非重点学科究竟是何种关系，非重点学科在这种关系结构中何以发展？由于学术系统是一个结构分化的等级系统，[④] 这意味着重点学科与非重点学科之间不存在平等的交流关系，因其不对等的学科地位，所以直接的竞争关系也不成立。较为流行的观点是，高校在学科评估、质量压力、社会声誉、办学经费等多重约束下，通过制定、调整学科发展规划，来确定"优先发展哪些学科、重点建设哪些学科、合并整合哪些学科"[⑤]。在一系列制度安排的影响下，重点学科对非重点学科形成一定的挤压效果，这种隐性的挤压关系就容易出现生物学中"大树底下不长草"的情形。

[①] 此部分以"研究型大学非重点学科何以发展——基于'高位嫁接'的分析视角"为题发表在《重庆高教研究》2023年第6期，收录在本书时略有删改。

[②] 刘小强、聂翠云：《走出一流学科建设的误区——国家学科制度下一流学科建设的功利化及其反思》，《学位与研究生教育》2019年第12期，第18—24页。

[③] 董云川、张琪仁：《动态·多样·共生："一流学科"的生态逻辑与生存法则》，《江苏高教》2017年第1期，第7—10页。

[④] 阎光才：《我国学术英才成长过程中的赞助性流动机制分析》，《中国人民大学教育学刊》2011年第3期，第5—22页。

[⑤] 文魁：《大学学科建设若干问题的思考》，《中国高等教育》2006年第17期，第58页。

从学校角度来看，合理的学科规划与布局是必要的，在经费有限的情况下，必然集中力量发展重点学科或有发展潜力的学科，非重点学科就有可能面临"自生自灭"或"裁撤并转"的命运。此时，具有强烈发展愿望的非重点学科通常会主动自发地寻找一些非常规发展策略。然而，学术界在重点学科或一流学科上的研究成果汗牛充栋，对非重点学科或非优势学科发展议题的关注远远不够。现有研究主要聚焦于地方本科院校的学科发展策略，如"发展极"策略[1]、"应用转型"策略[2]、"协同创新"策略[3]等，借此处理重点学科建设与一般学科建设之间的关系。也有研究者关注重点大学中非优势学科，指出"促进优势学科形成的因素同时也是导致非优势学科形成的原因"[4]，通过打造开放环境、营造创新氛围、借力优势学科、抢抓发展机遇等，[5] 实现非重点学科的跨越式发展。坦率来说，研究型大学非重点学科的生存境遇颇为艰难，借助重点学科的力量发展自我，这是其摆脱困境的捷径，即嫁接关系可变"大树底下不长草"为"大树底下好乘凉"。

"嫁接"是生物学中的重要概念，是植物进行人工繁殖的重要方式。嫁接的基本原理是，通过枝接、芽接、根接等方式将接穗形成层与砧木形成层的两个创面紧贴在一起，细胞增生使得彼此组织相互联结而形成一体。[6] 生物嫁接包括高位嫁接和低位嫁接两种技术，因各具优势而受到人们的青睐。高位嫁接是与更优质的作物进行嫁接，具有在短时间内改良品种、提高果实品质或提升观赏价值的奇效。低位嫁接是与相较自身劣质的作物进行嫁接，具有成活率高、增强适应能力的优势。运用"生

---

[1] 刘海兰:《"双一流"建设背景下地方本科院校学科建设的"发展极"策略案例研究》,《中国人民大学教育学刊》2020 年第 3 期, 第 73—85 页。

[2] 徐军伟:《地方本科院校转型要聚焦应用型学科建设》,《教育发展研究》2017 年第 1 期, 第 3 页。

[3] 陈健:《协同创新 提升地方本科院校学科建设水平》,《中国高校科技》2015 年第 10 期, 第 38—39 页。

[4] 杜慰纯、耿瑞利、宋爽:《重点大学非优势学科竞争情报分析——以北京航空航天大学情报学学科为例》,《北京航空航天大学学报》(社会科学版) 2012 年第 1 期, 第 111—112 页。

[5] 舒红霞:《重点大学非优势学科建设与发展研究》, 硕士学位论文, 华中农业大学, 2009 年, 第 52—57 页。

[6] 陈晶晶、李栋梁、杨倩等:《植物嫁接再生机理研究进展》,《植物生理学报》2020 年第 8 期, 第 1690—1702 页。

物嫁接"的观点对学科建设机制进行洞察,非重点学科在资源分配上不具备竞争优势,且难以享受到重点学科建设的制度红利,所以最便捷的发展方式就是与亲和性较强的重点学科进行嫁接,"繁殖出众多的学科生长点,从而在体现学科整体优势的同时萌发出新的生命力"①。进言之,学科嫁接既包括重点学科的"低位嫁接",也涵盖非重点学科的"高位嫁接",但二者的区分并不是绝对的。若站在重点学科的立场上,学科建设的某些行动可能属于"低位嫁接",站在非重点学科的立场上也许就是"高位嫁接",其区别的关键点在于嫁接主体与嫁接目的。相比而言,非重点学科"高位嫁接"研究的迫切性更为强烈,比如适用对象是谁、操作方式有哪些、面临怎样的风险、如何防控风险,这些都是尚未得到理论回应的实践命题。

第一节 学科建设"高位嫁接"的适用对象

一 核心概念简析

学科建设"高位嫁接"是指相对弱势的非重点学科与较自身更具发展优势的重点学科相结合,旨在短期内获得学科突破、发展乃至壮大的定向改造机制。需要澄清的是,"学科交叉"与"学科嫁接"稍有不同,前者展现出学科之间地位相对平等的理念,通常是带有社会性、全域性与普遍意义的集体行为;后者表现出学科之间具有一定的地位级差,通常是具有个体性、局域性与情境意义的自发行为。质言之,学科嫁接往往是学科建设主体在特定情境下作出的暂时性、策略性选择,甚至有可能是一种迫不得已的选择,而并非长远的、战略性的选择。

此外,这里说的"重点学科"与"非重点学科"是大学场域中的相对概念、比较概念。一般来说,学科有两个"家":一个具有"家族相似性",主要是以知识标准构建起来的"同源之家";另一个具有"家族异质性",主要是以松散结构关联起来的"组织之家"。这样的话,我们既可以在"组织之家"中勘察某个学科在某所大学中的学科地位(如中心与边缘),区分出"中心学科"与"边缘学科";又可以在"同源之家"

---

① 李枭鹰:《大学学科发展论》,广西师范大学出版社2011年版,第8页。

中衡量某个学科在学术界的学科实力（如强势与弱势），划分出"强势学科"与"弱势学科"，即"边缘学科""弱势学科"都可划归至"非重点学科"的范围。

二 适用对象说明

为方便展开分类探讨，我们构造出一个以学科地位为横轴、以学科实力为纵轴的 2×2 矩阵，从而形成学科发展矩阵的四个象限，如图 9-1 所示：

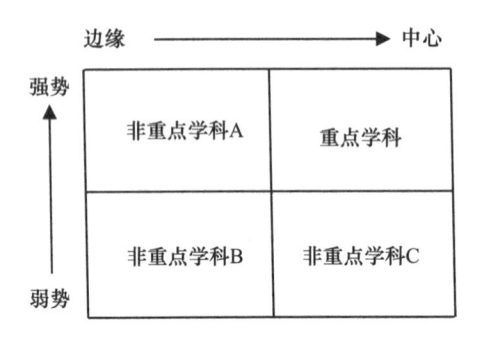

图 9-1 学科发展矩阵的四个象限

第一象限是"中心—强势"学科，可以视为全面意义上的"重点学科"。该区域的学科自身实力较强，且在学校内部学科建设布局中处于中心位置。这类学科在各类评估榜单中都可以拿到较为亮眼的成绩，从而在现有学科政策框架下可以持续获得充足的资源支持，反过来又会进一步巩固其学科实力与学科地位。第二象限是"边缘—强势"学科，可以视作"非重点学科 A"。该区域的学科自身学科实力较强，通常在某个二级学科或研究方向上表现出强劲的发展势头，但在学校内部学科建设布局中往往处于相对边缘的位置。此类学科多为一些发展基础较好的传统学科，由于时代发展导致供需关系的结构性调整，或者学科评估结果不尽理想，未能纳入"一流学科"建设范围。第三象限是"边缘—弱势"学科，可以视作"非重点学科 B"，也是最具典型意义的非重点学科。该区域的学科自身实力偏弱，且在学校内部学科建设布局中处于边缘位置，甚至根本就没有进入全校学科发展规划之中。第四象限是"中心—弱势"

学科，可以视作"非重点学科C"。该区域学科在学校内部学科建设中往往处于学科群的中心位置，但是其自身学科实力尚处于相对较弱的水平。从这个角度来看，A类、B类、C类的非重点学科都有学科嫁接的迫切诉求，如果学科亲和性较强且时机成熟，就有可能与重点学科进行不同形式的嫁接。

三 典型案例选取

为透视非重点学科"高位嫁接"的总体情况，我们选择将研究型大学某作为典型案例进行考察。原因有三：其一，高校类型的典型性。在研究型大学中，重点学科与非重点学科的力量对比清晰可见，非重点学科对自我进行定向改造的意愿更为强烈。作为一所老牌工科类研究型大学，近年来某大学将学科建设重点聚焦于化学化工、建设工程、装备制造、力学、信息科学、管理工程、数理七个学科群，但其工科底色鲜明，所以重点学科与非重点学科区分明显；其二，不同学科的代表性。某大学的物理学、生物工程、高等教育学以及控制科学与工程四个学科都属于上述界定的非重点学科，它们自觉或不自觉地采取"高位嫁接"的学科建设思路，其中物理学位于第二象限，生物工程与高等教育学均位于第三象限，控制科学与工程位于第四象限，它们在发展过程中自然呈现出知识嫁接、制度嫁接、人员嫁接和项目嫁接四种不同方式；其三，研究信息的负荷度。某大学的四个学科通过"高位嫁接"的方式均步入了较为平稳的发展轨道，但也面临由此而引发的新挑战，即各自承载的研究信息对系统考察非重点学科"高位嫁接"的实践策略具有重要价值。

第二节 非重点学科"高位嫁接"的操作方式

植物嫁接的具体方法非常多，但在日常生活中常用的有劈接法、插接法、机器嫁接法和靠接法。其中，劈接法是在砧木的横断面中央垂直劈开接口而进行嫁接的方法。这可类比为在学科横断面上的一种知识介入，即知识嫁接方式；插接法也叫顶接法，是将植物下端削成楔形以插入砧木钻孔之中的方法。这映射在学科嫁接之中，就是重点学科的制度设计直接嵌入非重点学科，即制度嫁接方式；机器嫁接是相对于人工嫁接而言的，其最大的优势就是借助于"延伸的劳动力"来节省成本、节约时间，从而极大地提高效率。这在学科嫁接中表现为借用他人的各类资源，即人员嫁接方式；靠接法是砧木与接穗的切口相互靠近而进行嫁接的方法。这个平滑且贴合紧致的位置就是两个学科或主体展开项目合作的基本面，即项目嫁接方式。这种隐喻式概念为我们理解非重点学科的嫁接方式提供了有效的思维工具。

一 知识嫁接

知识嫁接与生物学中的劈接法相类似，是非重点学科与重点学科在知识层面进行嫁接。它"将知识本身以及相关的思维方法、态度、线索、价值观等"[1] 引入非重点学科，对改良"学科品种"意义深远，能从根本上改善学科境遇。某大学物理学具有深厚的发展根基，拥有一定的学科实力，特别是等离子物理在学术界的认可度很高，物理学在 ESI 国际排名中长期保持在全球前 1%，在第四轮学科评估中获得 B 等级。但在工科占据绝对优势的学科布局中，物理学在有意无意中被忽视。

某大学物理学被忽视的主要原因是传统知识结构难以与社会发展需求相匹配，现实原因是当前学科评估结果不佳，直接原因则是学校内部的学科布局加剧了物理学边缘化的境地。为寻求发展机遇、推动学科转型、重塑学科优势，物理学与学校强势的材料科学与工程通过知识嫁接的方式推动应用研究，在材料设计与研发、激光加工及再制造等方面实现了与现代产业的接轨。为达到更好的嫁接效果，物理学还调整了人才培养方案，以理学为基础，以工学应用为支撑，从培养专一的学科人才到培养多学科思维的"新物理人"。王大珩物理基础科学班的课程设置包含了许多材料学科的课程，物理学院更是将"掌握材料、化学以及电工等相关学科基础知识，并能够自主拓宽知识领域"作为人才培养目标。由上可知，物理学主要通过研究方向的应用化、人才培养的复合化实现知识嫁接。

物理学选择材料科学与工程进行知识嫁接，原因不外乎以下几点：

---

[1] 王竹立：《知识嫁接学说：一种更具包容性的教学理论》，《现代远程教育研究》2013 年第 1 期，第 38 页。

第一，两门学科同为理工大类，等离子物理可以在材料领域得以应用，材料研发的知识基础又离不开物理，故在知识结构上具有相通性；第二，物理学作为知识结构严密的传统学科，与材料学进行嫁接并不会破坏自身知识体系，反而有助于知识领域的拓展；第三，材料科学与工程作为校内的王牌学科，拓宽研究领域、积极发展新材料的愿望成为促成学科嫁接的重要推力。可以说，物理学与材料学科长期以来的合作基础使等离子物理的知识嫁接基础更为坚实，并为某大学物理学的转型发展提供了持续动力。

二 制度嫁接

制度嫁接与生物学中的插接法相类似，是非重点学科在制度层面依靠重点学科而进行的嫁接方式，主要包括隶属强势学科组织、借力申报学科点、全力引进优秀教师、联合开展人才培养等。因为制度嫁接在整体架构上颇为稳定，所以嫁接成果最为丰硕。某大学生物工程的前身是1985年建立的生物化工研究所，其学科实力在全国很难得到认可，在校内也处于边缘地位。经过几十年的学科制度嫁接，生物工程获得长足发展，在第四轮学科评估中，生物学获得C+等级。尽管学科成绩算不上亮眼，但学科实力在稳步提升。

为开拓学科发展空间，某大学的生物工程选择与化学工程与技术学科进行制度嫁接。在组织架构上，生物工程在1985—2009年的20余年间均隶属实力强劲的化工学院，这就为其快速成长提供了充足的资源与良好的环境。在学科点发展上，1985年它不过是在化学工程与技术一级学科下开辟的一个生物化工方向，这点"星星之火"到1997年拥有了生物化工二级学科博士点，到2018年获得国家首批生物工程一级学科博士点，终成"燎原之势"。回首来看，当时生物化工二级学科博士点确实是依靠化工学院建立起来的。若只凭借自身学科力量，试图满足博士点申报的诸多条件还是相当困难的。在师资队伍与人才培养方面，生物工程在很大程度上也是依赖化工学科的制度体系完成的，拥有二级学科博士点使得人才引进与教师发展成为可能，"一体化"的联合培养与"双跨式"的课程设置拓宽了学生的学科视野、提升了人才培养质量。可以说，在化工学科的庇护之下，生物工程的学科实力逐步提升，但学科发展自主意志受到了极大钳制。这种局面直到2010年成立生命科学与技术学院才算是得到了较大改观，特别是2018年拿下生物工程一级学科博士点、2019年更名为生物工程学院之后，学科步入自主发展的快车道。生物工程学科的"自立门户"意味着学科嫁接取得了丰硕果实，学科创业又取得了一个阶段性的胜利。

生物工程与化工学科进行制度嫁接可谓是在不同发展阶段特定心理情景下的一种权宜之计。学科成立之初的天然隶属关系使得实力较弱的生物工程只能依赖于实力强劲的化工学科而没有其他选择权，即早期以"生物化工方向"为标志的制度嫁接更多的是一种"寄人篱下"的无奈之举，中期以"生物化工二级学科博士点"为标志的制度嫁接更多的是一种"借鸡生蛋"的主动作为，后期以"生物工程一级学科博士点"为标志的制度嫁接更多的是一种"瓜熟蒂落"的自然选择，从而走完了学科制度嫁接的全部历程。

三 人员嫁接

人员嫁接与生物学中的机器嫁接相类似，是一种带有卯榫结构"U"形创口的便捷而高效的嫁接方式，主要是非重点学科通过聘请校内或校外的重要人员作为兼职教师而进行的学科自我改造。这种嫁接的关键不在于重点学科而在于重要人员，但这些重要人员往往来自于重点学科或占据重要位置。它破除了"武大郎开店"的狭隘心理，也并非"守株待兔"的被动作为[1]，而是主动出击的发展策略，即一种特殊的学科嫁接方式。某大学的高等教育学前身是1980年成立的教学研究室，后来陆续更名为高等教育研究室（1984年）、高等教育研究所（1994年）、高等教育与管理研究所（1996年）、高等教育研究中心（2010年）。虽说某大学高等教育研究起步较早，30余年间机构负责人也大多由校领导兼任，但教师人数偏少，加之为学校服务的单一组织定位使得学科在专业化发展道路上错失良机，在学术界的学科实力有待提升、在校内的学科地位也不容乐观。直到2015年高等教育研究院成立，"学术立院"和"有为有位"两条腿走路的办院方针得以确立，长期以来形成的人员嫁接思路更加清

---

[1] 张德祥：《高校一流学科建设的关系审视》，《教育研究》2016年第8期，第33—39页。

晰，高等教育学的发展开始步入正轨。

结合学科特点，高等教育学采取人员嫁接方式，以"不求所有，但求所用"的用人思路，整合校内外的人力资源，争取各个方面的有力支持。第一，教育管理二级学科博士点设在经济与管理学院的管理科学与工程一级学科博士点之下，有多位曾任或现任校领导职务的博士生导师，这使得学科发展在学校层面具有较强的话语基础。第二，教育学一级学科硕士点和诸多研究中心将发展规划处、学科建设办公室、教务处、创新创业学院、国际教育学院等职能部门或院系组织的多名教师邀请来担任硕士生导师或兼职研究人员，借此推动相关研究、争取学术资源、扩大组织影响力。除此之外，目前还有多位国内外优秀学者以兼职教授的身份参与学科发展，提供了更具广泛意义的学术支持与实践支持。即高等教育学主要是通过人员嫁接方式来实现多重目标——夯实学校层面的话语基础、争取职能部门的办学资源、获取院系组织的相关支持，并增强与校外知名人士的学术黏性等。

由于某大学高等教育学的学科实力较弱，所以很难像等离子物理那样与材料学科开展相对平等的知识嫁接。在组织架构上，高等教育研究院挂靠人文学部，而人文学部在校内是弱势单位，旗下的诸多学科并不具备强劲实力，所以无法像生物工程那样在组织内部与化工学科开展有效的制度嫁接。高等教育学开展人员嫁接的关键在于，学科自身的应用性、开放性与包容性。其应用特点意味着，从事高等教育管理的众多实践者天然是高等教育的行动研究者；开放特点意味着，作为多学科乃至跨学科存在的高等教育研究欢迎来自不同院系、不同学科的研究者；包容特点意味着，广大支持高等教育事业发展的各类人士都可以发出各自的声音。

四 项目嫁接

项目嫁接与生物学中的靠接法相类似，是非重点学科通过项目合作的方式与重点学科进行嫁接的方式。由于项目嫁接灵活机动、便于调整，所以嫁接效果在短期内最明显。2009年，某大学成立了控制科学与工程学院，内设自动化、智能控制、计算机控制、模糊信息处理与机器智能等研究所。尽管控制学科处于当前国内外的研究前沿，在某大学也备受重视，但其学科实力有待加强。除自动化之外，其余研究方向并没有形成完整且坚实的学科体系。

为快速提升学科实力，控制学科采取了多种形式的项目嫁接。最初，学科选择在学院内部进行嫁接，其他几个新兴研究方向与相对成熟的自动化在数字仿形控制方面展开研究，取得了一些研究成果，但由于项目合作周期较短，合作研究未能持续下去。随后，控制学科调整发展思路，充分利用自身的前沿优势与某大学"王牌学科群"工程学科进行嫁接，特别是2019年建立"工业装备智能控制与优化"教育部重点实验室之后，围绕"工业能源系统预测与优化""航空发动机综合控制技术及应用""工业互联网系统理论与技术""工业制造过程智能化""智能机器人环境感知、建模与控制"所展开的项目研究成效显著，2020年、2021年新获批纵向项目的科研经费分别超过4000万元、3000万元。控制学科以平台为载体、以项目为依托合作发表了大量高水平论文、申请了不少专利技术。另外，控制学科还通过项目合作方式在应用导向的基础研究、大型示范工程实施以及高新技术产品开发等方面为工业企业服务，在推动经济社会发展的同时将学科推至更高水平。在第四轮学科评估中，某大学的控制学科获得B+成绩，近年来发展态势更是持续向好。

控制学科之所以能够与工程学科、相关产业部门开展项目嫁接，缘于对自身学科特点的理性认知，加之对工程学科与社会需求的精准把握。就学科自身来说，控制学科是国内外最活跃、发展速度最快的研究领域之一，特别是人工智能时代的到来使得控制学科、工程学科、信息学科等自然凝聚起来，以项目形式集体攻关、协同突破成为必然选择。从工程学科角度看，传统的工程学科尤其是机械工程在某大学实力雄厚，但急需面向现代产业发展实现学科转型，从而对控制学科表现出浓厚兴趣，即学科嫁接双方在亲和性上极强。就社会需求分析，现代生活与生产活动中的智能控制诉求更加强烈，相关企业委托控制学科开展相关技术攻坚较为普遍，具有校企合作的先天优势。

第三节 非重点学科"高位嫁接"的主要风险

尽管不少非重点学科通过知识嫁接、制度嫁接、人员嫁接抑或项目嫁接取得了显著的学科建设成效,但我们必须对不同嫁接方式的潜在风险有一个基本预判,从而在更大程度上规避嫁接风险、提高嫁接质量。

一 嫁接实践回报率低:知识嫁接的风险

某大学物理学知识嫁接的发展境遇提醒我们:相关研究成果在归属上很可能面临"为他人作嫁衣"的情形,人才培养方案在实施中很可能面临"双重排斥"的问题,即高投入、低回报是我们必须从制度层面审视的主要风险。

第一,成果归属问题是知识嫁接过程中最直接的风险点。跨学科成果评价本来就是国际通行的难题[1],学科实力不对等很可能导致非重点学科"空欢喜一场"。物理学通过知识嫁接确实取得了一系列应用型研究成果,对自身学科建设也产生了积极作用,但鉴于学科特点、人员比例、成果偏好、学科排名等复杂原因,嫁接成果往往被纳入更强势的材料学学科评估之中。同时,物理学科利用自身的知识基础与研究优势与相关企业行业展开合作,但其中的不少研究成果在学科评估中并不能起到直接加分的作用。这些"为他人做嫁衣"的种种情形在一定程度上减弱了物理学科开展知识嫁接的热情。第二,人才培养问题是知识嫁接中最隐蔽的风险点。实验班开设的课程主要是物理专业和材料专业的相关课程,还有数学和计算机编程等课程。如果具备相应的知识基础,进入研究生阶段参与相关课题就比较容易,相反就会存在较大的困难。学科嫁接中的知识偏好自然埋下两个隐患:其一是对外校报考物理学研究生的学生群体存在一定的排斥,其二是对非实验班的本校物理专业学生也具有一定的压力,即如何做好人才培养中的课程衔接与科学研究中的"传帮带"

---

[1] 樊秀娣、石雪怡:《英国高校跨学科研究成果评价:困境、对策及启示》,《中国高校科技》2020年第6期,第54—59页。

工作是知识嫁接中必须直面的风险。由此观之，相关制度保障不力是知识嫁接中最根本的风险点。就学科评估制度而言，非重点学科"议价能力"不足与被动让渡科研成果之间就会形成一种双向强化机制；就人才培养制度来说，非重点学科积极求变愿望促使其向重点学科知识结构靠拢，这种倾向可能出现意想不到的"双重排斥"后果；就资源分配制度来讲，非重点学科与重点学科之间的严重不对等使其出现被动或主动的依附关系。

二 嫁接结构过于稳定：制度嫁接的风险

相比其他嫁接方式，制度嫁接在结构上最为稳定，这使得非重点学科可以全面借助重点学科的力量而获得快速发展。但某大学生物工程学科的嫁接经历告诉我们，结构越稳定就越不容易被打破，有时"护身符"也是一道"紧箍咒"。

生物工程借助化工学科获得了极大的生存空间，但在学科发展规划、人才队伍建设、科研成果评价等方面临着全面依附的遭遇。其一，就学科发展规划而言，生物工程在发展初期就是以生物化工这一研究方向为主，虽然研究成果有所突破，但长时间单一的发展路径，导致生物工程发展表现瘸腿现象，在其他研究方向上难有建树。这种情形既缘于占据优势地位的化工学科的直接影响，也与生物工程学科的主动依附脱不了干系，其学生培养与课程设置也是以化工为主导的；其二，就人才队伍建设而言，生物工程在很长一段时间都要服从化工学科的管理制度。在有限资源与话语权不对等的情况下，自然会出现资源供给的优先级差——实力强悍的化工学科享有资源供给的优先选择权，实力不济的生物工程只能落到"别人吃肉我喝汤"的境地，从而在人才引进上面临"想引的人引不进来"、在职称晋升上出现"能升的人升不上去"、在教师考核上遭遇"整体绩效欠佳"等既尴尬又无奈的问题；其三，就科研成果评价而言，早期的生物工程在生物化工方向取得的科研成果归属化工学科，化工学科对其发展予以大力支持，没有太大的评估压力。后来，生物工程从生物发酵与分离工艺的工程化研究发展到生物学、医学、工程技术等跨学科研究领域，跨学科成果归属问题与组织关系消解问题使其获得来自化工学科的支持越来越少，独自面对学科评估的压力骤增，一度陷入长时段的转型"阵痛期",这都是学科依附发展所带来的"后遗症"。总的来说,生物工程虽成功嫁接于化工学科,获得了相应的发展空间,也为日后彻底独立积蓄了足够的力量,但其在嫁接过程中所面临的重重困难也是它必须承担的风险与付出的代价。需要注意的是,在制度嫁接过程中,我们理应坚持审慎嫁接的原则,嫁接的是制度框架而不是制度细节①,否则就会走向穷途末路。此外,组织内部的规则往往是由重点学科制定并主导的,非重点学科难以凭借弱小力量打破规则、突破边界,学科之间的博弈必然会时时发生。

三 嫁接条件颇为严格:人员嫁接的风险

非重点学科可以通过人员嫁接获得显而易见的嫁接成效,这直接取决于重要他人所携带的显性或隐性的学术资源或政治资源,从而推动学科实力和学科地位的提升。某大学高等教育学的嫁接经历警示我们:严格的嫁接条件使人员嫁接存在一定的技术推广风险、较大的话语俘获风险、极大的组织孤立风险。

其一,技术推广风险的大小与学科兼容性紧密相关。某大学的高等教育学始终坚持"两条腿走路",理论研究和院校研究并行不悖,不少校领导都可以运用其高等教育管理经验参与到高等教育学的发展之中。如把高等教育学的人员嫁接技术或经验推广到管理学、马克思主义哲学、马克思主义理论等学科,它们与高校管理者的工作经验具有较大的契合度,从而具有较强的操作价值,若盲目推广至其他学科很可能会面临嫁接失败的风险;其二,话语俘获风险的产生与嫁接人员身份息息相关。兼职研究人员一般不会出现争夺话语权的问题,但学校的行政管理者特别是校领导,在学院发展上可能会出现俘获话语权的情况。无论承认与否,校领导的行政意志与注意力分配背后都负载着非常强烈的权力色彩,从而他们享有较大话语权。一般来说,不具有一级学科博士点的学院在有关学科建设的诸多事务上本就面临话语权式微的窘境,上述情形的出现更会加剧学院层面话语权的失衡。虽说谦逊领导力能在工作团队中促

---

① 唐斌:《嫁接与融合:再论托克维尔的政治制度移植思想》,《行政论坛》2011年第3期,第18—22页。

进开放与信任①,并在很大程度上克制话语权的泛滥,但难以抵挡的是,学院层面会自觉或不自觉地揣度领导意志、维护领导利益。哪怕是在人才培养方案修订中课程调整这样的事情,学院都会考虑必须保留校领导所开设的课程,唯恐得罪领导,类似的自我俘获情形使组织变革与学科发展面临"幸福的烦恼";其三,组织孤立风险的爆发与组织之间的冲突相关。在学部其他学科眼中,高等教育学"朝中有人",既然有争取资源的能力,那就没必要在学部的有限资源中"分一杯羹"。正因如此,高等教育学在职称晋升、人才引进、评奖评优等各项事务中面临来自学部层面不公开的压制,因而组织独立的诉求愈加迫切。另外,所嫁接的人员能在多大程度上支持组织和学科发展,能否发自肺腑地关心组织和学科发展,这都是需要慎重思考的严肃问题。有时候,"请神容易送神难"的朴素道理是开展人员嫁接必须谨记。

四 嫁接关系稳定性差:项目嫁接的风险

从嫁接技术难度来说,非重点学科的项目嫁接方式最容易操作,但某大学控制学科的嫁接经历告诉我们:项目周期短、诸多不确定因素以及项目的多头推进都会致使学科嫁接关系稳定性较差,从而制约着学科嫁接果实的品质与成熟度。

项目周期这一变量对嫁接关系与嫁接成果的影响是最直接的。某大学的控制学科通过项目合作的方式在学院内部与自动化方向进行嫁接,在数字仿形控制这一新兴领域展开研究,但由于当时的项目周期仅有两年,故而合作研究未能深入推进,研究成果并不乐观。相比之下,控制学科与工程学科进行项目嫁接,对"工业装备智能控制与优化"展开研究,因平台高、项目多、周期长取得了一系列成果。其中的鲜明实例就是,控制学科与某航空发动机研究所建立长期稳定的合作关系,在航空发动机综合控制技术及应用的研究项目上取得重要突破。也就是说,研究成果的深度与项目开展时间有直接关联,持续性的大型项目研究成果深度与影响力更强。原因在于,项目持续时间长一些,研究人员就有更

---

① [美]埃德加·沙因、彼得·沙因:《谦逊领导力——关系、开放与信任的力量》,徐中、胡金枫译,机械工业出版社2020年版,第22—25页。

多的机会反复试验，测试结果可能会更适切、更准确，而不断发展的研究前沿也会对项目深化形成有利刺激。与其他学科、其他机构开展项目合作，研究人员变动，现实需求变化，成果产出状况以及研究方向调整等诸多不确定因素都会影响项目嫁接的前途命运。另外，当多个研究项目并行开展之时，"为完成项目而研究"的情形就在所难免："当学者被囊括进项目所设计的程序中时，他们不得不以对项目认同的身份存在，从而有效地将科学研究从一个中立的、客观的过程转变为一个迎合项目规则的游戏互动过程。"[①] 显然，这与学科建设的初衷、学科嫁接的初心会南辕北辙。由此观之，建立稳定的项目合作机制是防控项目嫁接风险的重大议题。

第四节 非重点学科"高位嫁接"的风险防控

非重点学科选择"高位嫁接"就会面临诸多风险，其中不少风险点都是与嫁接方式相伴相随的。如果学科建设主体在嫁接对象、嫁接时机、嫁接方式以及嫁接管理等环节加强防控，就可大大降低风险。

一 匹配适切的嫁接对象

"质优亲和"是在匹配嫁接对象环节理应遵循的首要原则。学科嫁接的出发点是"认识自我"，对非重点学科而言就是要深刻剖析自己的"弱项"，在此基础上依据"质优""亲和"来选择适切的嫁接对象。"质优"强调的是嫁接对象本身在品种上的优越性，因为只有借助于重点学科的力量，通过知识嫁接、制度嫁接、人员嫁接、项目嫁接等方式，非重点学科方可实现超常规发展。但比自身优质的学科的范围非常广泛，不可能在其中任意选择并展开嫁接，必须思考它们之间究竟是近缘关系还是远缘关系，从而形成近交优势或远交优势。此外，嫁接对象选择还需要考虑"亲和性"问题。生物学意义上的"亲和"是指能受精且受精后能产生可育后代，学科建设中的"亲和"特指学科之间能嫁接且嫁接后能

---

① 熊进：《科层制嵌入项目制：大学学术治理的制度审思》，《现代大学教育》2016年第3期，第20页。

带来嫁接成果。按照学科之间"近交"与"远交"的亲疏关系以及"亲和"与"不亲和"的相容关系,我们可将学科嫁接的对象选择划分为"近交亲和""远交亲和""近交不亲和"和"远交不亲和"四种类型。我们在嫁接之前就可以通过学科门类来初步判定学科关系的亲疏性,通过学术成果来直观厘定学科关系的相容性。实事求是地说,亲和性相对较高的两个学科在知识体系上更容易链接,在组织制度上更具适应性,在人员沟通上更能引发共鸣,在项目合作上有更多的交叉点。

二 选择合理的嫁接方式

"顺势而为"是在选择嫁接方式环节理当遵守的基本法则。学科嫁接之"势"是学科自身与重点学科、外部环境共同作用而表现出来的一种综合力量与发展趋势,主要体现为知识结构的前沿之势、重点学科的制度之势、重要他人的资源之势以及项目合作的交叉之势。至于选择何种嫁接方式,需要综合研判学科之"势"。如果非重点学科的知识结构较为严密,与前沿学科开展知识嫁接有助于知识互动、交流与更新,实现知识结构的丰富、拓展与转型;反之,倘若非重点学科知识结构本身不够严密,盲目嫁接带来的知识流动不对等情形会使其陷入学术殖民的危险境地。如果非重点学科搭乘重点学科的制度"便车",在发展初期确实能取得实质性突破,但长此以往就会遭到来自重点学科的制度束缚,实现学科转型发展是制度嫁接在后期面临的不可回避的难题。如果非重点学科合理借助"重要他人"的影响,自然容易获取学科发展资源,但由此引发的各类矛盾与悖论也需要引起警惕。如果非重点学科与重点学科在某些项目上加以合作,有助于开拓研究方向、提升学科声誉,但长期"跟着项目跑"就会导致嫁接关系不稳定、学科发展重心不明晰。在具体实践中,某个非重点学科可以选择的嫁接方式并非只有一种,可以因势利导地综合使用。

三 把握恰当的嫁接时机

"因时制宜"是在把握嫁接时机环节必须秉持的核心精神。一般来说,春秋两季是植物嫁接的最佳时机,此时的温度、湿度均比较适宜;在夏季嫁接,植物会因为气温高、蒸发大而导致嫁接成功率较低;在冬季嫁接，植物会因为气温低、液流慢、创面难以愈合而嫁接失败。这意味着，每一种植物都有自己的生命周期与生长节律。一个学科的发展过程形同此理，主要包括初创期、成长期和成熟期。这就需要我们依据学科在不同阶段的生命力而"因时制宜"地开展嫁接实践。当某一学科处于初创期，其生命力就比较脆弱，但可塑性强。此时开展制度嫁接或人员嫁接很容易对本学科造成强烈冲击，但稚嫩的学科萌芽可以在其他学科或重要他人的庇护下获得快速发展，这是学科嫁接必须面对的一道"两难问题"——捍卫学科自主，还是寻求学科发展？当某一学科处于成长期，具有一定的生命力，此时各种类型的学科嫁接方式均不失可塑性，又不会陷入依附发展的境地，但依然会面临自主与依赖的关系纠葛。当某一学科处于成熟期，具有强劲生命力，此时从传统学科向前沿学科靠拢发展的过程中，项目嫁接和知识嫁接更容易被接受。此外，跨学科政策导向、友善的制度环境、负责人的非学术交往、非重点学科发展处境等都是选择嫁接时机的重要影响因素，但机遇往往就在一瞬间，一旦错失就难以弥补。

四 开展有效的嫁接管理

"学术本位"是在开展嫁接管理环节应该坚守的伦理立场。现代大学制度的基本意涵与实践要义都在于"学术本位"。[①] 由此言之，学科嫁接绝非一劳永逸，其嫁接成果需要持续开展卓有成效的管理，否则前期努力就容易付之东流。从目标管理角度来看，我们必须坚定"为学术而嫁接"的信念，在各方达成合作共识的前提下制订合理的嫁接计划、分配具体的嫁接任务、产出可观的嫁接成果、提供实时的嫁接监控。倘若嫁接实践偏离或背离了这个根本目标，那么围绕学科嫁接展开的所有行动与分解目标都有可能走向异化，出现"只开花不结果"或者结出"涩果""苦果"的尴尬情形。这意味着，一旦学科嫁接不利于学术发展之时，就要及时调整甚至终止，即嫁接实践是动态而非静态的。非重点学科的嫁接实践可谓"上马难，下马更难"，即开展学科嫁接实属不易，但终止不

---

① 张继明：《学术本位：现代大学制度的基本意涵》，《大学教育科学》2013年第1期，第11—15页。

恰当的学科嫁接更是困难重重。因为学科嫁接属于非正式的学科建设机制，通常没有相应的制度保障，这就有赖于不同学科负责人之间的积极沟通，必须着眼于嫁接双方的共赢思想，即嫁接实践是互动互惠而非单边受益的。学科嫁接有效管理的基本思路在于：坚持学术目标、夯实互利基础、加强人员沟通、健全约束制度等。

"非重点学科何以发展"，这是需要理论研究者与实践工作者共同关注的现实性议题，也是关乎学科发展生态与正义的规范性命题。正因该议题具有广泛、深入且持续的研究价值，故而我们至少可以从以下三个方面开辟出进一步探索的空间：第一，本书从理论层面尝试回答了非重点学科通过"高位嫁接"实现超常规发展的具体方式及其面临的风险，但这主要是基于研究型大学某的个案研究而得出的结论。那么，其他研究型大学还有没有不同的嫁接方式？与研究型大学相比，地方本科院校非重点学科"高位嫁接"的实践策略是否与之相似，又有哪些不同之处？这就需要进一步开展案例研究。第二，本书以"理想类型"为方法论指导，提出了知识嫁接、制度嫁接、人员嫁接与项目嫁接，但学科嫁接在具体实操中通常展现出与植物嫁接所不同的复合嫁接思路。比如，某个非重点学科有可能在不同时期先后采用不同的嫁接方式，也有可能在某个阶段同时采用两种以上的嫁接方式。那么，在相应条件下，什么样的嫁接方式组合更有利于学科发展呢？这自然需要大力开展行动研究。第三，本书站在非重点学科的立场上，以"高位嫁接"为分析视角进行研究，揭示了非重点学科借助优势学科力量发展自我的一种策略性选择。反过来说，非重点学科在某种程度上也可以推动重点学科发展，使其在头部优势的基础上逐步形成集群优势[①]，但这是重点学科参与学科嫁接的真实心声吗？如果转换立场，站在重点学科的立场上，它们究竟是基于怎样的复杂心理而选择与非重点学科进行"低位嫁接"？这可能需要深入开展实证调查。

[①] 解德渤、张晓慧：《中国大学学科建设的世界坐标与未来抉择——基于软科2017—2021年世界一流学科排名的数据分析》，《现代教育管理》2023年第2期，第32—44页。

第三单元

学科建设的变革逻辑

第 十 章

中国大学学科建设的制度逻辑及其省思

——以"制度供给"为分析视角[①]

在"双一流"建设背景下,一流学科建设引起高等教育学术界和实践界前所未有的关注。从理论上说,学科建设的要素或内容主要包括学科知识生产、学术平台搭建、日常活动开展、学科制度建设以及学科文化营造等。其中,学科制度建设是贯穿学科发展过程始终的重要媒介和驱动力,时刻影响着主体的行为选择与行为方式。反观现实,当前一流学科建设将更多的注意力聚焦在学科发展的具体环节上,[②] 如组织平台建设、师资队伍建设和学术成果产出等可观察、可测度的外在指标,而忽视了人才培养、制度建设以及文化建设的重要作用。需要特别指出的是,我们在学科建设初期可以聚焦于外部指标,而时至今日学科制度建设的价值理应得到足够的重视。因为学科制度建设一只手牵着组织建设,另一只手牵着文化建设,共同推动着学科知识生产,故而制度价值无可替代。基于此,一流学科建设需要一流的学科制度支撑。然而,一流学科制度建设究竟意味着什么,面临哪些难题以及如何化解等,依然是一系列尚未完全解答的实践命题。正因如此,我们从学科建设的制度意蕴入手,剖析学科建设的制度困境,探寻学科制度的创新路径,以学科治理能力与治理体系的现代化助推"双一流"建设的伟大进程。

---

① 此部分以"我国高校学科建设的制度意蕴、困境与创新"为题发表在《现代教育管理》2021 年第 7 期,收录在本书时略有删改。

② 郭书剑、王建华:《论一流学科的制度建设》,《高校教育管理》2017 年第 2 期,第 34—40 页。

第一节 一流学科建设需要什么样的制度供给

制度是人们为实现一定目标而生产出的相对稳定的规则系统和具有支配意义的行为模式。一流学科建设的重点在于一流学科制度建设，这就涉及两种理解：究竟是"一流学科"的制度建设，还是"一流学科制度"的建设？显然，后者获得了更为广阔的意涵，且能够促进更多的一流学科涌现出来。也就是说，我们所理解的一流学科建设理应是一种着眼未来的"将来时态"而非言说当下的"现在时态"，更多是人们心理认同的而不只是经过简单遴选产生的。进一步来说，一流学科制度建设既要体现出制度安排的合法性特征，也要显露出制度运行的有效性特质，是一种应然与实然的辩证统一。

一流学科建设呼唤的是系统的、有效的、正义的制度供给。从制度架构来说，一流学科制度应该是一个较为稳定、完善的制度体系，既要呈现正式制度的刚性约束，也要体现非正式制度的柔性张力。就制度效能而言，一流学科制度应该是一套结构合理、贴合实际的管理体制，是在学科制度统一安排的基础上实现多元管理。从制度伦理角度看，一流学科制度需要在重视效率的同时反复强调机会公平、规则公平，以此来保障不同学科的发展权益。

一 一流学科建设呼唤的是知识生产逻辑与国家战略导向相统一的制度约束

一个必须明确的前提性判断就是，理工农医等学科具有指标上的可测量性，因而具有可比性，从而"一流"的测度在国际范围内具有一定的参考价值，是一种"你追我赶"的科技竞争。相比之下，人文社会科学等学科并不具有指标上的绝对测量价值，因而不具有可比性，从而"一流"的判定是在本土范围内的心理认同，即民族的也是世界的，是一种"美美与共"的文明互补。实事求是地说，我国的一流学科建设是一种政策话语，隐含着高等教育强国的夙愿，从而带有明显的国家战略导向，理工农医等学科需要服务国家的科技战略，人文社会等学科需要服务国家的文化战略。这样的话，一流学科建设必须遵守学科遴选制度、学科评估制度以及动态调整机制等正式制度的刚性约束。但不能忘记的是，一流学科建设的内在动力和首要任务是知识生产，[①] 即一流学科建设必须遵循知识生长、成熟、融合与再生的发展规律，需要有一个相对宽松的制度环境。依据知识生产模式的演进、变革，[②] 我们不难发现：传统的单一学科知识生产模式已难以满足当前的学科发展需求，需要通过跨学科乃至超学科的知识生产模式寻求突破。这就更加需要一个相对弹性的制度约束，借助灵活的制度设计与沟通机制为不同学科创造自主发展的机会，避免因学科制度的"一刀切"，使不少特色学科、冷门学科丧失发展空间与发展活力。就此来说，一流学科建设呼唤的是知识生产逻辑与国家战略导向相统一的制度约束，是非正式制度安排与正式制度设计相结合的制度体系。

二 一流学科建设需要的是统筹安排与特色制宜相融合的制度支持

一方面，一流学科建设的制度设计应遵循统一性原则，以保证基本理念、制度结构与组织实施等方面的一致性。具体来说，政府有关部门需要按照国家战略要求制定并适时完善学科专业目录、学科遴选制度、学科评估制度以及动态调整机制等，搭建学科制度的宏观体系；高校则需要根据学校的学科发展优势、前景以及潜力等因素确定整体意义上的学科发展规划、经费支持制度、组织协调机制、职称评审制度以及绩效考核制度等，搭建学科制度的中观体系；院系组织则需要进一步根据一级学科、二级学科、学科方向等实力评估，确定学科发展方向、教师队伍建设、研究平台建设、人才培养方案等，搭建学科制度的微观体系。另一方面，政府部门、高等学校、院系组织在相应层面进行统一制度安排的同时，需要尊重不同学科的差异化特点，分门别类地审慎思考不同学科发展的制度环境。如当前的学科评估制度是按照一级学科进行评估，但那些颇具实力的二级学科、颇具特色的学科方向在统一评估制度面前，

---

① 朱苏、赵蒙成：《论一流学科建设的经济逻辑和知识生产逻辑》，《江苏高教》2017年第1期，第18—23页。

② 张德祥、王晓玲：《学科知识生产模式变革与"双一流"建设》，《江苏高教》2019年第4期，第1—8页。

其发展何去何从？再如某些发展潜力与势头良好的人文社会学科很难进入理工类院校整体的学科规划之中，学科建设的理工思维如何推动人文社会学科的稳步发展？另外，院系组织如果仅仅按照科研成果引进人才或按照师承关系近亲繁殖，而不结合学科发展状况进行有效的教师梯队建设，何谈学科发展空间？因此，一流学科制度应该是在统一安排的基础上实现多元化有效管理。

三 一流学科建设呼吁的是效率优先、兼顾公平的制度设计

作为一种政府主导、行政驱动的国家政策，一流学科建设可以看作是国家重点学科建设的自然延伸。[①] 其中，"一流"二字带有明显的效率优先色彩，映射出我国学科建设的工作方向。可以预见，在当前及未来很长一段时间，我国一流学科建设依然遵循"效率优先"的基本原则，毕竟"没有重点就没有政策"，但"兼顾公平"的制度原则理应受到越来越多的重视。就机会公平来说，一流学科建设中的制度安排不能剥夺其他学科生存发展的基本权利。不同区域、不同高校、不同学科应该形成一个郁郁葱葱、错落有致的生态圈层，其中有乔木、灌木、藤本、草本等，它们既发挥各自功能又相互作用、嵌为一体。我们不能人为地只允许乔木生长，而不关心甚至抑制其他植物的生长。如果只有乔木，不仅在景致上不美观而且容易造成水土流失。从规则公平来看，一流学科建设首先需要遵循"规则面前人人平等"的原则，但其深层的公平意蕴在于建立以人为本、程序正义的制度体系。一流学科建设不能"目中无人"，需要强调"眼中有人"，尤其是要把教学科研工作者从烦琐的事务性工作中解放出来，切莫用许多条条框框束缚他们。一流学科建设不能单纯强调"结果因素"，还要重视"过程因素"，尤其是要以一种"看得见"的方式推动规则的有效实施。由此而言，制度正义是一流学科建设必须捍卫的公平精神与伦理价值。

[①] 王建华：《"双一流"建设中一流学科建设政策检视》，《苏州大学学报》（教育科学版）2020年第2期，第41—50页。

第二节 学科建设的制度"金字塔"

固然,我国一流学科建设呼唤的是系统的、有效的、正义的制度供给,但我们还需要立足现实,从实然的角度考察我国现行学科制度及其体系。从要素构成角度看,学科制度包括"准入规则""运行规则""度量规则"以及"奖惩规则",它们共同维持着学科乃至大学的某种秩序。从形式结构角度看,学科制度体系包括底层的根本性制度安排、中层的基本性制度安排和表层的一般性制度安排。可以说,我国高校的学科建设基本形成了一个具有内在关联的、颇具逻辑层次的、深具支配力量的制度体系,这些制度安排并不是散乱无序的,而是如同"金字塔"的形状一般,如图10-1所示,初步形成具有中国特色的学科制度体系。

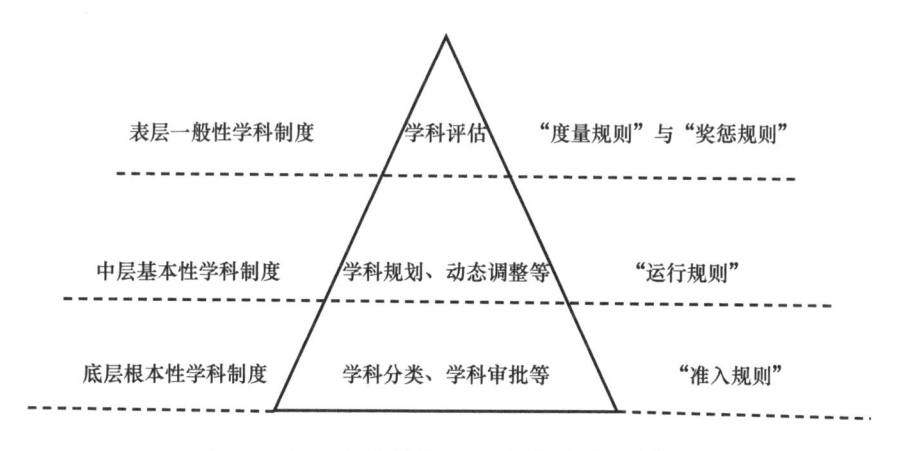

表层一般性学科制度	学科评估	"度量规则"与"奖惩规则"
中层基本性学科制度	学科规划、动态调整等	"运行规则"
底层根本性学科制度	学科分类、学科审批等	"准入规则"

图 10-1 中国大学学科建设的制度"金字塔"

一 底层根本性的学科制度

底层的学科制度主要是指"准入规则",它规定着学科建设的主要对象和根本原则,即只有符合某些条件才能够进入不同学科层级之中,才能够获得不同层面的认可,如学科分类制度和学科审批制度,它们是整个学科制度体系的根本纲领。晚清时期,西方的学科分类观念流入我国学界,具有近代意义的学科分类制度初步设立。中华人民共和国成立后,我国的学科分类制度体系逐渐完善,于1983年开始试行《高等学校和科研机构授予博士和硕士学位的学科专业目录》，并分别于1990年和1997年对其进行修订与调整，最终于2011年发布我国现行版本的学科专业目录，① 这是我国学科分类制度的呈现方式和政策表现，是高校学科发展和人才培养等一系列工作的基础指导性文件。国家重点学科审批制度对我国高校学科建设也产生了重要影响。"重点学科建设"这一概念在1983年全国高等教育工作会议上被正式提出。1985年《中共中央关于教育体制改革的决定》的发布，标志着国家重点学科审批制度初步建立。国家于1988年、2002年、2007年共开展了三次重点学科评审工作，发挥了较强的政策引导作用，② 为高校集中力量提升学科建设水平提供了制度航向。尽管国家重点学科审批制度于2014年取消，但这对学科发展所产生的影响是深远的。不容回避的是，学位授权审核制度依然在发挥杠杆作用。

二 中层基本性的学科制度

中层的学科制度主要是指"运行规则"，它决定着学科发展的基本方向和建设活动的各项行为规定，着力解决的是如何制定和改变规则问题，如学科规划制度和学科动态调整机制，它们是整个学科制度体系的基本遵循。学科规划既包括国家层面与地方层面对学科建设的整体设计与安排，也涵盖着院校层面对不同学科发展的结构定位和要求。就前者而言，我国一流学科建设具有明确的时间表，分别以2020年、2030年和21世纪中叶为时间节点设立了阶段性目标，如"2020年一批学科进入世界一流行列、若干学科进入世界一流学科前列""到2030年，更多学科进入世界一流行列，一批学科进入世界一流学科前列""21世纪中叶，一流学科数量和实力进入世界前列"等，体现出中央政府对学科发展的总体规划。就后者而言，院校层面的学科规划主要表现为一流学科建设的具体方案，是各高校基于学科发展实际，对现有的学科结构和水平进行全面

---

① 季芳芳：《我国研究生学科专业目录建设的回顾和分析》，《统计与管理》2012年第6期，第163—164页。

② 谢冉：《国家重点学科审批制度：历史考察与转型路径》，《高等教育研究》2014年第4期，第23—28页。

分析，进而提出的学科发展定位、方向、思路与举措等。为进一步优化我国高校学科的结构与布局，提高人才培养质量，激发学科间的竞争活力，学科动态调整机制应运而生，其与学科规划制度一同成为一流学科建设的基本运行框架。具体来说，学科动态调整机制主要是对学位授权点实行淘汰、调控、监督、激励、竞争和保障等，[①]这不仅可以保障学科之间的竞争发展，而且有助于打破学科身份固化等不良影响，使得一流学科建设迈向更为合理与公平的发展方向。

三 表层一般性的学科制度

表层的学科制度主要涉及"度量规则"和"奖惩规则"，其中"度量规则"针对的是学科建设成效的测量评价问题，如学科评估制度，"奖惩规则"则是与测量评价相适应的激励手段，如科研奖励制度与学科规训制度等。它们都是整个学科制度体系的具体抓手。目前，教育部学位中心主要通过对具有研究生培养和学位授予资格的一级学科开展整体性水平评估来检验学科建设工作成果。自2002年首次推广实施以来，我国共完成了四轮学科评估工作，学科评估制度现已成为测量学科发展水平和评价学科建设成效的首要选择。科研奖励制度在国家、学校以及院系各个层面都是根深蒂固的，如科技成果奖、创新团队、期刊论文（如SCI、SSCI、ESI、CSSCI）、重大科研项目、一级出版社等都明码标价，有相应的奖励标准。这在很大程度上激发了科研工作者的学术热情，也在不知不觉中形成了另一种隐形意义上的学科规训制度。坦率来说，学科规训制度有助于形成本学科独有的学术纪律和学科文化。但在学科评估制度和科研奖励制度的裹挟下，不少科研工作者习得了学科建设的"理性"选择，如发表高级别刊物、尽量选择本单位人员合作，毕竟自己不作为第一单位完成人的成果是无法进入计算范围的。这些制度都在直接且深刻地影响着我国学科建设的方式、进程与成效，我们必须进行系统的审视与反思。

[①] 范涛、梁传杰、水晶晶：《论高校学位授权点动态调整机制之构建》，《研究生教育研究》2016年第2期，第14—19页。

第三节　学科建设的制度困境

尽管我们在理论上对学科制度意蕴有了初步认识，在实务工作中具有中国特色的学科制度体系也已初步成型，但其中可能或已经出现的分权悖论、边际效应、马太效应与叠补丁效应等问题值得重点关注，这是一流学科建设进程中必须突破或超越的制度困境。

一　分权悖论

在落实高校办学自主权、大学治理重心下移的背景下，学科建设的相关事务也出现分权治理的整体趋势。在权力过于集中的时代，学术界疾呼权力下放。但当高等教育分权之后，我们却发现：分权并没有直接削弱政府与高校的强势地位，反而出现了权力以其他某些形式加以巩固的端倪，即分权并不必然导致治理效能的提升，这就是所谓的"分权悖论"[1]。学科建设分权悖论主要体现在"制度割裂""制度空转""制度加码"与"制度夹层"等方面，这些问题的出现使得学科制度理应具备的弹性价值发生游离、实践效力大打折扣。

四种情形在不同学科的建设进程中都有所体现。第一种情形是"制度割裂"。在行政主导模式的影响下，不同层级的学科建设主体在"学术发包制"的支配下领取并完成属于各自的任务，这就使得复杂的系统性的学科建设工作被分解为相对简单的碎片化任务，"只见树木，不见森林"的做法极大降低了学科建设成效。第二种情形是"制度空转"。这是在学科制度中常见的一种空载运行的现象。为减少政府对学科建设的干预，避免身份固化的问题，学科专业的动态调整机制出现，但不少高校瞄准就业市场，积极对接行业需求的做法又违逆了制度初衷。同时，高校的学科专业设置权限、学位点授权及招生指标权限更多地受政府管制，[2] 所以当前的学科专业动态调整机制并没有释放出足够的制度效能。

---

[1] 蒋凯：《高等教育分权的悖论》，《现代大学教育》2014年第1期，第19—25页。
[2] 田贤鹏：《高校学科专业动态调整：模式、困境与整合改进》，《高校教育管理》2018年第6期，第44—50页。

第三种情形是"制度加码"。一流学科建设项目具有时间紧、任务重、难度大的特点，行政化的学科建设管理模式要求对任务目标进行"层层分解"，在"层层传导"的过程中被"层层加码"，无形之中增加了各级主体的"政策性压力"。学科建设制度的"加码倾向"使得学科建设工作衍化为突击性、阶段性和临时性任务，[①] 更多关注学科外延式发展，而忽视学科本身的可持续发展以及对教师与学生的人文关怀。第四种情形是"制度夹层"。当前在许多高校学科建设的基本单位是学院，跨学科建制的主要形式是学部，学部、学院的组织形式不仅增加了中间层级，而且在较大程度上成为制度加码的直接施压方。更加现实的是，学部或学院为了平衡不同学科，可能就会错失大好的发展机遇。同时，严格的学科壁垒使得科际整合障碍重重，即过于依赖行政建制的学科建设不仅会加剧制度夹层现象的爆发，而且会严重抑制知识生产的创新活力。

二　边际效应

边际效应主要指在其他要素条件不变的情况下，若持续增加某一种要素，达到一定程度后，它所产生的作用就会递减，即边际报酬递减规律。[②] 同样的道理，高校对某些学科或学科群的资源投入不断增加，激励手段不断强化，其学科建设总效用也会随之提高，当达到"边际"之时，效用将随着投入增加而逐渐衰减。学科建设的边际效应集中体现在要素投入机制与科研奖励制度两个方面。

就要素投入而言，大多数高校倾向于将学科建设经费、人才引进指标、职称晋升名额等分配给理工类学科。这是可以理解的，毕竟理工类学科所需实验经费较多，在建设周期内可以为高校带来更多显性的、具有标识意义的科研成果，但非理性的持续投入很可能造成非预期后果。我们不妨举例说明，某学校化工学科实力较强，排名在全国前5%，教职员工400余人，远超位居前三高校该领域的教师规模，此时已经达到"边际"，要素驱动的学科建设思维需要转向创新驱动、人文驱动，否则

---

① 文魁：《大学学科建设若干问题的思考》，《中国高等教育》2006年第17期，第58—59页。

② 孔欣：《边际效用理论述评》，《辽宁商务职业学院学报》2002年第4期，第91—92页。

继续扩充教师人数、追加经费投入无异于变相浪费资源。然而,"投入—产出"的线性思维支配着大多数高校的学科建设实践,如果不继续加大投入,该学科在下一轮的排名中很可能就会退步,即明知边际效应存在,但又不得不遵从博弈规则。科研奖励制度所带来的许多问题也可以用边际效用递减规律加以解释。随着高校对建设主体施加的奖励刺激越来越多,其满足程度逐渐提高,当刺激达到峰值时其满足程度就会逐渐减少,与之对应的建设效用也会产生递减,进而可能呈现"学科奖励高,建设成效低""即便不奖励,建设成效不减"等怪相。高校往往是依据科研成果的不同类别而分档设置不同的奖励标准,多以奖金这种物质激励的方式鼓舞建设主体,以形成榜样示范效应。但这种单一、片面的奖励措施只能在一定条件下产生激励效果,使用过多或不当反而会产生负向作用。

三 马太效应

通俗来说,马太效应指的是一种"强者越强,弱者越弱"的现象,折射出"赢家通吃"的丛林法则。这在学科建设过程中表现得异常明显:优势学科借助原有积累可以获得更多的学术资源、吸引更多的优秀人才、产出更多的科研成果,从而进一步提高学科发展水平。相反,半边缘与边缘学科将会面临发展乃至生存困境。可以说,学科遴选制度、学科评估制度、经费投入制度、科研奖励制度以及人才项目评审制度等的不当使用都会加剧学科建设的马太效应,我们需要警惕两极分化的学科发展格局。

学科遴选制度使得重点学科与非重点学科的发展差距被人为拉大。国家重点学科、省级重点学科、校级重点学科,博士后流动站、一级学科博士点、二级学科博士点、一级学科硕士点等都成为标识学科地位的标签,拥有这些标签就意味着话语权,没有这些标签就时时遭遇生存危机。从学科评估制度来看,现行的评估体系更青睐于研究型大学,而对地方本科院校并不友好;现行评估指标更青睐于一级学科,而对二级学科、特色学科以及跨学科等并不友好;现行的评估标准更青睐于以学术研究为核心的指标,而对人才培养这一关键指标并不友好。学科评估结果往往成为学校进行资源配置的重要依据,评估榜单表现亮眼的学科就会获得更多的科研项目、经费投入以及科研奖励,这些学科的知名教授更容易走上学校的领导岗位,在相当意义上成为"学科代理人",进一步巩固和强化优势学科的地位。另外,令人眼花缭乱的人才项目则发挥着推波助澜的作用。大学教师一旦成为诸如长江学者、国家杰青、国家优青等"帽子人才",就会成为各大高校争抢的对象。因为他们不仅是学科建设的主力军,而且是评判学科建设成效的成绩单。这些"帽子人才"在申报科研项目、发表顶级论文、获得科研奖励、走上领导岗位等方面都具有无可比拟的优势,即知识生产的检验标准异化为外在标签。不得不说,在绩效导向的学术评价体制下,由于积累优势的差异,强势学科失去竞争环境,弱势学科失去竞争机会,身份固化的风险威胁着学科发展生态。如何为每个学校、每个学科、每位教师的发展创造相对公平的竞争与合作环境,是学科建设进程中必须面对的制度难题。

四 叠补丁效应

叠补丁效应主要是指为解决某一问题而展开相关的改善工作,但这些工作很可能并未从根本上解决问题,反而衍生出新的问题,导致机构臃肿、工作繁杂、成本增加以及效率低下等不良现象。学科建设中的"叠补丁效应"可以理解为,学科制度的设计者为完善学科制度而打的一个又一个补丁,这种现象在学科评估制度中表现尤为明显。

我国高校学科发展工作的基本思路是"以评促建",即学科评估已经成为测量学科发展水平、推动学科建设进程的重要选择。自2002年以来,我国已经完成四轮学科评估工作,评估理念、测量方法以及评估程序等不断完善,但其中的叠补丁情形值得警惕与反思[①]:第一,一级学科评估规则未能改变,外延式发展依然暗潮涌动。四轮学科评估都是以一级学科为单位,某些二级学科表现优异的高校很可能在如此评估中表现不尽人意,这个补丁始终没有得以完善。不止于此,为减少材料拼凑的不良现象,学位中心制定了"同一学科门类下满足参评条件的学科同时参评"的评估规则,"绑定参评"的原则使得同一门类下的一级学科只能同进同退,但凡有一个表现欠佳,只能选择"同退",致使另一个表现较好的学

[①] 解德渤、李枭鹰:《中国特色学科评估体系的优化路径——基于第四轮学科评估若干问题的分析》,《厦门大学学报》(哲学社会科学版)2019年第1期,第96—101页。

科难以获得名次。第二，评估方法合法性不断增强，但工作程序与改革成本急剧增加。第四轮评估共有13000多名同行专家、23万学生和15万用人单位联系人参与了主观评价，但评估结果与其他榜单相差不大。第三，分类评估理念得以贯彻，但潜在的大前提有待澄清。学科分类尚且可行，但让科类结构不同、类型层次不同的学校在同一评价体系之中、同一排行榜单之中是否妥当？第四，科际整合成果不断涌现，但推崇的归属度并不高明。第四次学科评估为合理划分学科成果，提出了"归属度"成果认定方法，将跨学科研究成果更为详细地拆分到各个学科，以提高学科评估体系的科学性，但这种成果归属方式于无形之中加大了学科壁垒，不利于交叉学科的长远发展与建设。第五，结果呈现方式有所创新，但衍生出的新问题尚需回应。前三轮学科评估结果是以具体分值的形式呈现，第四轮学科评估则采用的是"精确计算、分档呈现"的方式。对排名或分数的斤斤计较都将使得科研走向急功近利，着眼长远、深耕细作的科研成果会不会越来越少？恐怕"精确陷阱"这一问题短时间还无法破解。在"破五唯"的背景下，第五轮学科评估指标体系框架已经发布，但至于具体如何操作我们仍需要拭目以待。

此外，我国在一流学科建设过程中还存在"剧场效应"，即个别学校、学科或教师通过破坏规则获得较大收益，在缺乏监管的情况下、在集体焦虑的情绪下，更多学校、学科与教师会选择"打擦边球"的方式，学科建设将会丧失制度正义，距离"一流"越加遥远。

第四节　学科建设的制度创新

当前，我国在一流学科建设进程中面临诸多制度困境，其根源在于"学术发包制"的异化，这种隐性体制兼具"行政化"的色彩、"类市场化"的特点以及学术事务的旨趣。当我们在尊重学科发展规律的前提下开展学科建设，"学术发包制"可以释放出一定的制度效能。反之，"学术发包制"就会因为过多的行政掣肘与市场裹挟而阻碍学科发展进程。为破解上述学科建设的制度困境，我们可以从以下几个方面加以改进：

一　组织的整合创新：激发基层学术组织活力，拓宽学科的发展空间

从现行的学科制度体系来看，我国的学科建设仍带有较强的政府意志，高校与学院仍发挥着学科建设的主导作用，办学自主权下放过程中所存在的分权悖论问题依然没有得到妥善解决。从这个意义上说，一流学科建设确实需要把握制度化与去制度化的有机统一，① 尤其是在组织的整合创新方面理应有所突破，以进一步拓展学科建设的制度空间。

第一，激发基层学术组织的活力。高校是一个自组织系统，基层学术组织的自组织特点更为明显，同时教师还是一个学术尊严感与荣誉感极强的群体。这就意味着"自上而下"的学科建设思路也许在短时间内见效，但从长远来看会压抑基层学术组织的创新活力，也会抑制教师的学术热情，即"自下而上"的学科建设思路更具有可持续发展的心理基础。这就要求，学院内部的研究所、实验室或研究中心自觉而理性地凝练学科发展方向、组建研究队伍，努力改变之前"眼光向上"与"贪大求全"的观念惯习。进言之，学校需要从教师考核评价的正式制度安排上把教师从"指标陷阱"中解放出来，院系可以从非正式制度方面给予教师足够的人文关怀与发展支持，从而真正为"面向世界科技前沿、面向经济主战场、面向国家重大需求、面向人民生命健康"作出贡献。即学科建设的重心在基层学术组织，基层学术组织的创新活力在于教师。

第二，整合、创新松散联合的学术组织。激发基层学术组织活力确实是学科建设的必由之路，但高筑的学科壁垒与封闭的学术态度不利于重大科研成果产出。众多事实已经证明：学科交叉地带是当前及未来知识创新的"富矿区"，协同创新则是知识创新的重要手段。这就要求我们整合乃至创新学术组织形式，从而拓宽学科发展空间。在学校内部，可以把一些相近的组织机构进行有机整合，并借助组织嫁接、人员嫁接、技术嫁接等"高位嫁接"的发展思路，实现学科建设由弱到强的积极"跃迁"。在校际合作、校企合作层面，知名教授可以自发组建或由学校引导成立一些既松散又联合的研究团队或攻关小组等虚体组织，采用轮

---

① 孟照海：《制度化与去制度化：世界一流学科建设的内在张力——以美国芝加哥大学社会学为例》，《中国高教研究》2018年第5期，第20—25页。

值负责、资源共享的方式，而无须另立实验室、研究院或研究中心等实体组织。需要注意，组织协同或学者合作背后亟待解决的是评估或考核中成果归属或知识产权问题，这一问题若得不到妥善解决，学术组织形式难以取得创新性突破。即知识生产的基础在于院系基层组织，但知识创新的关键在于非正式组织及其制度约束。

二 资源的优化配置：把握资源配置基本关系，绘制学科发展的战略地图

从理论上说，提高学科建设效益的重要思路就是优化资源配置，尤其是合理分配学科建设经费，以推动优质科研成果的产出、各类创新人才的培养。但在资源配置过程中，无论是国家层面还是高校层面难免出现"边际效应"与"马太效应"，从而在无形中造成资源俘获、资源闲置或者资源浪费等难题。这就意味着，实现资源的优化配置必须牢牢把握资源配置的基本关系，而这些关系的把握可能需要积极创造并合理使用"学科地图"这一重要工具。

第一，把握学术资源配置的几对基本关系。其一，亟须妥善处理重点学科建设与一般学科建设之间的关系。资源分配方既要对重点建设项目多加扶持，也不能剥夺一般建设项目的生存与发展权利，即时刻关注重点建设项目的边际效用问题；其二，亟须妥善处理科技创新与文化创新之间的关系。显而易见的是，政府与高校对科技创新的注意力与关注度远远超过文化创新，直接体现在对自然科学与人文社会科学的投入力度与评价方式上，这种差别化思路原本无可厚非，但严重的比例不协调就是问题所在，即我们需要运用"归一思维"推动学科的均衡发展；其三，亟须妥善处理政府投入与市场参与之间的关系。高校在争取政府经费支持、政策扶持的同时，也应该积极强化高校的社会服务职能，以此来寻求校友、企业以及其他社会组织的财力支持，拓宽学术资源的获取渠道；其四，亟须妥善处理科学研究与人才培养之间的关系。当前学术资源的配置重点几乎都聚焦在成果导向的科学研究上，而对人才培养的关注严重不足，遑论教学学术。未来学术资源配置可以尝试按照基础研究、应用研究、综合研究、教学学术以及人才培养等模块进行系统性、差异化的结构安排。

第二，绘制学科发展的战略地图。"战略地图"最早由美国管理学家罗伯特·卡普兰（Robert S. Kaplan）和戴维·诺顿（David P. Norton）于2004年提出来的，它是"组织战略规划的可视化逻辑表现"[①]，在企业战略的描述、衡量和管理上应用颇为广泛。2005年，欧盟委员会为呈现并强化欧洲高校的多样化样态而开发了"大学地图"（University Map，U-Map），通过不分等级、不做评价、多维度多指标描述的可视化方式实现复杂信息的传递。[②] 受此启发，我们可以从战略角度看待"学科地图"（Discipline Map，D-Map）对完善中国特色学科评估体系的主要贡献。[③] 可以说，绘制学科发展的战略地图，既是资源优化配置的有效手段，也是学科建设的可视化成果。我们知道，在地图上通过经度、纬度就可以确定某一个区域的空间位置，通过地形、地势就可以确定该区域的整体面貌与总体走势。在"学科地图"（D-Map）上，我们可以通过某些学科或学科群的经度来确定知识自身的严密程度以及对应用的关注程度，通过纬度表明学科的热门程度，通过毗邻关系来确定不同学科或学科群之间的地缘关系。现行的学科门类如同一个个的大陆板块，其中的一级学科、二级学科以及研究领域分布在不同的位置，有其基本明确的区域范围。国家层面可以根据学科区域范围以及战略要求进行学术资源的配置，而学校与院系层面则需要根据其学科地形与学科地势进行相应的资源调配，警惕与矫治学科建设中的马太效应与边际效应，降低学科建设进程中的资源消耗，助力学科组织战略的实现。尽管这种依据学科战略地图进行资源配置的具体方案仍比较模糊，需要进一步论证与细化，但该制度变革的思路值得深化与尝试。

三 制度的调整重构：运用正义原则完善制度，推动学科的协调发展

美国罗尔斯在《正义论》中有言："正义是社会制度的首要价值……

[①] 韩双淼、钟周：《大学战略地图的发展：一项比较研究》，《清华大学教育研究》2013年第4期，第65页。

[②] 茹宁：《U-Map：欧洲版本的高等教育分类体系》，《中国高教研究》2012年第3期，第49—53页。

[③] 解德渤、李枭鹰：《中国特色学科评估体系的优化路径——基于第四轮学科评估若干问题的分析》，《厦门大学学报》（哲学社会科学版）2019年第1期，第96—101页。

不管它们如何有效率和有条理,只要它们不正义,就必须加以改进和废除。"① 同理,一流学科建设需要正义的学科制度支持。当学科制度难以为不同学科的生存与发展提供相应的环境与空间之时,我们就必须运用制度伦理对其进行深思与矫正。

第一,尊重学科发展规律,将知识创新、教师发展、学生发展置于核心位置。从某种意义上说,学科发展规律就是相关领域知识通过持续地增加与集聚、裂变与重组、分化与综合等形式而完成一系列的内部运动法则。学科建设必须在尊重学科发展内在规律的基础上进行适度干预,如营造适宜的组织环境、打造适切的发展平台、采取适当的改革措施等,切莫造成"揠苗助长"的窘境。高校学科建设的根基不在于"学科本身",而在于"师生热情",即教师发展、学生发展是学科建设的核心关注点,知识生产乃至创新只是学科建设最具标识性的产品而已。这就意味着,当前及未来可预见的时期内,学科建设理念急需从学科本位逐渐转向以人为本,以此来审视并完善教师评价制度、学生评价制度,避免出现"涸泽而渔,焚林而猎"的学科建设怪相。哪个学科组织能够对教师与学生表达出足够的尊重、能够激发教师与学生对知识探索的足够热情,这个学科就会获得持续的、健康的发展。

第二,完善学科建设制度,为不同区域、不同高校、不同学科提供多元赛道。目前的学科发展现状是东部地区高校占据绝对优势,而中西部地区发展相对滞后,从而严重制约了地方经济社会的高质量发展。在此背景下,国家可以考虑实施学科区域协调发展战略,如试行东中西部学科联动建设计划、人才定期服务计划,实现学科均衡发展。现行学科建设制度更为偏向高水平研究型大学,而地方本科院校的学科发展空间颇为有限。在此情况下,国家可以考虑布局"双赛道",根据自愿原则针对高水平研究型大学、地方本科院校进行学科建设、学科评估与政策扶持。现行学科建设制度更为偏向一级学科,极大压缩了许多二级学科、特色学科以及交叉学科的发展空间。针对此类现象,国家可尝试采取"规定动作+自选动作"的思路。对于学科建设"规定动作"必须做好,

---

① [美]约翰·罗尔斯:《正义论》,何怀宏、何包钢、廖申白译,中国社会科学出版社1988年版,第1页。

强调完成质量分;对于学科建设"自选动作"必须创新,同时强调难度系数分和完成质量分。前者可以纳入统一管理,后者需要特殊对待。当前我们把交叉学科列为学科专业目录的第 14 大学科门类,就是一个积极探索的信号。可以说,不同区域、不同高校、不同学科"共同发声、和谐发声,才能满足社会多样化的需求,才能演奏出中国高等教育强国的美妙乐章"[①]。

总的来说,我国一流学科制度体系正逐渐朝向系统化、科学化和多元化的方向发展与完善。然而,当前学科建设面临的分权悖论、边际效应、马太效应以及叠补丁效应等诸多制度困境亟须引起高度重视。正因如此,我们需要激发基层学术组织活力、优化学术资源配置模式、运用正义原则完善制度,以此实现学科建设的制度创新,旨在打造更高水平、更强实力、更具特色的学科发展格局,兑现"双一流"建设的政策承诺。

---

① 瞿振元:《刍议学科建设历史、现状与发展思路》,《中国高教研究》2020 年第 11 期,第 7—12 页。

第十一章

中国大学学科建设的知识逻辑及其探寻

——以高等教育学为例[①]

"当前，在海内外华人学者当中，一个呼声正在兴起——它在诉说中华文明的光辉历程，它在争辩中国学术文化的独立地位，它在呼喊中国优秀知识传统的复兴与鼎盛，它在日益清晰而明确地向人类表明：我们不但要自立于世界民族之林，把中国建设成为经济大国和科技国，我们还要群策群力，力争使中国在21世纪变成真正的文明大国、思想大国和学术大国。"[②] 这段话令人振奋，它隐含着中国自主学术文化的崛起，优秀知识传统的复兴。这意味着，在学科建设的多重逻辑中，唯有以知识逻辑为根本、为航标，才能将中国大学推向真正意义的世界一流，而非排行榜上数字指标上的世界一流。唯有以原创知识生产为导向，才能将中国建设成为文明大国、思想大国和学术大国。唯有以自主知识体系建构为追求，才能将中国打造成为文化强国、思想强国和学术强国。我们尝试以高等教育学为例，来说明学科建设的知识逻辑何以可能，中国自主高等教育学知识体系何以构建，以期抛砖引玉。

2022年4月25日，习近平总书记在中国人民大学考察调研时指出，"加快构建中国特色哲学社会科学，归根结底是建构中国自主的知识体系"。在此背景下，加快建构中国自主知识体系成为摆在我国整个哲学社

[①] 此部分以"努力建构中国自主高等教育学知识体系——写在高等教育学学科设立40周年之际"为题发表在《高等教育研究》2023年第5期，收录在本书时略有删改。

[②] 周雪光：《中国国家治理的制度逻辑：一个组织学的研究》，生活·读书·新知三联书店2017年版，第467页。

会科学界的时代使命与共同责任。于是乎，政治学、经济学、法学、社会学、国家安全学、公共管理学等学科纷纷掀起讨论热潮，高等教育学不能也不应该缺席。况且，2023 年对高等教育学而言是一个特殊年份。1983 年 3 月，国务院学位委员会公布《高等学校和科研机构授予博士和硕士学位的学科专业目录（试行草案）》，将"高等教育学"列为"二级学科"，从而合法化的学科身份得以确认。时至今日，作为土生土长、自主创新的学科品牌，[①] 高等教育学已走过整整 40 年，是时候摸一摸"知识家底"，系统盘点、深入反思，以便重整行囊再出发。由此，我们必须围绕"中国自主高等教育学知识体系"这一关乎学科命运的根本性议题展开广泛、深入且持续的探讨，特别是无法回避"何以重要""何以理解""何以评判"以及"何以建构"四个关键性问题，以分别回应并澄清价值问题、认识问题、标准问题以及路径问题。

第一节 "中国自主高等教育学知识体系"何以重要

简要回顾学科发展史，不难发现：这 40 年是伴随中国高等教育宏伟改革与快速发展的 40 年，是学科持续发展的 40 年，也是学术研究走向繁荣的 40 年，还是话语体系逐步增强的 40 年，深层次讲，更是探索中国自主知识体系的 40 年。站在学科建立 40 周年的特殊时间节点，探讨"中国自主高等教育学知识体系"不仅是应该的，而且是必要的，更是迫切的。

一 推动学科高质量发展的必由之路

过去 40 年间，高等教育学经历着"高唱凯歌"和"四面楚歌"的双重纠葛，前者体现为以学科制度（如研究机构、学术期刊、学会组织、学科身份、学位点、研究人员等）为表征的外部合法性日益增强，后者则反映出以知识体系（如概念、经验、理论、方法、范式等）为核心的

[①] 李均：《开拓中国高等教育学科自主创新之路——论潘懋元高等教育理论的国际视野与本土情怀》，《山东高等教育》2015 年第 10 期，第 73—82 页。

内部合法性依然羸弱。即便是后者，人们对问题研究的兴致也远超理论研究，尽管不能将二者割裂开来，但很多问题研究失去理论抱负也是可见的事实。上述这两个"不平衡"且"不充分"问题，让高等教育学的学科发展道路并不平坦，时不时遭到责难、掀起风波。由此，强化学科"内部合法性"、加强理论体系建设是几代高等教育研究者的共同企盼，编写学科教材、寻找逻辑起点、引入多学科研究方法等都是为加强学科建设而开出的"药方"，也都取得阶段性的知识成果，但在知识体系建设上仍任重而道远。陈洪捷教授洞察到高等教育学之核心知识"自主性"的重要性[1]，王建华教授发出"知识重建"之呼喊[2]，张德祥教授提出从高等教育基本关系入手构建知识体系[3]。坦率来说，在学科建立初期，谈及理论体系建设确实为时尚早，甚至有些勉为其难，但如今"不惑之年"的高等教育学需要解除长期以来的困惑，特别是需要反思我们在建构中国自主知识体系方面究竟作出了怎样的学术探索与贡献。这种反思不仅是学科建设"再出发"的认识基础，也是提升人才自主培养质量的关键所在。

二　走向学术实质性繁荣的充要条件

国际上的学术交流、互学共鉴是一种期许状态，短期内有助于促进后发国家的学术繁荣，但长期、单向的知识流动就会塑造并维系"中心—边缘"的不平等学术秩序，阻碍本土学术事业的持续发展。在不少社会科学研究者眼中，西方知识体系"优越论"似乎是一种不证自明的事实，从而用西方之理来蹩脚地解释中国之治的现象屡见不鲜。同时，"有理说不出、说了传不开，甚至不敢说"[4]的本土知识现状依然严峻。这都是文化不自信在学术领域的投射，该情形在高等教育学中也不少见。比如，"新自由主义""新公共管理""新制度主义""学术资本主义""依

---

[1] 陈洪捷：《北大高等教育研究：学科发展与范式变迁》，《北京大学教育评论》2010年第4期，第2—11页。

[2] 王建华：《高等教育学的知识重建》，《厦门大学学报》（哲学社会科学版）2020年第5期，第39—47页。

[3] 张德祥：《高等教育基本关系与高等教育学体系建设》，《高等教育研究》2020年第41卷第10期，第46—54页。

[4] 张雷声、韩喜平、肖贵清等：《建构中国特色哲学社会科学自主知识体系》，《马克思主义理论学科研究》2022年第7期，第4—16页。

附理论"等概念或理论充斥在我国高等教育研究之中,然而本土创生的概念或理论在学术市场上却不畅销,这能成为放弃本土知识生产的借口吗?想必大家都听过这样一句流行广告词:"我们不生产水,我们只是大自然的搬运工。"但置于学术语境下,"我们不生产知识,我们只是西方知识的搬运工"?这个说法令人坐立难安。这样的研究大多是移植式的、跟跑式的,不过是拾人牙慧,学术上的虚假繁荣不能掩盖知识产能不足,反而会加速学术殖民乃至自我殖民的进程,进一步限制、湮没基于中国的原创性思想。从这个意义上说,我们必须警惕中国高等教育学沦为西方知识体系的"搬运工",如何成为中国自主知识体系的"创造者"、世界高等教育研究的"贡献者",是高等教育学人必须审慎思虑的时代命题。

三 加强本土化话语实践的迫切需要

话语不是单纯的表达方式,它是实践的话语,既反映实践又建构实践,深刻影响人们的思维方式。学术性话语通常以知识面貌出现,却隐藏着权力本质:"既体现了对话者的地位,也体现了对话各方对权力的认同。它在交锋与重构中不断演进,并通过'共识'引导他者。"[1] 比如说,依附理论携带西方中心主义的偏见立场,当它所形成的话语力量以知识形态进入教育实践与学术领域,就会消解第三世界国家的自主发展权,戕害实践热情、打击学术信心。潘懋元先生提出"借鉴超越论",批驳"依附发展论",[2] 就是在高等教育研究领域发起的一场话语阵地争夺战。再如,按照西方标准,中国古代没有可以称得上大学的机构,[3] 近代大学也不过是西方舶来品,这种话语力量对一个高等教育大国无疑是一种"温和"的文化压制。若从包容性角度理解,西方秉持的是知识本位大学观,中国强调的是伦理本位大学观,这是中西方大学理念的根本区

---

[1] 龙钰:《叙事·制度·学术——中国国际话语权提升理路》,《中南大学学报》(社会科学版)2022年第6期,第144页。

[2] 解德渤、乃萌迪:《潘懋元与阿特巴赫的三大理论分歧——兼论高等教育研究的中国气派》,《中国高等教育评论》2022年第2期,第171—187页。

[3] 许美德:《中国大学1895—1995:一个文化冲突的世纪》,许洁英译,教育科学出版社2000年版,第17页。

别,也是中西方大学文明对话的基础,绝不能用西方话语来消解中国大学传统,更不能被西方话语牵着鼻子走。更值得思索的是,改革开放以来,我国在高等教育领域取得了举世瞩目的伟大成就,任何一个西方理论都难以解释中国高等教育崛起的秘密,此时本土化学术话语缺失就会产生话语让渡的问题,学术话语权就有旁落的危险。这就要求我们必须基于中国治理场景创造属于自己的学术话语体系。

第二节 "中国自主高等教育学知识体系"何以理解

"中国自主高等教育学知识体系"是"中国自主知识体系"这一政策性话语的下位概念。其中"中国自主"是对高等教育学知识体系的修饰与限定,是新时代背景下高等教育学学科建设的新要求;"高等教育学"是建构中国自主知识体系的具体学科指向之一,是繁荣中国特色哲学社会科学不可或缺的重要组成部分;"知识体系"是中国自主的高等教育学学科体系、学术体系与话语体系的根基所在,是高等教育研究者为之奋斗、永无终点的理想追求。

一 第一要义是"中国自主"

"中国自主"阐明了高等教育学知识体系的整体语境与立场问题——中国而非西方的,自主而非依附的,这理应成为学术界对西方主导知识体系反思之后而形成的基本共识。因为当"西方中心主义"的知识体系被神化为一种超越国界并具有普世价值的"知识原理"之时,[①] 多样化的本土经验与知识积累就有被刻意忽视的可能性,在知识生产层面不平等的学术秩序就会被人为建构起来,这对许多国家来说都是一种隐性但致命的沉重打击。正因如此,"中国自主"是构建高等教育学知识体系的首要原则。

这里的"中国自主"至少包括以下四种理解:第一,"以中国为关照"的自主性,强调以中国高等教育特色发展道路、本土理论生成、重

---

① 杨东、徐信予:《建构中国自主知识体系论纲》,《中国人民大学学报》2022 年第 3 期,第 7—10 页。

要制度创新和优秀文化传统为核心视点的道路自信、理论自信、制度自信与文化自信。这映射出自信是自主的心理前提；第二，"以中国为主体"的自主性，体现为中国高等教育研究者以鲜明的主体意识进行知识生产、知识筛选、知识交流的学术自觉与文化自觉。这反映出自觉是自主的行动先导；第三，"以中国为重心"的自主性，自主并不意味着封闭自我，也不是自娱自乐、自说自话。① 自主至少包括"完全自主""核心自主"和"部分自主"三个层次，即合理尺度是在核心知识、关键技术上必须实现自立自强。这表达出自给是自主的根本要求；第四，"以中国为方法"的自主性，自主不是"自扫门前雪"，更不应该妄自尊大，而是面对全球性高等教育治理难题，理应以"美人之美"的平等立场开展文明互鉴，以"和而不同"的传统思想贡献中国智慧，以"人类命运共同体"的时代理念形成中国方案，以"大道之行，天下为公"的民族底蕴显示中国胸襟，继而共同应对未来世界高等教育之变局。这折射出融通是自主的高阶思维。

二 学科指向是"高等教育学"

"中国自主高等教育学知识体系"的学科指向是"高等教育学"，指明建构中国自主知识体系的学科场景——高等教育学而非其他学科，这是一代又一代高等教育学人安身立命之所。但这里的"高等教育学"是作为复数而存在的，是人们对高等教育学科群的一种总体性称谓。广义上的"高等教育学"包括高等教育哲学、高等教育史学、高等教育社会学、高等教育管理学、高等教育政治学、高等教育经济学等交叉学科，也涵盖了高等教育基本原理、研究生教育学、民办高等教育、高等职业教育、大学课程与教学等分支学科。在过去的40年，高等教育学衍生出许多交叉学科与分支学科，学科发展景象蔚然大观，科研成果产出令人目不暇接。从学术发展角度看，这是值得庆贺之事。细胞分裂的前提条件是细胞成熟，学科走向成熟的重要标志是学科分化，分化蕴含着学科扩张的力量，也表达出知识整合的呼求。然而，目前高等教育学学科分

---

① 杨开峰：《全面理解、深入领会，加快构建中国自主的哲学社会科学知识体系》，《公共管理与政策评论》2022年第4期，第11—14页。

化存在不平衡、不充分问题，同时面临因分化而带来的知识碎片化困扰。

"中国自主高等教育学知识体系"不仅指向作为复数而存在的高等教育学，而且直指知识原创能力不足的高等教育学。有不少人感慨：高等教育学的研究领地被众多学科瓜分，沦为"跑马场""殖民地"，看似强壮的高等教育学正在被掏空。这种观点虽有些悲壮，但传达的核心要义是高等教育学知识产能问题——习惯性借用其他学科的知识体系、习惯性套用来自顶层的政策话语、习惯性搬用西方国家的研究议题与概念理论、习惯性采用摇椅上的研究范式——种种"习惯"导致原创、有效的知识积累相对迟缓。扪心自问，高等教育研究的理论贡献在哪里，高等教育研究在多大程度上指导了教育实践？高等教育研究为决策科学化提供了怎样的智力支持？也许答案是令人沮丧的。不止于此，高等教育研究中不同程度的"脱钩"现象，如理论与实践的脱钩、理论与政策的脱钩、政策与实践的脱钩等，都制约着知识产能的升级与改造。这里的"知识产能"隐含表达的是高等教育研究应生产出以概念、理论、方法等为表现形式的原创性知识。必须承认，当前高等教育学正面临产能过剩与产能不足的双重知识困境，自主知识生产迫在眉睫。

三　根本追求是"知识体系"

"中国高等教育学自主知识体系"的根本追求是"知识体系"，表达出高等教育学学科建设的目标指向——生产出体系化而非碎片化的知识，这始终是高等教育研究者的不懈追求。为更好地理解"知识体系"，需要澄清几个问题：其一，知识体系与学科体系、学术体系、话语体系是什么关系？"高等教育学的学科体系构成高等教育学的结构系统，高等教育学的学术体系构成高等教育学的学术成果系统，高等教育学的话语体系构成高等教育学的言语表达系统"[1]，即三大体系建设的根本在于知识体系。如果中国自主高等教育学知识体系无法建立起来，那么围绕知识体系展开的话语体系就会被变相剥夺，学术体系也会陷入亦步亦趋的依附境地，学科体系自然就沦为一副失去灵魂的皮囊，即知识体系是三大体

---

[1]　侯怀银、王茜：《我国高等教育学学科体系、学术体系和话语体系建设》，《现代教育管理》2023年第1期，第12页。

系建设的"水之源""木之本"。其二，知识体系与概念体系、理论体系、方法体系是什么关系？探寻知识体系的内部结构，我们会发现其核心要件就是概念、理论与方法，这些要素按照某种逻辑予以结构化，就分别构成概念体系、理论体系与方法体系，然而高等教育学在这些维度上的知识贡献都有待梳理。其三，知识体系与教材体系又是何种关系？通常知识体系中最稳定的部分，会直接体现在教材体系中，教材的更新速度在一定程度上可以表征知识生产效率。仅就"高等教育学"而言，从20世纪80年代至今出版的教材不少于90个版本[①]，绝大多数是高校教师岗前培训教材，还有一些是以教材体例撰写的学术著作，为数不多的属于研究生教学用书。在三种教材形态中，研究生教材最能反映高等教育学知识积累与发展状况。2009年左右，中国高教学会牵头组编出版的那套八本研究生教材影响较大，但十余年过去了，教材建设问题是否应该被提上日程？其四，建构怎样的知识体系？知识体系并不是客观存在的，它往往是以某种合理方式被人为建构起来的，从知识点到知识组块，再到知识单元，最后形成知识体系。龚放教授的发问或许已经给出了答案：高等教育学存在一个缜密、精致且井然有序的知识体系吗？[②] 不同于"硬学科"，高等教育学的学科特性使得我们力图建构的不是严密结构的知识体系，而是松散结构的知识体系。这是高等教育研究者应该追求的，也是可以实现的目标。

第三节 "中国自主高等教育学知识体系"何以评判

自近代以来，中国知识体系大致经历了从借鉴仿制到自主探索的总体历程。"清末以来，在西方知识体系冲击下，仿日本而形成中国近代知识体系；中华人民共和国成立后，为适应社会主义建设需要，仿苏联而

[①] 侯怀银、工茜：《新中国成立以来高等教育学教材建设研究》，《中国高等教育评论》2023年第1期，第43—55页。

[②] 龚放：《追问研究本意 纾解"学科情结"》，《北京大学教育评论》2011年第4期，第41—48页。

形成中国现代知识体系；改革开放以来，逐步开始了中国当代知识体系构建的积极探索。"[1] 教育学知识体系在不同阶段打上了日本、苏联的烙印，而高等教育学知识体系的建构在学科创建初期基本遵循这样一个公式——"高等教育学＝教育学原理＋高等教育实践"[2]，故或多或少携带借鉴痕迹，其在发展过程中又吸收了英美等国家的一些有益成果。在过去的40年，高等教育学在建构中国自主知识体系上究竟做得如何，其知识状态是完全自主、核心自主、部分自主抑或不自主？恐怕我们不能笼统、武断地作出回答，因为知识是复杂多元的，这就需要运用分类思维，并从知识性、自主性、体系化的维度加以评判。

一　分类视野下的知识体系

倘若我们试图对"知识体系"进行解析，那么恰当的知识分类就是一项无论如何都不能怠慢的学术工作。美国教育心理学家布鲁姆早在1956年就把知识分为"特定的知识""具有特定方法与意义的知识""在一个范围中普遍且抽象的知识"三种类型。后来，安德森等在《布鲁姆教育目标分类学（修订版）》一书中把知识划分为事实性知识、概念性知识、程序性知识和元认知知识四个维度。[3] 受此启发，结合托尼·比彻的学科分类纬度[4]，根据知识结构的相对严密程度和知识应用于实践的直接程度，可将知识划分为四个象限，依次是第一象限的程序性知识、第二象限的经验性知识、第三象限的元认知知识和第四象限的理论性知识，坐标系原点附近区域表征的事实性知识不容忽视，如图11-1所示。按照知识生产的加工程度，高等教育学知识体系依次呈现为：事实性知识体系、经验性知识体系、理论性知识体系、程序性知识体系以及元认知知识体系。

---

[1] 翟锦程：《中国当代知识体系构建的基础与途径》，《中国社会科学》2022年第11期，第145—164页。

[2] 王洪才：《中国高等教育学的创立、再造与转向》，《厦门大学学报》（哲学社会科学版）2009年第4期，第51—58页。

[3] ［美］洛林·W.安德森等：《布卢姆教育目标分类学（修订版）——分类学视野下的学与教及其测评》，蒋小平、张琴美、罗晶晶译，外语教学与研究出版社2009年版，第30—47页。

[4] ［英］托尼·比彻、保罗·特罗勒尔：《学术部落与学术领地：知识探索与学科文化》，唐跃琴、蒲茂华、陈洪捷译，北京大学出版社2018年版，第38—45页。

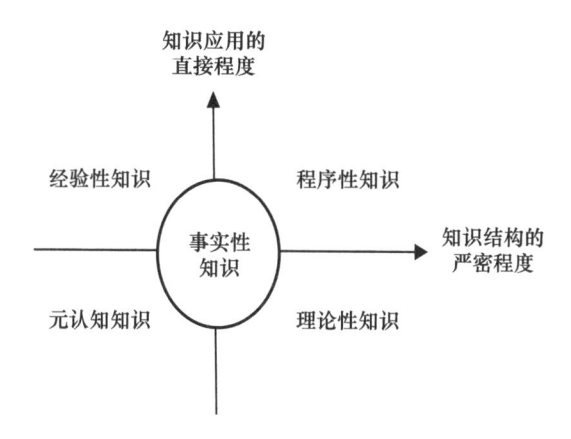

第十一章 中国大学学科建设的知识逻辑及其探寻 / 179

```
                知识应用的
                直接程度
                    ↑
    经验性知识    |    程序性知识
                    |
    ————————(事实性知识)————————→ 知识结构的
                    |                严密程度
    元认知识      |    理论性知识
                    |
```

图 11-1　高等教育学知识体系划分象限

在"四分类说"的基础上,"五分类说"增加了"经验性知识",原因在于:按照"四分类说",中国高等教育实践中的许多创造、探索经验是难以进入知识行列的。如果"中国经验"在中国自主知识体系中找不到一席之地,那么中国自主知识体系注定是不完整、不饱满的。况且,"经验性知识"作为一种独立的知识类型,在德国康德那里早已获得明证。需要注意的是,五个知识子系互有区别,但并非完全独立。每个子系又包含相应的亚类,如表 12-1 所示。每个亚类又包含知识点、知识组块、知识单元等具体层级。当然,这种划分是高等教育学知识体系的"理想类型"。在教材编写或教学实践中,几个子系中的某些知识可以按照某种规则形成一个个的跨类知识点、跨类知识组块、跨类知识单元。若把视野放宽一些,其他学科的知识体系也大抵如此,只是在上述知识体系的侧重点上存在某些差异而已。

表 11-1　　高等教育学知识体系的子系、亚类及其举例

子系及其亚类	举例说明
A. 事实性知识体系——高等教育学这门学科逐步积累起来的基本信息集合	
A1. 具体细节或要素的知识	"教育内外部关系规律"是由潘懋元先生在 1980 年提出来的

续表

子系及其亚类	举例说明
A2. 学科术语或概念的知识	文化素质教育、现代大学制度、"双一流""赠地学院"
A3. 重要命题或观点的知识	高等教育是建立在中等教育基础之上的专业性教育
B. 经验性知识体系——在高等教育实践活动中积淀下来的重要经验集合	
B1. 开展高校教学活动的具体经验	某教师研究性教学经验、某高校机械制造专业团队教学经验
B2. 开展高等教育管理的具体经验	我国高等教育国际化经验、上海高等教育质量保障经验
B3. 开展高教研究或院校研究的经验	我国高等教育研究40年发展经验、美国院校研究基本经验
C. 理论性知识体系——在更广泛意义上总结归纳或建构起来的高等教育理论集合	
C1. 分类或类型的知识	高等教育发展三阶段论、学科分类理论、博耶的学术观
C2. 原理或规则的知识	高等教育内外部关系规律、学术锦标赛制理论
C3. 模型或结构的知识	三角协调模型、人才流动推拉理论、三螺旋理论
D. 程序性知识体系——在高等教育实践中从事某项工作的条件、技巧、方法与步骤集合	
D1. 教学的条件、技巧、方法与步骤	如何上好一堂本科生选修课、处理课堂管理问题的小技巧
D2. 管理的条件、技巧、方法与步骤	如何处理学部与学院之间的关系、高校人事制度改革步骤
D3. 研究的条件、技巧、方法与步骤	设计问卷的技巧、访谈的方法、从事院校研究的基本步骤
E. 元认知知识体系——关于高等教育学人、学科建设与实践策略等再认知的集合	
E1. 关于认知主体的知识	学术职业、高等教育研究者、高等教育实践工作者等认识
E2. 关于认知任务的知识	学科性质、学科地位、研究对象以及学科知识等认识
E3. 关于认知策略的知识	教学反思、学习策略、管理反思以及研究范式等认识

二 事实性知识体系

事实性知识是关于已经发生或正在发生的事件，经过"筛滤装置"而被人们选择出来的，具有保存和传播价值的要素或信息片段。具体到某个学科，事实性知识是人们在自己所在学科相互交流、理解彼此以及发表成果等所使用的基本元素，"这些元素……总是经久耐用的；把它们从一种情境运用于另一种情境很少或完全不需要变化"①，其学习策略主要是记忆、积累。因为事实性知识具有分散、孤立、庞杂的特点，所以学者将其全部梳理出来、教师将其全部传递出去、学生将其全部掌握下来，几乎是不现实的，必须基于学术目的或教育目的按照某种线索加以筛选、予以序化。事实性知识体系（A）包括三个亚类，分别是具体细节或要素的知识（A1）、学科术语或概念的知识（A2）、重要命题或观点的知识（A3）。

高等教育学中有海量的事实性知识，但研究者尚未展开有意识的体系化工作。A1 主要是包含时间、地点、人物、事件等重要信息。中国本土的细节性知识如，中国近代第一所大学是建于 1895 年的北洋大学，"教育内外部关系规律"是由潘懋元先生在 1980 年提出来的，当前高等教育学在我国是一门二级学科。国外相关的细节性知识如美国第一所研究型大学是成立于 1876 年的霍普金斯大学，德国洪堡最早提出"教学与科研相统一"的原则，高等教育研究在国外是作为研究领域而存在。A2 主要是特定专业领域中的专用符号、名称和概念等。因为术语、概念是知识体系的基本要素，如果没有它们的支撑，就难以形成稳固的知识系统。本土核心概念有，文化素质教育、高等教育强国、现代大学制度、高校办学自主权、独立学院、学科建设、高等教育内涵式发展、"双一流""课程思政"等；大家熟知的域外概念有自由教育、博雅教育、通识教育、学术资本主义、教学学术、创业型大学、住宿学院、"赠地学院"、社区学院、"博洛尼亚进程"等。A3 通常是由若干概念而组成的基于事实的某种判断或推理结果。几个概念经由关系化处理而形成的结论构成命题，只不过命题有真假之分，如"高等教育不包括研究生教育"就是一个假命题；经断定了命题方可成为判断，如"高等教育包括专科教育、本科教育和研究生教育"；带有个体立场的倾向性判断即为观点，如"本科教育是高等教育的主体和基础"；在思维上一贯化的观点可以上升为观念，如"一流本科教育的原型来自于研究型大学"就是不少学者和管理者心中根深蒂固的错误观念。

---

① ［美］洛林·W. 安德森等：《学习、教学和评估的分类学》，皮连生主译，华东师范大学出版社 2008 年版，第 41 页。

在高等教育学中，并非所有的事实性信息都具有知识价值。只有当知识筛选和累积机制发生作用时，事实性信息的知识化过程才开始启动。高等教育学的事实性知识关乎常识，其在自主性方面具有供给自足的潜力，但在信息知识化以及知识体系化方面还有较大提升空间。事实性知识如同散落在沙滩上的贝壳，知识体系化过程如同把贝壳装进口袋或串起来。学术界有必要认真归纳、精心筛选、系统梳理，以便与其他类型知识形成更广泛意义上的关联。

三 经验性知识体系

康德在《纯粹理性批判》一书中在阐释"纯粹知识与经验性知识区别"之时写道：在时间上，我们并无先于经验之知，一切知识皆以经验始。① 不同于纯粹知识，经验性知识表征为"意见"，往往与具体情境相连，具有一定的默会属性，即便加以描绘，也不见得勾画出经验的全貌。纯粹知识经常被人们视为"真知"，具有较强的普遍性与外显性，它虽与经验保持距离但很难完全脱离经验而独立存在。进言之，经验性知识往往与具体情境相连，是通过实践方式而获得的编码程度相对较弱的认识，有可能是"他验性知识"，也有可能是"亲验性知识"，其学习策略主要是模仿、实践。它在知识的生产、转移、扩散和共享等方面均存在一定的地理或文化半径，一旦超越经验性知识的特定范围或边界，就有可能面临效能衰减、走样变形甚至异化的局面，故而必须作出适应性调整。高等教育学经验性知识体系（B）包括三个亚类，分别是关于高校教学活动的经验性知识（B1）、关于高等教育管理的经验性知识（B2）、关于高教研究或院校研究的经验性知识（B3）。

我国在高等教育实践领域积累了大量的经验，但对经验本身的归纳、整理与解释工作有待加强。B1 是由教学经验升华而来。自设立国家级教学成果奖以来，历经 1989 年、1993 年、1997 年、2001 年、2005 年、2009 年、2014 年与 2018 年，高等教育领域在过去八届共评选出特等奖、一等奖、二等奖合计 3871 项，如果再算上省级、校级教学成果奖，其数量将更加可观。但目前来看，教学经验的挖掘不足、传播不响、受益不

---

① ［德］康德：《纯粹理性批判》，蓝公武译，商务印书馆 2022 年版，第 31 页。

广，归根结底是经验的知识化、体系化水平有待提升。B2 主要指向宏观管理经验。如陈浩、马陆亭在 2015 年出版的《中国教育改革大系·高等教育卷》，张应强在 2018 年出版的《中国教育改革 40 年·高等教育》，侯怀银、王耀伟在 2020 年出版的《共和国教育学 70 年·高等教育学卷》，这些都是对中国高等教育发展与改革中的重要决策与有效管理经验进行知识层面体系化的典型成果。B3 是研究经验的知识化结晶。高教研究的典型范例有待梳理，相比来说院校研究在这方面做得更好一些。《中国院校研究案例》至今已出版七本，编者分别为：刘献君（2009）、陈敏（2010）、周光礼（2011）、雷洪德（2015）、余东升（2016）、陈廷柱（2018）、魏曙光（2020）。[1] 华中科技大学精选的这些成果对中国院校研究的起步与发展具有重要价值，在院校研究经验的体系化方面发挥着示范作用。

总体观之，我们重视经验，但对经验性知识的关注远远不够。中国高等教育本土化探索蕴含着自主经验，也包含着域外经验，如"非升即走"制度、"院校研究"范式就是替代经验与直接经验的融合物，虽具有较强的自主经验，但同时面临着知识化和体系化的艰巨任务。如何从"经验"向"知识"转化、从"零散知识"向"知识体系"跃升，研究者有必要按主题、时间、地域等线索分门别类地进行知识加工。

四 理论性知识体系

何谓理论？"理论是由一系列的命题构成的逻辑体系。"[2] 理论性知识是通过长期观察、总结归纳、逻辑演绎等方法而产生的关于分类、原理、模型等认识，这类知识编码程度较高、具有较为广泛的解释力，其学习策略主要是理解、应用。理论性知识体系（C）主要包括三个亚类，分别

---

[1] 刘献君、张俊超：《中国院校研究案例（第一辑）》，华中科技大学出版社 2009 年版；陈敏：《中国院校研究案例（第二辑）》，华中科技大学出版社 2010 年版；周光礼、徐海涛：《中国院校研究案例（第三辑）》，华中科技大学出版社 2011 年版；雷洪德：《中国院校研究案例（第四辑）》，华中科技大学出版社 2015 年版；余东升、魏曙光：《中国院校研究案例（第五辑）》，华中科技大学出版社 2016 年版；陈廷柱、张继龙：《中国院校研究案例（第六辑）》，华中科技大学出版社 2018 年版；魏曙光：《中国院校研究案例（第七辑）》，华中科技大学出版社 2020 年版。

[2] 何秀煌：《理论是什么》，《现代哲学》1986 年第 4 期，第 24—26 页。

是分类或类型的知识（C1）、原理或规则的知识（C2）、模型或结构的知识（C3）。这类知识在结构上更严密，在应用上更具广延性。

一门学科成熟的根本标志是理论性知识的稳定产出，特别是理论体系的形成与完善。1993—1997年，由教育部高教司组织的"建设有中国特色社会主义高等教育理论研究"，形成了"理论要点60条"；2012—2017年，由中国高教学会组织的"中国特色高等教育思想体系研究"，形成了"高教思想60条"；自2018年启动，由教育部高教司组织的"新时代中国高等教育理论体系研究"，理论成果拭目以待。这些重大研究项目都是我们在不同阶段对高等教育学理论性知识体系孜孜以求的真实写照。C1是分类式理论，像马丁·特罗的高等教育三阶段论、托尼·比彻的学科分类理论、博耶的四种学术观、马顿的深层学习与浅层学习理论等。C2是原理式理论，像阿什比的大学遗传环境论，伯顿·克拉克的高等教育冷却理论、创业型大学理论，阿特巴赫的高等教育依附论，克拉克·克尔的多元巨型大学理论，许美德的中国大学模式命题，斯特劳的学术资本主义理论，丁拖的大学生辍学理论等。C3是模型式理论，像阿特巴赫的人才流动推拉模型、伯顿·克拉克的三角协调模型、埃茨科威兹的三螺旋模型、阿斯丁的院校影响因素模型等。这些国外理论在我国高等教育研究中颇有市场，国内生产出的理论也有不少，如教育内外部关系规律、高等教育适应论、"泡菜理论"、高等教育生命论、高等教育关系论、中国高等教育大众化理论、高等教育类市场化理论、大学校长理想类型、学术锦标赛、学术发包制、学术权力与行政权力互动模式、学科建设的时间政治学说等。上述有的理论较为完善，有的尚处于发展之中；有些理论是有意识建构的结果，有些还需要共同体的淬炼；有的理论在争鸣、修正与拓展中得到进一步发展，有的仍未得到共同体的重视。

目前看来，高等教育研究者在C1、C2的理论创新上有所建树，但在C3上存在理论发育不足的状况，这与量化研究方法的使用范围及其规范程度有所关联。高等教育学在理论性知识上有实现核心知识自主的苗头与趋势，但研究者在心理上仍不够自信、行动上还缺乏自觉，尚未实现真正意义上的理论自足，在理论的体系化建设上也有漫长的一段道路要走。

五 程序性知识体系

理论的力量需要借助实践予以程序化，方可得以释放，否则再伟大的理论也会慢慢衰竭。程序性知识表现在认知活动或操作活动中的技巧、方法与步骤等方面，是关于"怎么想""怎么做"的认识。如果说事实性知识、理论性知识、经验性知识和元认知知识侧重反映"结果性信息"，那么程序性知识侧重表征"过程性信息"，是明言知识和意会知识的统一。高等教育的程序性知识体系（D）主要包括三个亚类，分别是教学实践条件、技巧、方法与步骤（D1），管理实践条件、技巧、方法与步骤（D2），具体研究条件、技巧、方法与步骤（D3）。

程序性知识是极其容易被人们忽略的一种知识类型。因为它难以描述，只能借助于具体的认知或操作活动来推断其存在性。经反复练习之后，程序性知识具备自动化特点，这种"理所当然"也让人们失去了感受知识、揭示知识的能力。此外，程序性知识容易被经验性知识或权威决策所取代，从而面临生存空间进一步被压缩的境遇。D1 是教学类程序性知识，比如怎样上好一堂本科生选修课，如何处理课堂管理问题、研讨式教学何以开展等，这些问题在高等教育学中都难以寻求解答，难怪有学者不客气地批评：高校教学领域"始终没有摆脱宏观研究的束缚，未能深入微观领域，以至于研究成果往往停留在简单介绍和提供对策的层面"[1]，当教学以艺术为借口之时，教学程序问题似乎变成一个机械性问题。D2 是管理类程序性知识，像"非升即走"制度的适用条件是什么、如何处理学部与学院之间的关系、高校人事制度改革的步骤如何、如何调整人才培养方案等，类似的现实问题也没有依据可循，高教管理者只能摸着石头过河，这不得不说是高等教育学的知识缺位。D3 是研究类程序性知识，如设计问卷的技巧、访谈的方法、院校研究基本步骤等，这些问题在高等教育研究方法的教材或著作中都有所涉及。

从解决问题的复杂程度看，程序性知识粗略包括具有固定程式的常规性知识和不墨守成规的创造性知识两大类。程序性知识在高等教育学

---

[1] 周序、王琳：《试论高校教学理论研究的滞后性及其突破》，《江苏高教》2022 年第 11 期，第 65 页。

中较为普遍，其自主性特点较为鲜明，但程序知识化、知识体系化的水平较低。D3 有相对固定的程式，需要对相关操作的步骤加以体系化；而 D1、D2 的程式相对灵活一些，可以对相关操作的条件、方法与技巧予以体系化。

六 元认知知识体系

元认知知识是一种特殊的知识类型，是对认知的再认知而形成的根本性认识，前四种知识类型都可以成为其认知对象，这类知识编码程度较弱、具有较强的反身性、超越性，其学习策略主要是反思、批判。按照美国约翰·弗拉维尔（H. Flavell）在 20 世纪 70 年代提出的元认知理论框架，元认知知识体系（E）主要包括三个亚类，分别包括关于认知主体的知识（E1）、关于认知任务的知识（E2）、关于认知策略的知识（E3）等。[①]

有关的元认知知识可以丰富高等教育元研究，推动元高等教育学的建立。李均教授出版的《元高等教育学论稿》就是一次重要尝试。E1 针对学术职业、高等教育研究者、高等教育实践工作者等。学术界对高等教育研究者与实践工作者自身的研究成果较少，比如为什么本土理论对高等教育研究者没有形成如蚁云集的吸引力？为什么知名高等教育研究者之间的学术引用并不多见？高等教育研究领域的学术传承与学派流派是怎样一幅图景？高等教育实践工作者与高等教育研究者应该建立何种联结？类似的反思成果较少，也比较零散。在"学术职业"这一国际流行的研究主题上，以北京大学教育学院和华东师范大学高教所为代表的一些研究机构产出不少成果。E2 针对高等教育学的学科性质、学科地位、研究对象、理论体系以及学科知识等。在这方面，学术界展开了持续探索，也产出了丰硕的学术成果，比如高等教育学是学科还是领域？高等教育学有无独立研究对象？高等教育学的逻辑起点是什么？高等教育学有哪些"升一方案"？高等教育学的理论体系何以构建？类似的反思成果很多，尤以厦门大学教育研究院师生、院友的代表作居多。E3 针对教学

---

① ［美］洛林·W. 安德森等：《布卢姆教育目标分类学（修订版）——分类学视野下的学与教及其测评》，蒋小平、张琴美、罗晶晶译，外语教学与研究出版社 2009 年版，第 43—45 页。

反思、学习策略、管理反思以及研究范式等。教师对教学内容、教学方法、教学过程以及教学效果等系统反思所形成的认识，学生在学习中使用复述策略、精加工策略、组织策略、计划策略、监控策略、调节策略、资源管理策略等，管理者在具体管理实践中形成的反省认识，这些大都属于个体知识的范畴，少部分可以纳入知识体系之中。在研究范式上的反思性认识不少，如高等教育学有无独特研究方法？多学科高等教育研究是具体方法还是方法论？跨学科高等教育研究与多学科高等教育研究的区别点在哪里？这也是元高等教育学不可或缺的知识板块。E1需要元高等教育研究者与科学学或科学社会学的学者共同破解，E2是元高等教育研究者的"自留地"，E3中关于教学、学习、管理的反思性认识不太容易进入集体叙事的知识体系，有关研究方面的元认知则很容易为元高等教育学知识体系所接纳。尽管上述不同亚类的元研究成果还不能构成严格意义上"元高等教育学"，但这部分知识是独立自主的，松散知识体系也处于发展之中。

知识性、自主性和体系化是衡量"中国自主高等教育学知识体系"的基本维度，在每个维度上的评判都不是数字层面的精确量度，它往往是心理层面的一种综合判断。经过40年的积淀，高等教育学产生了海量的事实性知识，涌现出大量的经验性知识，萌发了一些理论性知识，探索出一定的程序性知识，孕育了相对零散的元认知知识。但上述五种知识均不同程度地面临自主性和体系化难题，特别是理论性知识的自主性最为脆弱、体系化诉求最为强烈，这也是中国自主知识体系建构的核心所在。事实性知识和元认知知识的自主化水平较高，但体系化水平还有待加强，短时间内可以取得突破。我国高等教育在经验探索和程序确立方面的自主性较高，但知识化程度有待提升，体系化目标需付出长期努力。

第四节 "中国自主高等教育学知识体系"何以建构

"中国自主知识体系"隐含着学术自信、自立与自强的时代诉求。没有自主核心技术，面临"卡脖子"难题；没有自主核心知识，则面临

"卡脑子"难题，由此对人才自主培养和学术事业发展造成的"脑损伤"几乎不可逆。如何破解？高等教育领域的元研究学者、理论创造者、实践工作者和国际化学者应该基于学术分工的思路，共同建构并完善自主知识体系。

一 分门别类清理知识，适时更新教材体系

在知识清理基础上实现知识整合，是元高等教育研究者不容推卸的重大使命。这就好比长时间未打扫的一间屋子，怎样让它变得干净？第一步，分类筛选，丢掉废弃物品、保留重要物件，这是选择环节；第二步，归整物品，依照个人习惯与物之功用各置其位，这是整理环节；第三步，擦拭清扫，时时注意容易落灰的地方和卫生死角，这是一个保持过程。

知识清理工作形同此理。经过40年发展，高等教育学也产出了大量的研究成果，但知识层面的良莠不齐容易让青年学者失去学术鉴赏力，故有影响力的学者理应敢担使命、坚持原则去精选并出版"高等教育学基础文献选编丛书"，比如可以按照研究主题选编《学术争鸣》《学科建设》《高教改革》《大学治理》《课程教学》《研究案例》等分卷本，也可以按照分支或交叉学科选编《高等教育学基础文献》《研究生教育学基础文献》《高等教育哲学基础文献》《高等教育史学基础文献》《高等教育管理学基础文献》《高等教育社会学基础文献》等分卷本。哪怕"初生之物，其形必丑"，但仍须抱定"静待花开"的学术信念。在知识初步筛选之后，再进行知识精选，争取形成《高等教育学核心概念》《高等教育学理论手册》《高等教育实践手册》《高等教育学研究范式》《高等教育学人肖像》《高等教育学学术史》等深加工的知识成果，以描绘出江山多娇的"学科地图"。此后，每年出版一本综述高等教育研究领域主要成果的《高等教育学知识前沿》。在这方面，美国斯玛特（J. C. Smart）等人所做的回顾与评论工作令人肃然起敬，他从1985年主持编撰《高等教育：理论与研究手册》，到2021年已出版36卷。[①] 不得不说，上述任何一项任务都是异常复杂、庞大与费时的，但它们"为巩固高等教育专业研究领

---

① 沈文钦：《高等教育理论的定义与类型》，《高等教育研究》2022年第7期，第69—88页。

域的知识范围构筑了原始基础"①,不能回避必须面对。

上述整合性知识成果均需要以恰当形式适时进入教材体系。与哲学、政治学、社会学、经济学、心理学等成熟学科相比,高等教育学教材的通病是"书中无人"。要知道,伟大的理论或实践总是与伟大人物须臾不可分,当教材中缺少这样的伟大人物之时,就证明该门学科的理论贫困或实践乏力,学科的知识肖像就是呆板的、干瘪的。面对碎片化的知识生产困境,元高等教育研究者需要进行知识整合。为了不能忘却的纪念,元高等教育研究者需要铭记那些为学科建设作出杰出贡献的伟大人物,让知识体系生动起来、让教材体系丰满起来。

二 多种方式创造知识,有效丰富理论体系

怎样让高等教育学知识体系始终保持源头活水,这就特别需要高等教育理论创造者以各自擅长的方式积极生产知识,尤其是聚焦于理论之维争取获得些许突破。

路径1:国外高教理论本土化解释、拓展、修正与对话。就目之所及,针对特罗的高等教育大众化理论,潘懋元先生提出中国高等教育大众化理论②,别敦荣教授丰富了高等教育普及化理论③;针对阿特巴赫的"依附发展论",潘先生等提出"借鉴超越论"④;针对布鲁贝克高等教育"认识论"和"政治论"两种哲学取向,张楚廷先生提出高等教育"生命论"⑤;针对许美德提出的基于文化立场的"中国大学模式命题",王洪才教授补充了经济视角与创新实践对该命题的重要价值⑥。沈文钦博士

---

① [美]莱斯特·古德柴尔德:《在美国作为一个研究领域的高等教育:历史、学位项目与知识基础》,《北京大学教育评论》2011年第4期,第33页。
② 刘小强、罗丹:《中国特色的高等教育大众化理论体系——潘懋元先生高等教育大众化思想研究》,《大学教育科学》2007年第1期,第35—39页。
③ 别敦荣:《普及化高等教育专论》,中国海洋大学出版社2022年版,第1—68页。
④ 陈兴德、潘懋元:《"依附发展"与"借鉴—超越"——高等教育两种发展道路的比较研究》,《高等教育研究》2009年第7期,第10—16页。
⑤ 张楚廷:《高等教育生命论哲学观》,《湖南文理学院学报(社会科学版)》2005年第5期,第14—18页。
⑥ 王洪才:《对露丝·海霍"中国大学模式"命题的猜想与反驳》,《高等教育研究》2010年第5期,第6—13页。

从五个方面对西方高等教育理论研究进行归纳①,揭示出在理论上开展国际对话的"富矿地带"。

路径2:其他学科概念或理论在高等教育学中的引入及其应用。这一点,在国际高等教育研究中已经得到证明。比如,英国阿什比是生物学家,提出"大学遗传环境论";推拉理论是人口学的理论,用来解释人才流动问题;依附论是政治学、经济学的理论,用于揭示国际高等教育不平等秩序。对人文社会科学而言,没有来自于多学科的宽阔论述,就不可能有深刻洞见,这同样适用于高等教育学,它需要汲取不同学科的理论滋养。

路径3:运用归纳、抽象、迁移、隐喻等方式对基于中国场景的高等教育经验进行萃取。高等教育实践无法脱离中国治理的宏观背景,"压力型体制""行政发包制""政治锦标赛""运动型治理""单位制""项目制"等概念或理论可以迁移至高等教育现象解释或经验阐发上。高等教育话语无法脱离中国本土的表达系统,"泡菜理论""学术工分""学术锦标赛""金课""水课""学术单位体"等概念或理论体现出隐喻的力量。另外,高等教育学亟须补足田野调查的功课,这在我们的学术传统中是极其匮乏的,却是萃取经验的重要法宝。

路径4:高等教育学中特定范畴的确立、迭代及其延拓。面对管理学理论的复杂丛林,美国孔茨于1961年将管理理论分为"管理过程学派""经验主义学派""人类行为学派""社会系统学派""决策理论学派"和"数理学派"。1980年,他在理论不断分化的背景下提出11个学派,基本完成了对管理学理论的清理任务。② 孔茨做的是一项元研究,他运用了"过程""经验""行为""系统""数理"等基本范畴,这是理论建设的重要方法论,值得高等教育学研究参考借鉴。如我国高等教育研究可以划分出关系学派、制度学派、权力学派、生命学派、文化学派、学习学派以及数理学派等,这种学派或流派建立对有意识的理论生产有所裨益。

---

① 沈文钦:《高等教育理论的定义与类型》,《高等教育研究》2022年第7期,第69—88页。
② 彭新武:《当代管理学研究的范式转换——走出"管理学丛林"的尝试》,《中国人民大学学报》2007年第5期,第77—84页。

此外，我们还可以从优秀传统文化、学科史、学术史、思想史中获得理论启发；从中国高等教育改革所面临的诸多现实问题中寻找理论资源；运用核心概念的创生、串联实现理论突破；在平等的学术交流与争鸣中完成理论竞争、理论修正。

三 问题导向应用知识，有机融入工作体系

如何将已有知识转化为实践效能，这是高等教育理论工作者不能回避的"输出端"问题，更是高等教育实践工作者必须深思的"输入端"问题。我们经常说，理论不能脱离实践，要不然理论有枯竭的危险，反过来说，如果实践脱离理论航标，就会陷入盲目境地。

高等教育实践工作者忽视理论指导、依赖长官意志、一味信奉经验的思想倾向需要纠偏。为什么不少管理者心中弥漫着一种高等教育理论无用的错觉？暂且抛开高等教育学知识基础不牢固的因素，在管理者看来，落实和执行上级"红头文件"，瞄准并围绕各类"评价指标"，调动或借鉴以往"直观经验"，就能够让各项工作"有条不紊"地推进。按文件办学、按指标办学、按经验办学，似乎比按规律办学来得更直接、更有效。但这与高等教育办学规律是相违背的，与真正意义上的"一流大学"之理念相去甚远。是故，一流的大学校长及其管理团队一定是具备丰富的高等教育学知识基础或独到见解的，能够在解决各类棘手难题的过程中应用理论知识、积累经验知识、确立程序知识。像蔡元培、梅贻琦、王亚南、匡亚明、朱九思等杰出的大学校长都有关于高等教育的经典阐述。

不可思议的是，"美国大学校长获得学位类别前五位的是教育或高等教育（41.10%）、社会科学（14.20%）、人文/艺术学科（11.30%）、商学（6.70%）和法律（6.40%）等学科"[1]。相比之下，我国大学校长具备理工科背景的比例为48.1%，而教育学背景的比例为9.3%，[2] 在"双一流"院校中，这个数字更低。我们并非寄希望于提高具有教育学科背

---

[1] 姜朝晖、黄凌梅、巫云燕：《谁在做美国大学校长——基于〈美国大学校长报告2017〉的分析》，《教育研究》2018年第10期，第123页。

[2] 张应强、索凯峰：《谁在做中国本科高校校长——当前我国大学校长任职的调查研究》，《高等教育研究》2016年第6期，第12—25页。

景的校长比例，但以校长为核心的大学管理者以谦逊姿态多倾听一下高等教育研究者的声音并不难做到，在理论指导下开展教育改革、创新工作体系是理性抉择。其根本道路在于，建立高等教育理论与实践之间的制度化关联，"双方进行着持续不断的人员流动、理论知识与实践知识的交换"[①]，高等教育理论工作者加强院校研究、扩大田野调查、培养教育博士、发挥智库作用等，争取做到"理论联系实际"；高等教育实践工作者通过干部培训或岗前师资培训、进修高等教育相关课程、探索教改项目等系列举措做到"实际联系理论"；大学要在组织层面赋予高等教育研究机构参与学校决策、管理、服务的使命与职责，让高等教育知识融入大学治理体系之中。

四 开放包容共享知识，展现独特话语体系

如何让知识在国际市场上有序流动起来，这是一批具有国际视野的高等教育研究者必须共同思考的问题，也是大有可为的实践议题。这个学术群体有能力也有资源，发挥着纽带或桥梁作用，可以"把世界带到中国"，也可以"将中国展现给世界"。

当前本土高等教育研究者的国际视野总体上还不够宽广，主要聚焦美国，对其他国家高等教育研究成果整体关注不足。有学者运用 CiteSpace 绘制知识图谱，结果显示：美国的伯顿·克拉克、丁托、阿斯汀、布拉克斯顿，英国的保罗·伦斯登、托尼·比彻、罗纳德·巴尼特以及澳大利亚的约翰·比格斯等是国际高等教育研究的代表人物。[②] 此外，以美国的阿特巴赫、本戴维，澳大利亚的西蒙·马金森，德国的乌尔里希·泰希勒、格奥尔格·克鲁肯，法国的克莉丝汀·穆塞林、蒂埃里·舍瓦利耶，加拿大的约翰·范德格拉夫、许美德、格伦·琼斯，日本的天野郁夫、金子元久等为代表的一大批国际知名学者的研究成果也值得关注。可以说，王承绪先生领衔翻译出版的"汉译世界高等教育名

---

① 蔺亚琼、陈雨沁：《高等教育学何以实现理论品质和实践旨趣的双重提升——基于理论积累路径与实践介入方式的考察》，《高等教育研究》2022年第3期，第73页。
② 潘黎、侯剑华：《国际高等教育研究代表人物和学术团体思想的可视化探析——基于〈Higher Education〉等8种SSCI期刊作者共被引的分析》，《中国高教研究》2012年第6期，第8—12页。

著丛书",北京大学出版社出版的"大学之道丛书",还有像张斌贤、别敦荣、崔延强、侯定凯、蓝劲松、沈文钦、李子江等学者所做的翻译工作,在不同时段为我国高等教育研究者开拓了学术视野,奠定了不可或缺的知识基础。在今天,类似的译介工作不仅要继续做,还要放宽眼量,以更加开放的姿态拥抱世界各国最新研究成果,而这需要一个相对稳定的"国际高等教育研究译介团体"。

虽说扭转知识流动的"逆差"现象很难,但"将中国展现给世界"的努力依然必不可少。一方面,从事比较高等教育研究的学者可以尝试在国际舞台上发出中国声音,以积极姿态介绍中国高等教育发展经验与理论成果。目前,中国在国际高等教育研究期刊上的发文量居世界第四位,发文量占比约6%,位列美国(31.48%)、英国(22.92%)、澳大利亚(18.88%)之后,[1] 光鲜亮丽的成绩单依然呼唤本土优秀学术成果的涌现。欣喜的是,这个群体中还有不少国际友人,如加拿大的许美德、挪威的阿里·谢沃真诚地向世界介绍中国高等教育发展情况与卓越的高等教育研究专家。另一方面,在拓宽知识向外流动的渠道上,长期在境外生活的华人学者具备将中西方知识体系汇合起来的潜力与优势,他们可以超越"不识庐山真面目,只缘身在此山中"的"庐山效应",并通过适当方式向世界展示中国高等教育研究成果。

站在学科设立40周年的特殊节点,学术界在"中国自主高等教育学知识体系"上的集体反思是有必要的,集体行动更加迫切。中国高等教育研究者需要反复思考并妥善处理普遍知识与本土知识、自身学科与其他学科、中国场景与知识生产、学科建设与学术评价等基本关系。中国高等教育学的当务之急可能是"清理知识",核心任务是"创造知识",重要任务是"应用知识",特别任务是"共享知识"。任重道远,行则将至,心向往之,终有所成。也许下一个十年,或者再过几十载,通过一代又一代学人的接续努力,中国高等教育学知识体系的解释力、建构力和影响力会有所提升,[2] 其知识性、自主性、体系性会进一步增强。

---

[1] 李冲、李霞:《国际高等教育研究的总体态势与中国贡献——基于10种高等教育SSCI高影响因子期刊载文的可视化分析》,《中国高教研究》2018年第8期,第60—67页。

[2] 胡建华:《中国高等教育学科发展40年》,《教育研究》2018年第9期,第24—35页。

第十二章

中国大学学科建设的育人逻辑及其设计

——基于"金课体系"建设的视角[①]

学科建设不能回避人才培养问题，不能回避本科教育质量，否则学科建设如同空中楼阁。坦率地说，对学科建设成效、本科教育质量的孜孜追求是建设高等教育强国的承诺，而提升课程质量是兑现该承诺的基础性策略选择。但当前高校中盛行的无手机课堂、点名式课堂、摄像头课堂、心灵鸡汤课堂等奇特现象似乎成为课程改革中的无奈之举，"睡觉族""低头族""逃课族""替课族""讨分族"等屡见不鲜，不少课程改革落入"学校不满意""教师不乐意""学生不中意"的尴尬境地。在此背景之下，取缔"水课"、打造"金课"的改革呼声日渐高涨，[②] 但究竟如何推进这场意义重大、关乎久远的课程改革呢？2019 年，《中国慕课行动宣言》让我们看到了建设"金课"的成果、经验及其愿景。不得不承认，目前人们远没有达成共识，在实践中也尚未形成可供参考的成熟范本。基于此，我们可以通过现实审视、框架设计思考以及制度变革打造"金课体系"，从而达到逐步淘汰"水课"、不断涌现"金课"的景象，最终为创建一流本科教育奠基。

[①] 此部分以"如何打造'金课体系'：大学课程改革的框架设计与制度创新"为题发表在《四川师范大学学报》（社会科学版）2020 年第 1 期，收录在本书时略有删改。
[②] 陆国栋：《治理"水课"　打造"金课"》，《中国大学教学》2018 年第 9 期，第 23—25 页。

第一节 从"水课"到"金课"再到"金课体系"

为什么大学课程会引起人们的普遍关注呢?这是因为"课程是教育最微观、最普通的问题,但它要解决的却是教育中最根本的问题……课程是中国大学普遍存在的短板、瓶颈、软肋,是一个关键问题"。① 从这个意义上说,大学课程改革是高等教育改革的缩影,折射并助推高等教育改革进程。我们在此需要从制度的视角加以探寻,"水课"滋生的制度土壤是什么?"金课"生发的制度逻辑是什么?究竟如何理解"金课体系"?即通过从"水课"到"金课"再到"金课体系"的思维进路,我们可以大致勾勒出大学课程改革的总体轮廓。

一 "水课"

"水课"是人们对大学课程的一种戏谑说法,是对没有营养、难度较低、缺乏挑战度课程的一种统称。实事求是地说,"水课"大多隐匿在选修课程名单中,尽管"水课"的治理对象是全部课程,但治理的重点是选修课程,毕竟必修课程的治理工作相对容易开展。就学生而言,他们对"水课"的总体态度是爱恨交加,一方面对学习不到有价值的内容而怀有不满;另一方面为了"过关拿学分"又义无反顾地选择那些"水课"。这种吊诡现象在很大程度上缘于大学课程的制度安排。

第一,修读的课程数量过多,从而倾向于选择"水课"的学生不在少数。有研究显示:我国本科毕业平均需要修读166学分、约55门课程、2600多课时。② 如此算来,一名学生在大学前三年的每个学期几乎要修读8—10门课程。一位部属高校的学生曾告诉笔者:"大学前三年,我不是在上课,就是在上课的路上。"这种诙谐中夹杂着无奈意味的言辞反映出,臃肿的课程安排使得学生不得不选择"水课"来舒缓学业节奏,从而"水课"具有存在的制度土壤,且在学生群体中具有较大的市场,反

---

① 吴岩:《建设中国"金课"》,《中国大学教学》2018年第12期,第4—9页。
② 张忠华:《关于大学课程设置的三个问题》,《大学教育科学》2011年第6期,第30—34页。

而学生对那些具有较大挑战度的课程避而远之。由此产生的"劣币驱逐良币"的现象不得不引发教育工作者的深思,"快乐大学"的总体现实不得不让人们对高等教育质量愈加忧虑。

第二,不合理的教师评价制度,使得不少教师不得不在课程中"灌水"。为达到教学工作量的基本要求,许多教师每学年至少承担三门课程,而严格的科研评价制度与内心的学术尊严迫使教师不得不把大部分时间和精力投入学术工作,"重科研而轻教学"的普遍事实使得不少大学课程具有"水分"。另外,在学生评教制度的诱使下,部分教师采取课堂播放影片、大侃段子、消费励志、灌输鸡汤,课外无作业、考前画重点、考试轻松过关等方式取悦学生。上述做法与学校不恰当的评价导向和不严格的教学标准紧密相关,这就进一步加剧了问题的严重性。倘若不加以重磅治理,大学课堂很可能将出现令人唏嘘的"大水漫灌"的奇特景观。在此背景下,取缔"水课"、建设"金课"成为提升高等教育质量的基础工程、民心工程与系统工程。

二 "金课"

"金课"是人们对含金量较高课程的一种称谓,具有高阶性、挑战度以及创新性的基本特征。[①] 坦率来说,"金课"首先是针对课程本身的质量而言的,它与教师的教学学术水平直接相关,但归根结底体现在教师"乐教"与学生"好学"这种教学过程中的情绪状态上。即教师和学生能够发自肺腑地投入教学活动之中,才是衡量"金课"的最终标准。唯有如此,教师的教学热情才能得以保持,学生的学习投入才能得以持续,大学课程质量才能得以保障,高等教育强国建设才能获得依托。在此基础上,我们需要追问的是,"金课"生发的制度逻辑是什么?在现行的制度环境下,建设"金课"的行动是否会陷入路径依赖?

根据教育部公布的最新数据显示,目前全国普通高等学校专任教师有163.3万人。我们可以试想,假如每位教师上好一门课程、努力打造一门"金课",那么全国将有数以百万计的"金课"涌现出来。依循这一思路,我们不难得出:建设中国"金课"是一种集体行动,需要遵循整体

---

① 吴岩:《建设中国"金课"》,《中国大学教学》2018年第12期,第4—9页。

生发的逻辑，使得教师开设"水课"成为尊严扫地的事情，学生选择"水课"成为令人不齿的事情。从理性选择制度主义的视角来看，"水课"盛行是教师与学生基于现行学校制度设计而作出理性选择的结果。同样的道理，治理"水课"、建设"金课"就是要解除"水课"存在与延续的总体制度，而重构"金课"产生与涌现的总体制度，即在课程相关制度的整体逻辑框架下重新关联基于师生利益最大化的背景约束条件。

这就意味着，建设中国"金课"必须走出传统的路径依赖。这绝不是一句简单的口号，也不是专属于某类高校的特权，也不只是投入大量资金聚集一批教学名师去打造精致课程，而应该是扎根不同类型高校、立足不同师生群体诉求而内生出品牌课程的积极行动。这就要求我们必须着眼于课程质量、教师热情以及学生体验等维度，从课程制度改革的视角进行整体突围。

三 "金课体系"

如上所述，"水课"泛滥对高等教育质量而言是一种致命打击，建设中国"金课"则是我国提升高等教育质量的重要宣言与行动选择。诚然，打造一门"金课"有赖于教师个人的教学投入，但也离不开学生群体的积极参与，更离不开学校层面的制度重构，否则少数几门"金课"也会被一大批"水课"孤立，从而产生"精英淘汰"的悲剧。就此而言，我们需要构建"金课体系"来治理"水课"，并让越来越多的"金课"不断涌现出来。正因"大学课程总是以某种数量、质量和序量而存在，集中表征为一定数量、质量和序量的'高深知识集合体'"[1]，所以"金课体系"就是以课程制度变革为核心的，涵括数量、质量、结构、效益等维度的，旨在提升高等教育质量的一种课程治理体系。

第一，"金课体系"是在"金课"基础上进行数量层面的集聚并不断结构化的一个概念。大学课程改革的总体思路是"做减法"，通过淘汰含金量不高的课程与合并一些内容较为相似的课程，挤掉明显存在于大学课程之中的部分水分。即"数量精简"是打造"金课体系"的基本原则。

---

[1] 唐德海、李枭鹰：《大学课程计量研究初论》，《大学教育科学》2018年第6期，第61页。

第二,"金课体系"是在"金课"基础上注重质量内涵的提升并走向制度化的一个概念。也就是说,"金课体系"旨在通过制度变革的方式让教师和学生在课程教学之中投入更多的时间与精力,使得打造"金课"、选择"金课"成为人们共同的理性选择。即"质量提升"是打造"金课体系"的核心要义。第三,"金课体系"是在"金课"基础上强调课程结构的优化并增强适应性的一个概念。需要澄清的是,"金课体系"在不同学校的结构呈现方式上是不尽相同的,在不同阶段的结构调整方式上也有所不同,在不同主体的结构选择方式上更是弹性较大。即"结构优化"是打造"金课体系"的制度表征。第四,"金课体系"是在"金课"基础上提高课程实施的效益并释放新能量的一个概念。毫不讳言,打造"金课体系"的实践价值是不可估量的,它以课程制度变革作为撬动大学教学改革的杠杆,对完善高等教育制度建设,提升高等教育整体质量、回应高等教育普及化都具有积极意义。即"效益裂变"是打造"金课体系"的行动结果。

第二节 大学"金课体系"的框架设计

从理论上说,"金课体系"可以通过数量精简、质量提升以及结构优化的方式,实现课程效益的增殖与裂变。但如何对大学"金课体系"进行框架设计,则成为我们不得不予以考虑的现实问题。该课程框架设计的合理程度直接关乎中国"金课"的可能走向及其建设进程,是故我们需要建构起具有系统性、层次性和弹性化的大学课程框架。

一 "金课体系"框架设计的基本向度

"金课体系"的框架设计既要体现普遍意义下课程设计的基本向度,又要体现特定语境下课程设计的基本向度。当前大学对课程类型的划分方式较多,其中最常见的是"二分法"和"四分法"。"二分法"主要是分为必修课与选修课,或者分为公共课与专业课。"四分法"则是分为公共必修课、公共选修课、专业必修课和专业选修课。显然,"二分法"稍显单薄,"四分法"又略显烦琐。我们可以尝试按照基础课程、通识课程和专业课程的"三分法"进行分类。其中基础课程主要包括马克思主义理论课、思想政治教育课、英语类课程、计算机类课程、数学类课程以及体育类课程等，专业课程则指向不同专业领域的主要课程与主干课程。鉴于通识课程有助于"培养积极参与社会生活的、有社会责任感的、全面发展的人和国家公民"[1]，且它在大学课程体系中占有举足轻重的地位，我们理应赋予通识课程以独立地位，从而为识别当前通识课程的泛化现象、开发具有校本特色的通识课程提供操作空间。[2] 譬如北京大学开设出人类文明及其传统、现代社会及其问题和人文、自然与方法三大系列的通识课程。从这个角度来看，基础课程、通识课程和专业课程的"三分法"符合了大学课程的传统分类又回应了课程发展的总体趋势。

打造"金课体系"的特定语境就在于，通过提升课程的学业挑战度、扩大课程的可选择性，从而兑现淘汰"水课"、建设"金课"的庄严承诺。前者是针对课程难度、课程深度所提出的新要求，后者则是针对课程的多样性与学生的适应性所提出的新挑战。也就是说，我们可以从学业挑战度的视角将课程分为初阶课程、中阶课程和高阶课程。其中初阶课程是指那些难度较小、深度较浅、视域较窄，侧重培养学生基础知识和基本能力的课程。高阶课程是指那些难度最大、深度最深、视野宽广，注重传授学生前沿知识、培养学生创新精神和实践能力的课程。中阶课程则是介乎初阶课程与高阶课程之间的一种课程形式。教师可以在不同课程要求的基础上结合自己的实际情况开设相应课程，学生也可以在权衡自身情况的基础上选择相应课程。这样一来，教师与学生的课程选择空间都获得了极大的拓展，且可以通过赋予不同课程相应工作量与学分的方式，引导教师与学生选择中阶课程乃至高阶课程。

二 "金课体系"框架设计的"九宫格"

根据"金课体系"框架设计的两大基本向度，我们以课程类型为 X 轴、以课程难度为 Y 轴构建坐标系，其中在课程类型上将课程分为基础课程、通识课程和专业课程，在课程难度上将课程分为初阶课程、中阶

---

[1] 李曼丽：《通识教育：一种大学教育观》，清华大学出版社1999年版，第17页。
[2] 王洪才、解德渤：《中国通识教育20年：进展、困境与出路》，《厦门大学学报》（哲学社会科学版）2015年第6期，第21—28页。

课程和高阶课程，从而形成一个关于大学"金课体系"框架设计的"九宫格"。如图 12 – 1 所示。

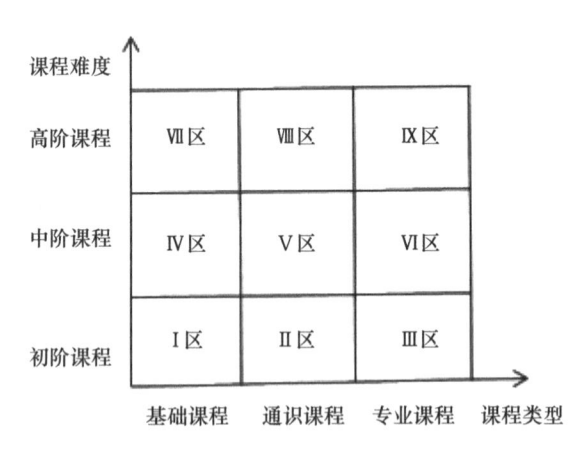

图 12 – 1　大学"金课体系"的框架设计"九宫格"

"九宫格"的Ⅰ区是"基础课程"与"初阶课程"交汇的区域，这是基础课程领域难度较低的课程，属于入门级别的课程；"九宫格"的Ⅱ区是"通识课程"与"初阶课程"交汇的区域，这是通识课程领域难度较低的课程，在课程目标指向上属于"了解层面"的课程；"九宫格"的Ⅲ区是"专业课程"与"初阶课程"交汇的区域，这是专业课程领域难度较低的课程，是学生初涉专业领域的导论性课程；"九宫格"的Ⅳ区是"基础课程"与"中阶课程"交汇的区域，这是基础课程领域难度中等的课程，对部分同学而言具有一定的难度、深度和挑战度；"九宫格"的Ⅴ区是"通识课程"与"中阶课程"交汇的区域，这是通识课程领域难度中等的课程，在课程目标上对教师与学生都提出了更高的要求；"九宫格"的Ⅵ区是"专业课程"与"中阶课程"交汇的区域，这是专业课程领域难度中等的课程，需要教师在课外做好一定的教学学术工作，需要学生在课下花费一定的时间和精力完成学业任务；"九宫格"的Ⅶ区是"基础课程"与"高阶课程"交汇的区域，这是基础课程领域难度最大的课程，对那些乐意挑战自我的教师与学生都具有足够的吸引力；"九宫格"的Ⅷ区是"通识课程"与"高阶课程"交汇的区域，这是通识课程领域难度最大的课程，对教师的教学学术水平提出了相当高的要求，对开阔学生视野、培养综合素质具有极大推进作用;"九宫格"的Ⅸ区是"专业课程"与"高阶课程"交汇的区域,这是专业课程领域难度最大的课程,这对于专业教师挑战学术前沿、培养学生在相关专业领域的创新精神与实践能力具有无可比拟的教育价值。

以上就是我们构建大学"金课体系"框架设计的基本理论求索,其在结构上既包括"初阶—中阶—高阶"的课程难度划分,又具有"基础—通识—专业"的课程类型区分。但需要说明的是,"金课体系"框架设计的核心在于"提升质量",其落脚点在于"师生发展",灵魂在于"制度创新"。即"金课体系"框架设计的落地生根必须借助于系统的制度变革方有实现的可能性。

第三节　大学"金课体系"的制度创新

大学"金课体系"的制度变革并非局部领域的修修补补,我们必须按照分门别类、统筹推进、引领未来的基本原则进行制度层面的调整与创新。总体而言,我们需要在技术取向、实践取向、沟通取向以及解放取向的课程实施理念引导下进行相应的制度变革,从而为创建一流本科教育提供理论支持与制度保障。

一　技术取向:"金课体系"制度创新的技术改进

课程制度创新的技术取向主要是对现行的课程管理制度进行技术层面的改进,使得"金课"成为广大师生的理性选择。当前我国基本采用的是学年学分制,且主要以学习量作为计算课程学分的主要依据。一般来说,16 课时对应 1 个学分。无论是必修课程还是选修课程,学生"出工不出力"的学习怪相就在所难免,考试过关即可万事大吉,具有学业挑战度的课程对许多学生而言没有吸引力,甚至不少学生为了获得较高的绩点、争取奖学金等而对难度较大的课程避而远之。由此,我们可以引入课程难度系数,将初阶课程的难度系数赋值为 $P1 = 0.5$,将中阶课程的难度系数赋值为 $P2 = 1.0$,将高阶课程的难度系数赋值为 $P3 = 2.0$。举例说明:A、B、C 三名同学分别修读初阶课程、中阶课程、高阶课程,同样为了拿到 2 个学分,A 学生需要修读 4 门 16 课时的初阶课程(折算

64课时)、B学生需要修读2门16课时的中阶课程(折算32课时)、C学生只需要1门16课时的高阶课程(折算16课时)。较为理性的学生就会根据自己的接受能力倾向于选择中阶课程乃至高阶课程。到那时,我们的学生不是在课堂上,就是泡在图书馆查阅资料、实验室观察结果抑或田野现场展开调查工作。与此同时,教师的教学工作量也根据课程挑战度进行相应的技术改进。一般而言,教师讲授1门16课时的课程最低折合教学工作量为96小时,并根据修读课程人数乘以相应系数。我们也可以发挥课程难度系数的杠杆作用,激发教师开设中阶课程、高阶课程的热情。比如,A、B、C三位教师分别讲授初阶课程、中阶课程、高阶课程,为了达到384个教学工作量,A教师需要讲授4门1学分16课时的初阶课程(折算64课时)、B教师需要讲授2门2学分16课时的中阶课程(折算32课时)、C教师只需要讲授1门2学分16课时的高阶课程(折算16课时)。同理,理性教师就会根据自己的教学学术水平倾向于开设中阶课程乃至高阶课程。

二 实践取向:"金课体系"制度创新的实践调适

课程制度创新的实践取向是指任何课程制度设计都必须接受实践检验,根据不同的实践场景进行因地制宜、因校制宜、因时制宜、因课制宜。第一,合理运用难度系数杠杆。学校在引入课程难度系数之时,不宜在全校各类专业、各门课程上大面积推广,可以首先在全校选修课程上进行课程改革实验,引导师生理性选择中阶课程、高阶课程,待改革经验成熟方可逐步推开。第二,灵活使用学分抵扣原则。为鼓励学生参加社会实践项目、参与科研创新项目以及开展创新创业活动等,学校可以根据具体情况针对学生群体拟定相应的学分抵扣细则。[①] 推行该课程制度的目的在于,通过迂回策略部分矫正臃肿课程结构所带来的弊病,从而增加课程结构对于学生的适应性与可选择性,同时赋予学生更多发展的可能性。第三,推行教改项目等值行动。当前"重科研而轻教学"成为许多高校的普遍现象,这是大部分教师在权衡二者关系之后所出的一

---

① 解德渤:《大学创新教学的实践误区及反思》,《中国大学教学》2018年第8期,第70—74页。

种策略性选择。反过来，这种个体选择又衍化为一种集体行动，进一步强化了科研至上的观念，而人才培养这一大学根本使命在具体实践中有相对被冷落的诸多事例。因此，我们可以推行教改项目等值行动，如学校一般教改项目相当于省部级课题、重点教改项目相当于国家级课题，且同等条件下在职称晋升、绩效评价、评优选先等方面享有优先权。第四，制定课程进阶评估标准。学校可以根据实际情况设定相应的课程难度系数及其对应的基本要求，以此为核心出台课程进阶评估标准。达到相应的课程建设标准即可实现课程进阶，达不到相应的课程建设标准将面临课程退阶的风险。至于课程进阶标准由谁来制定、确定哪些进阶标准、由谁来评估课程进阶等问题，必须在沟通基础上进行协商。

三 沟通取向："金课体系"制度创新的主体沟通

课程制度创新的沟通取向倡导变革重心理应由关注客体转向更为关注主体，管理者与任课教师、教师与教师、教师与学生、学生与学生之间的沟通与交往才是推进课程制度创新、释放制度善性的根本所在。易言之，当前大学课程教学中所面临的种种问题并不能单纯依靠技术层面的变革或实践层面的调适而毕其功于一役，更应该从主体发展的立场上、从制度善性的视角下思考并设计相应的课程制度，以支撑"金课体系"的整体搭建与逐步完善。第一，重新思考教师发展中心的定位与职能。教师发展中心理应在管理者与任课教师相互沟通的前提下为促进教师发展提供相应服务，绝不是强制要求教师参加他们所设定的繁杂培训活动，否则蔓延的抵触情绪将会极大阻滞教师开展课程教学改革的热情。第二，重建教研组。将集体备课、相互摩课、讲课评课作为一种常态化的制度安排，促进教师之间的良性互动、智慧碰撞，继而为精品教材的涌现提供组织氛围，为"金课"涌现提供知识载体。第三，推行"office hours"制度。这就从制度层面大大拓展了课堂教学的时空概念，促进了教师与学生之间的互动交流，从而为打造"金课"提供了情感支持。第四，完善对话式教学机制。"课程是乐曲，教学是歌。这首歌是教师、学生、学科知识与日常生活的四重唱。教学因而是一种关系存在与对话实践。"[1]

---

[1] 张华：《研究性教学论》，华东师范大学出版社2010年版，第61页。

从这个意义上说,"金课"必须为师生交往、生生互动提供一个真诚沟通与理性对话的平台,这正是完善对话式教学机制的情感取向与认知尺度。

四 解放取向:"金课体系"制度创新的价值复归

课程制度创新的解放取向是对沟通取向的一种升华,是在反思批判制度本身的基础上,通过课程改革实践赋予广大师生解放与自我解放的动力。这正是课程治理视域下打造"金课体系"的基本价值坚守,也是课程制度变革取得重大突破的希望所在。毫不讳言,被制度绑架的教师、被制度绑缚的学生所作出的种种努力很可能是在制度约束条件下"失去灵魂的卓越",而并非发自肺腑地教与学。因此,如何解除教师的后顾之忧、如何释放学生的发展潜能,恰恰是当前课程治理亟待解答的现实问题。第一,实现信息技术与课堂教学的深度融合,通过翻转课堂的方式将教师从繁杂的知识讲解中解放出来,[①] 让教师的教学工作富有挑战性,从而散发教学工作所独有的魅力。第二,在教师绩效考评、职称晋升等方面遵循弹性折算原则。当前的考核制度将教师想象为"全能型选手",即同时满足教学工作、论文发表、课题申请、社会服务、组织管理与国际化等多个维度的指标要求。这种"坏制度"极大地增加了教师疲于应付的制度成本,更致命的是造成大部分教师的平庸。倘若学校结合实际情况在保障教学工作有效运转的前提下,推行教师工作弹性折算制度,这很可能可以让每个教师充分挖掘并发挥自己的专长。第三,审慎设计淘汰制度、改进学生考评方式,倒逼"金课"建设进程。目前不少大学在学生学业管理方面缺乏足够的监督机制,从而教师不敢也不愿为难学生,由此许多学生就会形成一种"努力与否都会过关"的结果预期,进而学生丧失学习热情。唯有从根本上彻底解决这一痼疾,教师才会有底气、学生才会有敬畏,否则师生都会在非正义制度的役使下丧失自我,"金课"建设就会大打折扣。

综上所述,建设中国"金课"是提升高等教育质量的基础工程,建设中国"金课体系"则是从课程治理视角让更多"金课"涌现出来的整

---

① 解德渤、王洪才:《"慕课"对我国高等教育的挑战》,《江苏高教》2015年第3期,第71—74页。

体制度设计。我们需要在技术取向、实践取向、沟通取向以及解放取向的课程变革理念引导下对"金课体系"进行制度层面的调整与创新，从而为创建一流本科教育提供理论支持与制度保障，将学科建设优势转化为育人优势，将学科建设成效转化为人才培养成效。

第十三章

中国大学学科建设的育人逻辑及其实现

——以研究性教学为考察中心[①]

在"双一流"政策持续推进过程中,我们认识到"一流大学"与"一流学科"如同万众瞩目的"双子塔",它们都离不开作为框架结构而存在的"一流教学"与"一流科研"。如何将学科建设优势转化为人才培养优势,这是我们必须思考的现实问题,即学科建设背后有一个育人逻辑,此时就需要通过"一流教学"方可实现。那么,什么是"一流教学",什么又不是"一流教学","一流教学"应该是什么样子?这一系列问题恐怕很难有一个清晰的答案。基本达成共识的是,"一流教学"不是一个固定目标,也没有一个统一标准,其背后透露出的是人们对先进教学理念的坚持与卓越教学质量的追求。从理论上说,研究性教学将教学与研究有机结合起来,告别了传统意义上"非研究"教学,在促进人才培养、推动教师发展以及提升教学质量等诸多方面表现出传统教学方式无法比拟的优越性,因而受到学术界与实践界的青睐,成为"一流教学"建设的重要抓手。但实际上,学术界对研究性教学的认识分歧较大,实践界在这方面的有效探索经验较为零散,使得研究性教学备受争议。有学者提出,研究性教学是"一流理念,二流效果",应采取"寓教于研"的方式,并以传播确定性知识为导向开展教学设计。[②] 也有学者认

[①] 此部分以"研究性教学的理念诠释、实践模式与制度供给"为题发表在《中国高等教育评论》2024年第1期,收录在本书时略有删改。

[②] 周序、张祯祯:《我们需要什么样的研究性教学?——关于"一流教学"建设的思考》,《吉首大学学报》(社会科学版)2018年第6期,第131—137页。

为,研究性教学是"一流理念,一流效果",应采取"寓研于教"的方式,破除知识确定性的迷思,坚持以知识与能力为导向的教学设计。[①] 这两种观点可谓针锋相对,在研究性教学的现实研判与理念诠释上大相径庭,都拘泥于教学设计而回避了至关重要的实践模式与制度供给问题,故有必要予以澄清、深入探讨。

第一节 当前研究性教学"既不叫好也不叫座"

"叫好"与"叫座"的说法常见于影视作品和舞台表演领域。"叫好与否"大多是由专业人士作出的品质判断,通常以"口碑"来反映作品的艺术价值。"叫座与否"主要展现作品对观众的吸引力,往往用"票房"来反映其商业价值。一部文艺作品的评价无外乎"叫好又叫座""叫好不叫座""不叫好却叫座"以及"既不叫好也不叫座"四种情形。对大学课程教学的评价也大抵如此,目前针对研究性教学出现了"叫好不叫座"与"叫好又叫座"两种声音,我们需要在明晰两种观点阐述理由的基础上,追问研究性教学应该由谁"叫好"、由谁"叫座",即教学理念的评判权与实践效果的评判权究竟掌握在谁的手中。这个问题搞清楚了,我们就会从理念、实践与制度的综合视角得出研究性教学"既不叫好也不叫座"的结论。第三种声音听起来有些逆耳,但它破除了当前人们对研究性教学的各种想象,更加符合实际情况。

一 关于研究性教学的两种声音

第一种声音是,研究性教学"叫好不叫座"。关于"叫好",人们给出的理由主要有两条:其一,颇为认可研究性教学所蕴含的自主探究、主动建构、学生中心等理念的先进性;其二,充分肯定研究性教学在培养学生主动学习习惯、锻炼学生创新思维与实践能力等方面的独特价

[①] 王超:《"一流教学"建设中研究性教学的思考》,《贵州师范大学学报》(社会科学版) 2022 年第 2 期,第 61—71 页。

值。① 与"非研究性教学"相比，研究性教学的理念先进性、价值优越性得以凸显。关于"不叫座"一说，有学者聚焦于"错误的实施方式"与"不佳的实施效果"两个要点予以论述：从实施方式来说，当前研究性教学大多是让学生参与科研活动，致使学生在知识层面的获得感不强，从而对研究性教学表达出不满情绪。从实施效果来说，当前研究性教学只是在个别学校有一些成功案例，尚未得到有效推广，更未取得普遍成功，是故难以承载起建设"一流教学"的希望。② 这种观点对研究性教学实施方式多样形态的认识不够全面，毕竟研究性教学并不只是"让学生参与科研活动"。这种观点对研究性教学实施效果评判标准的把握有些模糊，超过多大比例才算普遍成功？这种观点将研究性教学叫座率较低归咎于"难以满足学生对确定知识的需求"，似乎在用传统教学之长来苛责研究性教学之短。虽说研究性教学"不叫座"的结论符合大多数人的心理预判，但上述对"不叫座"原因的剖析似乎不得要领。

第二种声音是，研究性教学"叫好又叫座"。③ "叫好"的理由除上述理念的先进性、价值的优越性之外，增加一条"政策合法性"——2005 年教育部提出"积极推动研究性教学"的改革建议，即教育管理部门也在为研究性教学"叫好"。关于"叫座"一说给出的证据主要包括两个：第一，研究性教学得到世界范围内的广泛认可，特别是研究型大学培养了大批社会精英，故实施效果称得上"一流"。这个证据的漏洞在于，研究型大学培养的大批人才是不是受益于研究性教学？很明显，它们之间并非因果关系，只是存在一定的相关性而已，所以这个证据很难站住脚。第二，清华大学、北京大学、浙江大学、中国人民大学和华中科技大学等高校全面推行研究性教学，个别教师也开展了有益尝试、取得了不错效果。这个证据的问题在于，几所研究型大学的成功案例能够代表不同类型高校研究性教学的改革成效吗？只有少数研究型大学"叫

---

① 姚利民、史曼莉：《大学研究性教学的必要性与可行性》，《湖南师范大学教育科学学报》2008 年第 6 期，第 62—65 页。
② 周序、张祯祯：《我们需要什么样的研究性教学？——关于"一流教学"建设的思考》，《吉首大学学报》（社会科学版）2018 年第 6 期，第 131—137 页。
③ 王超：《"一流教学"建设中研究性教学的思考》，《贵州师范大学学报》（社会科学版）2022 年第 2 期，第 61—71 页。

座",能称之为"一流效果"吗?除研究型大学之外,地方本科院校与高职高专院校研究性教学的"一流效果"有无证据支持?值得玩味的是,"叫座"与"不叫座"两种相互矛盾的结论竟然都是由"个别成功案例"这一相同证据推导出来的。研究性教学的实施效果究竟如何,恐怕不能笼统来说,也很难完全说清楚。

二 应该由谁"叫好",应该由谁"叫座"

基于上述分析,目前为研究性教学"叫好"的主要是教育管理部门、研究型大学、专家学者以及个别教师,不容忽视的还有学生群体。研究性教学理念究竟好不好?固然,这些主体都有一定的发言权,但最终评判权掌握在广大师生手中,他们作为教学共同体而相倚存在。其中,教师对"好"的教学理念具有鉴别能力,学生对"好"的教学理念具有直观体验。扪心自问,广大教师是否在为研究性教学"叫好",广大学生是否在为研究性教学"叫好"?

坦率地说,研究性教学理念并不会自动地转化为教师的教学认知能力,也难以被灌输进学生头脑之中,他们对美好的教学实践或活动都有着不同的期许。个别教师的探索经验不能说明教师群体的教学意志已发生转移,部分学生的科研成绩也不能表征学生群体的学业成就已得到提升。只有当广大教师发自肺腑地认同研究性教学、热情洋溢地开展研究性教学、辗转反侧地反思研究性教学之时,只有当广大学生充分认可、积极投入并从研究性教学中获得成长之时,研究性教学理念的科学性才会同数学公理一般不证自明。否则,即便理念再先进、价值再优越、政策再合法,如果师生群体认为理念诠释得不够清晰、实践模式不具可操作性、制度供给跟不上,那么研究性教学无异于"海市蜃楼"而不被看好。

2016年,《中国高等教育质量报告》提出,"现实中高校仍普遍以教师为中心进行知识传授,学生的个性化多样化需求被压抑"。2017年,《中国本科教育质量报告》提出,"课堂教学的'单声道'现象还未得到根本扭转"。2018年,《全国普通高校本科教育教学质量报告》指出,"人才培养中心地位未完全落实,教学模式创新性不足,学习过程管理总体不严格"。2020年,《全国普通高校本科教育教学质量报告》建议,

"积极建构以学生成长为中心的人才培养体系"。这些沉甸甸的"国家报告"反映出，本科教学改革任重道远，教师中心、课堂中心、知识中心的传统教学观念依然盛行，广大师生"用脚投票"，对研究性教学表达"不叫好"的态度。

研究性教学实践效果究竟好不好，最终评判权掌握在学生手中。由于学生是研究性教学的核心参与者与根本受益者，他们对"好"的教学实践具有直接体验，因而最具发言权。这里的"学生"包括各类高校中的专科生、本科生和研究生，而不只是研究型大学中的学生。当绝大部分学生乐意选择那些采用研究性教学的课程、在教学过程中全身心地投入自己的时间和精力、对研究性教学整体效果持有积极评价之时，研究性教学实践的有效性方可得以显示。即研究性教学的实践效果主要通过学生选择、学生参与、学生体验、学生收获和学生发展等指标综合反映出来，这有赖于长时间、大规模的学情调查，才能得出相对可靠的结论。

有学者对 9 个省份 21 所高校进行调研发现："科教融合改革开展得轰轰烈烈而实效性极为有限。其实这种现象具有一定普遍性，许多先进的教改理念在学生中并不受待见。"[①] 为什么呢？当前的教学改革大多基于"改革者立场"，而很少考虑"学生立场"，也不太关注"教师立场"。我们知道，课堂教学需要严格遵循学校的教学纪律，倘若教师为激发学生的参与热情，没有在指定教室上课，而是在树荫下、草地上或小湖边上课，一场教学事故恐怕在所难免。类似的例子还有很多，如果高校无法为教师进行"制度松绑"，所谓的研究性教学对教师又有多少吸引力？如果不是教师掌握着评价学生的"生杀大权"，又有多少学生心甘情愿配合教师"表演"？不客气地说，如果教师对教学改革没有热情、学生不积极参与或消极应付，那么任何教学改革都将是徒劳。

三 模糊的理念、迷茫的实践与失配的制度

毫无疑问，研究性教学契合了教学与科研相统一的原则，但为何会落入"既不叫好也不叫座"的尴尬境地？有意思的是，当谈及研究性教

---

① 周光礼、黄露：《为什么学生不欢迎先进的教学理念：基于科教融合改革的实证研究》，《高等工程教育研究》2016 年第 2 期，第 48—56 页。

学理念的时候，似乎人人都明白其含义，但深究起来，大家所理解的又不是同一个东西。另外，许多教师对研究性教学的具体操作都存有不少困惑，比如哪些学科或课程适用研究性教学，研究性教学的具体操作思路是什么，如何进行研究性教学的具体设计，如何激发学生对研究性教学的兴趣，以及如何对研究性教学效果进行有效评估等。这些问题都不太明朗，大多数教师对研究性教学的探索仍处于"迷茫实践"的阶段，内在折射出理念模糊问题，外在映射出制度失配问题。

当前，"科研挂帅"与"非升即走"的观念甚嚣尘上，科研成果与个人的职称晋升、工资待遇以及地位荣誉等密切挂钩，似乎科研才是"自留地"，而教学沦为"公地悲剧"。这样的话，教师在科研时间与教学时间上的分配差别显而易见，又怎么指望他们在研究性教学上有多大建树呢？教研室基层教学组织的式微，使得"集体教研"这一优良传统几近消失。传统教学方式的合法性基础尚未瓦解，研究性教学的制度性基础尚未建立，这使得"一讲到底"的教学惯习被延续、被默许。不少高校以课堂人数确定教时系数进行教学工作量核算，这种把知识传播效率作为研究性教学的评判标准合适吗？这些制度都在有意无意地塑造着教师的群体认知与"理性选择"——采用传统教学方式。如果哪位教师贸然采用研究性教学，势必会增加自己的教学负担，也会增加学生的学业负担，就会招致"劣币驱逐良币"的后果。

站在学生立场上来看，他们不为研究性教学"埋单"的理由也值得改革者深思：第一，学生对学习价值的迷茫乃至怀疑，让他们对无论何种形式的课堂与课外学习都提不起兴趣，研究性教学自然也无法幸免，哪怕它在理念上具备传统教学方式所不及的特殊价值；第二，教学改革是一项直接关乎教学内容、教学方式、教学评价以及教学制度等多维度、系统性的改革工程。如果教材建设的高质量诉求无法得到满足，如果教师"满堂灌"的教学惯习无法彻底扭转，如果传统的纸笔考试无法作出适应性调整，如果不合时宜的教学管理制度无法予以修正，那么研究性教学就依然难以获得学生支持；第三，现行的本科课程体系有些臃肿，诸多制度难点尚未解决。有调查显示，我国本科毕业平均需要修读166学分、约 55 门课程、2600 多课时。① 许多本科生都疲于应付，出现"不是在上课，就是在上课路上"的现象。② 很多本科课程的班级规模较大，而大班制又难以保障良好的教学效果。一度流行的助教制度在今天走向异化，在班级授课中发挥作用有限。不少高校人才培养方案中的实践教学环节都处于"悬置"或虚假状态。这些都是不容回避的制度难点，若在这种制度环境下全面推行研究性教学，也不过是浅层、低阶的研究性教学。

坦率地说，"叫好又叫座"是人们对研究性教学的一种理想追求而绝非现实，"叫好不叫座"不过是我们对研究性教学在理念之维的一种臆念而非真实，"既不叫好也不叫座"才是当前研究性教学的真实写照，因为最具评判权的教师与学生"不叫好"，最具发言权的学生"不叫座"。深入来说，我们对研究性教学缺乏明确的理念诠释，也缺少清晰的实践思路，更缺少适宜的制度条件，即模糊的理念、迷茫的实践、失配的制度是研究性教学落入"既不叫好也不叫座"尴尬处境的原因所在。

第二节 研究性教学理念诠释的三重视角

研究性教学蕴含着科教融合的先进理念，从而与传统的不具研究性质的教学划清界限。研究性教学包含"基于研究的教学""在研究中的教学"与"指向研究的教学"三种理解，即教师与学生可根据实际情况采取"教学学术"或"寓教于研"抑或"寓研于教"的方式，也可借助不同方式的灵动组合，以实现"教"与"研"的结合、"教"与"学"的融合。其中"教学学术"是以研究的方式指导教学，"寓教于研"是寄托教学于研究之中，"寓研于教"是寄托研究于教学之中，三重视角共同构成了研究性教学色彩斑斓的理念图景。

一 教学学术：一种基于研究的教学

研究性教学理念的第一重理解是"基于研究的教学"，此语境下的研

---

① 张忠华：《关于大学课程设置的三个问题》，《大学教育科学》2011 年第 6 期，第 30—34 页。
② 解德渤：《大学创新教学的实践误区及反思》，《中国大学教学》2018 年第 8 期，第 70—74 页。

究为教学提供了学术底色与实践前提，这是"教学学术"在研究性教学中的表达方式。1990年，美国欧内斯特·博耶在《学术水平的反思》一书中拓展了"学术"的概念疆域，学术在知识层面不仅意味着探究知识、应用知识和整合知识，而且意味着传播知识，从而产生了"探究学术""应用学术""整合学术"以及"教学学术"的多维学术观。[1] 其中"教学学术"这一理念在他和舒尔曼等的推动下，时至今日在世界范围内具有广泛而深刻的影响。如何理解"教学学术"？博耶本人并未给出明确答案，但我们可以触摸到"教学学术"的理念精髓。它既不完全是研究也不完全是教学，既不是传统意义上的研究也不是传统意义上的教学："强调其研究的属性，是为了将大学教学变成一个学术领域，且通过研究和实践，将大学教学变成专业性工作。"[2] 教学学术的第一步是"研究"，从而它是关于如何有效传播知识的学术活动；教学学术的第二步是"教学"，从而它又是基于研究而促进知识有效传播的教学活动，是教学与研究的特殊组合方式。由此而言，"基于研究的教学"是研究性教学理念最重要的理解方式，即"无研究，不教学"应成为大学教学的新常识。

问题的关键在于，"基于研究的教学"中的"基于研究"如何理解？目前流行的看法是，基于教师自身的学术成果，这种理解比较普遍但未免有些狭隘，与教学学术理念有较大出入。我们可以从三个层面进行系统解读：其一是"基于（教师）研究成果的教学"，教师关注的对象是教师自身，关注的焦点是教师对自身研究成果的教学转化或教师对课程内容、教学设计、教学方法等方面的研究；其二是"基于（学生）研究经历的教学"，教师关注的对象是学生，关注的焦点是学生对作为类似于"先行组织者"而存在的相关材料的理解程度或相关问题的思考与探索程度；其三是"基于（师生）研究锚点的教学"，教师关注的对象是具有主体间性的师生共同体，关注的焦点是教师与学生在知识传播内容上共同确定的问题或主题，这是师生建构式教学的固定点所在，与建构主义的

---

[1] ［美］欧内斯特·L.博耶：《关于美国教育改革的演讲》，涂艳国、方彤译，教育科学出版社2003年版，第74—78页。

[2] 庞海芍、曾妮、高琪：《推进大学教学学术，改革教师评价体系——"2020中国教与学学术国际会议"综述》，《高教发展与评估》2021年第3期，第20—26页。

"抛锚式教学"有异曲同工之妙。"基于研究的教学"的三层理解恰恰契合了教学学术的发展走向——从"关注教师教学"到"关注学生学习"与"关注师生实践共同体"。

二 寓教于研：一种在研究中的教学

研究性教学理念的第二重理解是"在研究中的教学"，此语境下的研究为教学提供了活动场景与运作程序，即"寓教于研"也是研究性教学的重要操作方式。该理念可以追溯到德国洪堡"由科学达至修养"的大学教学价值取向，"科学"是教育的手段，"修养"是教育的目标。在洪堡那里，大学是高等学术机构、学术机构的巅峰，"它总是把科学当作一个没有完全解决的难题来看待，它因此也总是处于研究探索之中"，① 从事科学研究的师生均可称"学者"，他们都是因科学而共处。只不过，洪堡心目中的"科学"是包含精神科学与自然科学在内的"纯科学"，而将实用技术排除在外，我们今天对"科学"的理解更加丰富。洪堡把所要培养的"有修养的人"称为"完人"。② 这种认识并未像今人这般沉湎于知识与能力的二元框架，而是着眼于更具教益价值的"修养"层面，这就触及了高等教育的本质。为什么由科学可以达至修养？北京大学陈洪捷教授对此作出解读："科学不是一种客观的、经验的存在，而是真理、道德乃至神性的统一，是一种价值的存在，所以从事科学不仅是致知，同时也意味着体验，让科学'出乎其心、入乎其内'。正是在这种意义上，科学才具有修养身心、变化行为甚至示范生活方式的作用。"③ 如何由科学而达至修养？洪堡提倡采用研讨班（Seminar）和实验室教学，如今"寓教于研"的教学思路已经被人们广为接受。

需要明确的是，"在研究中的教学"究竟是在谁的研究之中？我们可以发现三种情形：其一是"在教师研究中的教学"，此时教师在整体上发

---

① ［德］洪堡：《论柏林高等学术机构的内部和外部组织》，陈洪捷译，《高等教育论坛》1987年第1期，第93—95页。
② 熊华军：《洪堡的大学教学价值取向：由科学达至修养》，《大学·研究与评价》2008年第1期，第39—44页。
③ 陈洪捷：《德国古典大学观及其对中国大学的影响》，北京大学出版社2002年版，第73—74页。

挥主导作用，学生处于从属地位。目前不少高校推动本科生教育改革中就有"早进课题、早进实验室、早进研究团队"的举措，不过这项举措针对的是少数优秀本科生。相比之下，研究生加入导师的课题组开展相关研究就比较普遍了；其二是"在学生研究中的教学"，此时学生在整体上处于中心地位，指导教师扮演着学生学习"促进者"的角色。2007年，教育部发布《关于实施高等学校本科教学质量与教学改革工程的意见》，首次提出"实施大学生创新性实验计划"的改革举措，至2012年，该计划发展为"大学生创新创业训练计划"。自此，本科生科研训练项目迅速在高校铺展开来；[1] 其三是"在师生研究中的教学"，这主要体现在生成式教学或建构式教学的正式活动之中，面向的是全体学生。此时的教师与学生在知识海洋里处于一种"共游"状态，研究主题是师生在特定教学情境下自然浮现出来而非教师预设的。在沉浸式的研究场景中，学生能够真正接触到求知过程、提升自己的科研能力，并有可能达到德润身心、修己达人的境界。

三 寓研于教：一种指向研究的教学

研究性教学理念的第三重理解是"指向研究的教学"，此语境下的研究为教学提供了重要靶向与实践增长点，这是"寓研于教"在研究性教学中的呈现方式，此时的教学是作为研究的重要手段而存在的。其中暗含两个假设：一个是学生必须具备独立思考的习惯、质疑批判的能力与积极探究的愿望，"如果学生不能与教师一样进行独立的研究和思考，不对教师的教学提出疑问、展开批判，那么教学作为促进研究的手段就无法成立"[2]。另一个是教师必须敢于正视教学恐惧、具备承认无知的勇气以及具有发自内心的改变。如果教师不能对学生的提问给予积极且有效的回应，不能激发自己和学生主动探究的热情，那么这样的教学也不过是失去灵魂的教学。我们可以想象并对比如下两个教学场景：第一幅画

---

[1] 施林淼、刘贵松：《我国研究型大学教学科研融合的方式、问题及对策——以清华大学等6所高校发布的本科教学质量报告为例》，《中国高教研究》2015年第3期，第31—35页。

[2] 胡建华、王建华、王全林等：《大学制度改革论》，南京师范大学出版社2006年版，第225页。

面是，教师在讲台上对照着 PPT 讲课，学生在下面听课，偶尔记记笔记或拿出手机拍拍课件，下课后教师与学生都毫无压力，考试前一周学生背一背重点即可过关；第二幅画面是，课堂氛围活跃，学生敢于质疑，教师被问得"面红耳赤"，但教师不会为维护自己的尊严与权威而对学生进行无端压制，或者浮皮潦草掩盖过去，抑或振振有词地东拉西扯，而是课下积极思考并鼓励学生查阅相关资料，课程考核方式是提交一份高质量的研究报告。两幅画面反映的是教学文化的差异——"沉默"还是"碰撞"，后一种情形是"寓研于教"的方式，更能导引出师生的研究热情，甚至做出相当卓越的研究成果。

需要澄清的是，"指向研究的教学"究竟是指向谁的研究？我们可以解析出三种情况：其一是"指向教师研究的教学"，此时的教师在课堂上面对学生的质疑和批判，敢于直面真诚的心灵，能够回应的问题则积极发挥教学智慧，不能回应的问题则敢于承认自己无知，向学生承诺"我思考成熟后给你答复"。课后教师围绕棘手难题展开研究，甚至从中提炼有价值的议题并发表相关的教学科研成果；其二是"指向学生研究的教学"，此时的教师在课堂上向学生抛出一个接一个的问号，有些问题能够当场解决，有些问题则难有定论，教师针对那些悬而未决的问题让学生以独自或小组形式完成相应的研究任务。学生需要查阅大量资料、开展实地调查、撰写研究报告、准备研究汇报，为此可能需要在图书馆通宵达旦；其三是"指向师生研究的教学"，此时的教师与学生基于课上产生的困惑，课下各自展开探索，最后共同研讨而破解困惑，甚至有发表集体研究成果或组团发表多篇成果的可能性。在研究任务导向的教学活动中，教师多了一些勇气、少了一些恐惧，学生多了几分拼搏、少了几分懒散，当前的教育教学改革迫切需要的恰恰就是这种形态的研究性教学。

整体而言，"基于研究的教学"将研究作为教学的前置条件，即在"教学学术"理念指导下的研究性教学可以大力扭转传统教学的实践惯习；"在研究中的教学"将研究作为教学的实施手段，即在"寓教于研"理念指导下的研究性教学可以有效拓展传统教学的策略空间；"指向研究的教学"将研究作为教学的目标导向，即在"寓研于教"理念指导下的研究性教学可以适当转变传统教学的沉默文化。

第三节 研究性教学实践模式的多样形态

之所以研究性教学能够将"教学"与"研究"结合起来,其结合点在于知识逻辑的通融性。但研究性教学时常面临传递理论性知识还是实践性知识的分歧,也会出现传递验证性知识还是探索性知识的争议,即"研究性教学存在知识选择的两难境地"。[①] 然而,它们之间并不存在根本性矛盾,两两结合可以形成研究性教学实践的基本模式,并衍生出多样形态。

一 研究性教学实践的知识选择

就内在属性而言,知识可以划分为理论性知识和实践性知识两种形态。理论性知识推崇"理性",其来源主要是严密的逻辑推理或长期的实践检验,往往具有普遍意义,构成人类或个体知识结构中的共性部分。实践性知识推崇"经验",其来源是感官经验的积累,往往具有实践情境,构成人类或个体知识结构中的个性部分。两种知识观折射出理性主义者与经验主义者长期以来的纷争,但这种对峙在教育教学情境中并非水火不容,因为教师在知识传播过程中不可能只强调逻辑推演或实际经验。即研究性教学实践中基于知识属性的选择问题不是泾渭分明的,既可以传递理论性知识也可以播撒实践性知识。

从传递结果来看,知识总体上包括验证性知识和探究性知识两种情形。课程内容中大部分知识是确定性知识,对教师来说是已知的,对学生来说是未知的,这时候无论采用何种探究方式,最终知识传递的结果是学生认识较为清晰且趋于一致,我们把这类知识称为"验证性知识"。当然,课程内容中也有一部分知识虽是确定性知识,但由于认识条件的变化使其成为师生的知识盲区,或者这部分知识尚属不确定性知识,最终知识传递的结果是学生认识较为模糊且趋于多元,我们把这类知识称为"探究性知识"。研究性教学实践中基于知识结果的选择问题不是非此

[①] 黄路遥:《从放逐到回归:研究性教学"知识回归"立场之辨析》,《江苏高教》2022年第2期,第93—100页。

即彼的，既可以传递验证性知识也可以生成探索性知识。

二 研究性教学实践的基本模式

知识的内在属性构成了研究性教学实践模式的横轴，知识的传递结果构成了研究性教学实践模式的纵轴，由此形成一个以"基于问题"为原点的二维象限图，如图13-1所示。第一象限是田野式教学模式，第二象限是研讨式教学模式，第三象限是案例式教学模式，第四象限是实验式教学模式，[①] 研究性教学的四种基本模式具有各自的适用场景与操作思路。

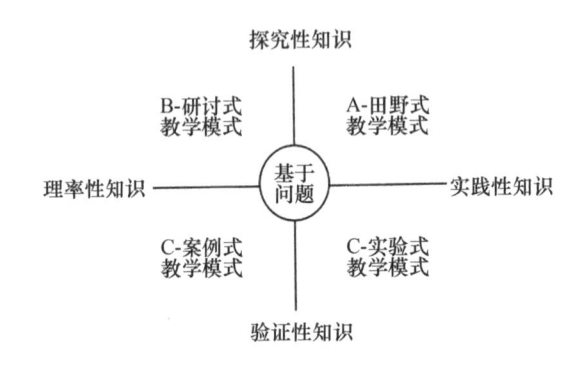

图13-1 研究性教学实践的四种基本模式

田野式教学模式在知识选择上强调的是实践性知识与探究性知识，表现出"田野工作、实地考察和情境学习"等典型特征。[②] 田野式教学大大拓展了教学的可能空间，把"教室"搬到了村落社区、企业工厂、田间地头等各式各样充满教育意义的"田野"之中，突破了原有单纯理论讲授的教学传统，进而将人才培养、科学研究与学术传承融为一体。正因如此，田野式教学在人文社科（如人类学、社会学、民族学、考古学、历史学等）与自然科学（如地理类、海洋类、生物类、测绘类、地质类、

---

① 解德渤、崔桐：《大学课堂革命何以可能——研究性教学的旨趣、实践及其挑战》，《重庆高教研究》2020年第3期，第56—66页。
② 唐魁玉、邵力：《文化人类学视阈中的田野教学》，《黑龙江教育学院学报》2006年第1期，第57—58页。

矿业类、农林类等）的诸多专业中都有着广泛应用价值。有学者专门探讨了巴黎高等师范学校社会科学系所开设的一门课程《田野实习》是如何开展研究性教学的：这门实践课程是为期5天的小班制课程，学生人数控制在10—15人，他们是来自各个专业的一年级新生，由3—4名具备丰富田野研究与教学经验的教师给予即时性、个性化指导，整体操作思路是"田野调查—整理资料—集体讨论"。[①] 厦门大学教育研究院在博士生培养环节中有一个别具特色的优良传统——"游学"，通常在博士一年级下学期到一所高校开展为期7天的田野调查，这也是典型的田野式教学。不容回避的是，田野式教学更适用小班课而非大班课，更适合实践课而非理论课，需要一段完整时间、需要师生全身心投入、需要经费保障等，诸多优势与限制使得田野式教学弥足珍贵。

研讨式教学在知识选择上强调的是理论性知识与探究性知识，在教学形式上表现出个体研究与集体讨论相结合的特点，在教学过程中体现出延展发散与聚焦升华相衔接的特点，在教学结果上呈现教研共进与教学相长相统一的特点。研讨式教学的操作思路一般为指导选题—独立探索—小组交流—大班讲评—总结提高的"五步教学法"。[②] 尽管研讨式教学适用于各个专业、各门课程、各种班型，但它的顺利实施也有赖于一些基本条件的成熟，如学生、时间、教师等。研讨式教学最重要的前提是学生具备独立思考、团队合作与学术表达的能力，同时能够占有与研讨主题相关的知识与信息。反之，学生思考不积极、讨论陷入沉默、表达能力欠佳或者资料占有不足等都会成为研讨式教学实施的限制因素。研讨式教学最基本的前提是较为充分的研讨时间。反之，若研讨时间无法保证，那么观点的碰撞、思维的火花就难以产生。当前流行的"翻转课堂"基本是把知识讲授内容在课前完成，而把课堂时间预留给研讨环节。"对分课堂"则是把课堂时间一分为二，前半段用于讲授、后半段用于研讨。这些做法都是通过时间意义的变革为研讨式教学开辟操作空间。

[①] 唐晓菁：《"田野"作为教学方法：以法国"大学校"社科人才培养的研究性教学为例》，《中国高教研究》2020年第11期，第78—84页。

[②] 贺鉴、刘红梅：《论研讨式五步教学法的主要特点》，《贵州师范大学学报》（社会科学版）2006年第3期，第19—23页。

研讨式教学最直接的前提是，教师具备善于倾听的谦逊品格、驾驭课堂的教学智慧以及系统灵动的知识结构。实事求是地说，研讨式教学是研究性教学家族中使用最普遍、应用最广泛的实践模式。

案例式教学在知识选择上强调的是理论性知识与验证性知识。每一个教学案例的选择、编写与使用都带有明确的教学目的，其背后都蕴含着某个原理或理论，让学生置身案例情境之中以深入讨论的方式予以深化、以抽丝剥茧的方式予以洞察。多年之后，学生依然能够从某个教学案例、某段经典故事、某个人物传奇中汲取理论的滋养、获得行动的力量，这便是案例式教学的独特价值。案例式教学的操作思路通常为：课前案例阅读—小组案例讨论—课堂案例研讨，即"以学生为中心、以案例为媒介、以问题为起点、以讨论为手段"，[1] 从而呈现情境教学、广泛研讨以及深度学习等典型特征。我们知道，"1924 年，哈佛大学商学院首开案例教学之风"[2]，该模式在工商管理、法学等专业的人才培养中发挥突出作用，在理工类、医护类、农林类等专业的教学实践中也具有重要应用价值。案例式教学开展的重要前提是拥有丰富、鲜活的教学案例。大连理工大学"中国管理案例共享中心"自 2007 年发展至今，管理案例超过 6500 篇，对推动全国工商管理专业案例教学作出了卓有成效的探索。截至 2023 年 2 月，中国专业学位教学案例中心收录的教学案例也有 4600 余篇，对全国各个专业学位的教学案例编写提供了示范效应。这些信号说明，教学案例库是一座教学资源宝库，日益引起人们的关注与重视。但各个专业如何开发并维护教学案例库，考验着学术共同体的智慧。如何把教学案例资源转化为案例教学效能，考验着教师个体的教学智慧。

实验式教学在知识选择上主要强调的是实践性知识与验证性知识，当然也涉及部分探究性知识。实验式教学涵盖了传统意义上的实验室教学，也包括了类似于实验室教学的虚拟仿真实验与"思想模拟"实验。

---

[1] 张新平、冯晓敏：《专业学位教学案例库建设：内涵、价值与要点》，《现代大学教育》2020 年第 4 期，第 100—104 页。

[2] 陈树文：《哈佛大学商学院案例教学研究》，《大连理工大学学报》（社会科学版）2006 年第 4 期，第 80 页。

实验式教学在教学手段上具有操作性、在教学过程上具有直观性、在教学结果上具有重复性等特点，总体教学思路为：明确实验目的—演示实验规范—具体实验操作—撰写实验报告。实验式教学开展的重要前提就是具备良好的硬件条件。比如，清华大学自动化系统虚拟仿真实验教学中心建立了"连续制造系统虚拟仿真实验教学平台""导航与制导系统仿真实验教学平台""智能交通系统虚拟仿真实验教学平台"等，华中师范大学文科综合实验教学中心建有"教师教育实验平台""文化与传播实验平台""管理与社会实验平台"等。这些实验教学平台都是"科研服务于教学"的典范，为开展研究性教学提供了基础设施。这意味着，实验式教学在理科、工科和医科等专业具有广泛应用的基础，在人文社会科学中也有大展拳脚的可能性与可为性。实验式教学并不局限于实验室或实验中心，在一间普通教室中照样可以模拟出一些真实场景。"1948 年，美国著名经济学家张伯伦（E. H. Chamberlain）在教授经济学课程时，为了更深刻地揭示需求与供给的关系，就曾让学生身临其境地扮演供求双方角色。"① 大家所熟知的"模拟法庭"就是法律专业实践教学的重要方式，"模拟联合国"是学生理解国际规则、拓展国际视野的社团教育活动。相比于实验室教学与虚拟仿真实验教学，模拟实验教学更容易在各门课程中实现。

三 研究性教学实践的形态解析

如上所述，"基于研究的教学"（1）"在研究中的教学"（2）与"指向研究的教学"（3）是研究性教学理念的三重解读。进一步追问，基于谁的研究，在谁的研究中，指向谁的研究？教师（1）还是学生（2）抑或师生共同体（3），是每个问题背后的三种可能答案。"田野式教学"（A）、"研讨式教学"（B）、"案例式教学"（C）、"实验式教学"（D）是研究性教学的四种基本模式。当清晰的教学理念与明朗的教学模式相遇，研究性教学就会衍生出更为多样、可供选择的实践样态，如表 13 - 1 所示。

---

① 王丽梅：《实验式教学模式在人文社会科学教学中的应用》，《黑龙江高教研究》2014 年第 11 期，第 140—142 页。

表 13-1　　　　　　　　研究性教学实践的可能样态

实践模式 理念诠释	A 田野式教学			B 研讨式教学			C 案例式教学			D 实验式教学		
1——基于研究的教学 （研究作为前置条件）	A1			B1			C1			D1		
	A11	A12	A13	B11	B12	B13	C11	C12	C13	D11	D12	D13
2——在研究中的教学 （研究作为实施手段）	A2			B2			C2			D2		
	A21	A22	A23	B21	B22	B23	C21	C22	C23	D21	D22	D23
3——指向研究的教学 （研究作为目标导向）	A3			B3			C3			D3		
	A31	A32	A33	B31	B32	B33	C31	C32	C33	D31	D32	D33

就简单组合方式而言，理念1、理念2、理念3可以与四种基本实践模式分别组合，形成研究性教学的36种实践样态，这是研究性教学实践的"初级版"，每种样态带有研究性教学的某种元素，可以作为研究性教学改革的"第一步"。就复杂组合方式而言，理念1、理念2结合，理念1、理念3结合，理念2、理念3结合，并与四种基本实践模式分别组合，可以形成108种实践样态，这是研究性教学实践的"升级版"，每种样态中的研究性成分越加凸显，可以作为研究性教学改革的"第二步"。就完整组合方式而言，理念1、理念2、理念3结合，并与四种基本实践模式分别组合，也可以形成108种实践样态，这是研究性教学实践的"高级版"，每种样态都是推行深度研究性教学的实践模式，可以作为研究性教学改革的"第三步"。此外，研究性教学的四种基本模式可以独立使用，也可以结合使用。比如，研讨式教学可以与田野式教学、案例式教学、实验式教学分别结合。这表明，研究性教学的实践样态有将近300种，哪怕是只谈完整意义上的实践样态也有108种。尽管这是从理论推导角度予以省察，但它对剖析研究性教学的实践类型、教学深度与改革步骤具有重大意义。研究性教学在实践模式上有类型之分，在教学深度上有程度之别，在改革步骤上有顺序先后。

第四节　研究性教学制度供给的主要思路

固然，研究性教学的实施与推广有赖于教师与学生的意识觉醒与务实行动，教师在综合考虑各种因素的情况下选择适切的教学方式，学生以一种自我负责的态度、挑战自我的精神积极投入学习活动之中。但更重要的是，高校需要在研究性教学的制度层面作出不懈努力，即完善条件性制度、建立本体性制度、健全保障性制度，这样系统性的制度供给对研究性教学的实施与推广才是至关重要的。

一 弹性完善研究性教学的条件性制度

研究性教学不是无条件的，而是有条件的，最起码需要师生较为充分的时间投入。如何让学生从繁多的课程安排中适当解放出来，如何让教师从繁忙的科研工作中适当解放出来？这是制约研究性教学实施的前提条件，我们把与之相关的制度安排暂称为"条件性制度"。

在现行的人才培养框架中，简单地压缩课程数量几乎是不可行的，只能通过弹性完善学分抵扣制度、课程免修（听）制度以及在线课程学分认定制度等，凭此变相减少课程数量。比如，本科生主持并完成"大学生创新创业训练计划"，国家项目可抵扣 6 学分、省级项目可抵扣 4 学分、校级项目可抵扣 2 学分，参与人员可根据实际贡献获得相应的抵扣学分。除了创新创业抵扣学分外，社会实践抵扣学分、"读名著拿学分""运动打卡拿学分"等多样化形式让我们对"课程"的理解更加丰富。如果学生在英语、计算机、体育等公共课程上已经具备良好基础，可参加学校教务处组织的分级考试，考核成绩在 90 分以上的可以申请免修、80 分以上的可以申请免听。丰富的在线课程资源让学生获得了更多的选择机会，打通在线课程学分认定的制度通道，既可以让学生感受到来自名师、"金课"的精神洗礼，又可以提高他们参与研究性教学的热情与品位。教师评价制度在短时间内恐怕无法得到有效缓解，如何解放教师是研究性教学面临的学术评价机制难题。

二 重新调整研究性教学的本体性制度

研究性教学与"非研究性教学"截然不同，在教学管理制度上的诉求也有天壤之别，如果企图用传统教学管理制度来规约、评判研究性教学，那就大错特错，会大大削弱研究性教学的实施效果与推广范围。我们把那些与研究性教学直接相关的管理制度称为"本体性制度"。

在现行教学管理制度框架内，我们需要重新思考并调整课程考试评价制度、助教工作制度、实践教学管理制度、教学工作量认定制度以及教学督导工作制度等，为研究性教学提供直接而有效的制度环境。比如，采取研究性教学的课程必须突破纸笔考试的束缚，尝试更为多元的评价方式（集体或小组成果汇报、提交论文或报告、撰写课程学习心得等），更加强调过程性评价、发展性评价与鼓励性评价；助教工作不再由学生而是青年教师承担，身份不再是"课代表"而是"课程深度参与者"，在课前导引、分组研讨以及课后答疑等方面发挥作用，从而在隐性层面建立起"以老带新"的教研制度；加大实践教学环节的管理力度，切实发挥田野工作、现场教学、实习实训等教学形式的育人成效；破除把班级规模、知识传播效率作为认定教学工作量的主要标准，积极探索从课程挑战度与研究性教学深度的综合系数来确定教学工作量的新办法，课程挑战度分为低阶（1.0）、高阶（2.0），研究性教学深度分为浅层（1.0）、深层（2.0）；教学督导需要摒弃老思维、老眼光，应对研究性教学工作更加包容、理解，督导的重点从"是否教得好"转向"是否学得好""是否研得好"。这些研究性教学的本体性制度都是应该而且能够调整的。

三 积极健全研究性教学的保障性制度

研究性教学还需要获得组织保障、经费保障以及技术保障等，这些都需要以制度形式确立下来并加以完善。如果缺乏相应制度，研究性教学就难以持续推进，我们把这些制度称为"保障性制度"。

在组织保障方面，成立由教师发展中心、教务处、研究生院以及人力资源处等相关部门主要负责人组成的"研究性教学促进委员会"，以此保障各部门在研究性教学的相关事务上各司其职又协同发力。教师发展中心侧重研究性教学的理念与实践方面的教师培训；教务处与研究生院需转变传统观念，注重教学服务而非管理，为师生开展研究性教学提供宽松环境，因为好教师不是管理出来的、好教学不是督导出来的、好学生不是圈养出来的。相信广大教师能坚守教学底线，教务处、研究生院更应该考虑如何营造良好的教学质量文化氛围；人力资源处需跳出科研主导的教师评价思路，以分类评价思路牵引各具优势的教师不断涌现出来，因为教学名师与学术大师是"冒"出来而非评出来的。在经费保障方面，学校应当设立"研究性教学基金"，主要用于支持教师教改项目、学生科研项目、师生田野调查等，积极扭转传统"重申请轻结题"的错误做法，同时用于以"教室革命"为核心的教学场景改造项目等。在技术保障方面，研究性教学的适用场景也包括线上，如何以图、文、声、像等多种形式实现师生之间即时性、沉浸式的交流与互动，这就需要教学技术团队提供专业的服务保障。

当前研究性教学之所以落入"既不叫好也不叫座"的境遇之中，主要是长期以来受到"模糊的理念""迷茫的实践"与"失配的制度"之困扰。当"模糊理念"走向"清晰理念"，当"迷茫实践"走向"明朗实践"，当"失配制度"走向"适配制度"，学校对研究性教学的支持才能从浅层迈向深层，教师对研究性教学的探索才能从个别迈向普遍，学生对研究性教学的态度才能从冷漠迈向热情。如此一来，研究性教学才会真正蔚然成风，才能实现"叫好又叫座"的美好期冀。"一流教学"与"一流科研"才能携手并行、相互成就，"一流学科"的主要图景才能够被完整刻画出来。"一流学科"建设如同一幅"水墨画"，着墨的地方是"一流科研"，留白的地方是"一流教学"，"一流科研"强调的是学术逻辑，"一流教学"强调的育人逻辑，它们都离不开知识逻辑。只有"一流科研"而忽视"一流教学"，这是对学科建设的褊狭理解，注定学科建设之路崎岖不平。"一流教学"的理念注入学科建设实践之中，人才培养、科学研究可以有机统一起来，教育、科技、人才一体化建设可以得以彰显。

第十四章

结语:学科建设逻辑与中国大学未来

《大学》有言:"大学之道,在明明德,在亲民,在止于至善。知止而后有定;定而后能静;静而后能安;安而后能虑;虑而后能得。物有本末,事有终始。知所先后,则近道矣。"中国大学学科建设的"道"是什么呢?大概是全书论述的国家逻辑与自然逻辑。中国大学学科建设的未来变革,也许就是在顺应自然逻辑、坚守国家逻辑的基础上,在制度逻辑、知识逻辑与育人逻辑上作出更多的努力与探索,以助推学科建设理念、主体、内容、思路和范式上的调整或迭代。

一 学科建设理念:从学科本位转向以人为本

学科建设是一项复杂的整体性工程,需要高校各个组织的协调与配合,它也为高校的各项建设工作提供基础,好的学科建设不仅能加快高校学科的繁荣与昌盛,还能促进高校人才培养质量的提高。学科建设是一种全方位的建设活动,不光要面向学科知识的生长要求,更要面向人的发展需求,后者是决定学科发展的关键因素之一,深刻影响着前者的兴衰进程。大学的学科建设是一个永恒的课题,不仅要着眼于当前的学科发展状态,还要考虑未来可能的学科发展方向和社会实践需要。目前我国大学仍聚焦于学科中心的建设,重视学科成长的内外环境建设,这种建设理念既限制了学科的发展路径,也缩小了学科的发展领域,难以打破单一学科的发展局限,突破学科间的围墙,这种建设理念也与现阶段我国的人才培养标准不符,不利于学科建设与专业建设间的协调与互动。我国高校应革新学科建设理念,从以学科为本的建设逐渐转向以人为本的建设。我国高校还应关注学科的伦理建设,在学术共同体中每位学者心中都有一杆"秤",这杆"秤"其实就是学科制度伦理,它于无形之中构建了学科的价值信念、制度规范和行为准则,潜移默化地影响着学者的学术作风和学科立场。

二 学科建设主体:从国家主导转向校院自主

我国大学的学科建设大多以国家政策为导向,采用的是一种"自上而下"的建设模式,这种模式带有一定弊端和局限:学科建设的任务和目标由上层领导确立,经过层层分解和传递,广大基层教师要承担的任务已经"变了味",无法理解学科建设的总体方向和整体布局,只能参照规定按部就班地完成任务。同时,这种建设模式也可能使得任务在传导的过程中被层层加压,基层教师的压力和责任越来越大,进而无法兼顾教学与科研间的平衡,起到适得其反的效果。我国大学的学科建设应该从国家政策主导逐渐转向高校自主自律、院系自觉自发的学科建设。高校是学科知识继承与创新的主要阵地,只有一流的学科才能造就一流的高校,不同的历史积淀与文化底蕴衍生出不同的高校学科建设目标,各大高校应根据实际情况自主自律地开展本校的建设活动。院系内的基层教师常年活跃在教学和科研一线,对于知识创新的敏感度和学科现有水平的把握度极高,他们提出的建设意见往往是现阶段高校迫切需要的和有针对性的、可操作的实践建议,院系应化被动为主动,自觉自发地开展学科建设。学科建设不仅是国家的教育使命,还是高校的重要教育任务,更是院系乃至基层教师每个人的基本职责,只有学科建设主体认识到学科建设的深刻意义和价值,才能更好地为高校学科的发展添砖加瓦。

三 学科建设内容:从外部建制转向生态系统

我国高校的学科建设目前还停留在相对注重外在建制的层面上。各大高校积极引入先进的学术带头人,高校"挖人"现象层出不穷,组建了很多重点实验室、技术研发中心和创新实践平台,购入大量的先进仪器设备以满足不同研究领域科研需求,这种外在建制在学科建设初期为学科的发展提供了坚实的物质基础和重要保障。但随着学科的不断兴盛和进步,我国高校的学科建设已不仅需要外在的物质条件,更需要精神层面、制度层面和文化层面的内在学科建设,物质条件只能满足学科的基本生存需要，而学科发展的动力和活力却源于学科生长的内在价值、制度文化和理想信念，内在学科建设与外在学科建制两者互补互助，共同促进高校学科的发展。我国高校的学科建设应把建设重心从外在学科建制转移到内在建设上来，以学科制度、文化和生态系统性构建为主要建设内容，满足现阶段高校的学科发展需求。当高校的学科发展到一定程度时，相关的学术共同体和学派就应运而生了，它们体现着学科独特的文化和特有的规训制度，是学科发展的最高境界。在一个良好的学科生态系统中，学科间的相互制约和影响既加速了落后学科的消亡，也促进了新兴学科的产生，形成了有效的学科淘汰机制，维持了学科生态系统的稳定与平衡。在高校内部建设起一个结构完整、运作完善的学科生态系统是高校学科建设的终极目标。

四　学科建设思路：从狭隘封闭转向宽阔开放

追求学科的"大而全"是我国高校学科建设的路线之一，从当前高校学科的发展现状来看，这种建设思路的弊端已经逐步显现出来：虽然高校学科种类齐全，但学科的质量和精度不高，在世界舞台上我国大学所占的一流学科比重较低，与排名第一的美国相差较大。基于学科排名和学科评估等外在测评，部分大学为提高其竞争力，纷纷扩大本校学科规模，争当综合性大学，一方面浪费了有限的办学资源，另一方面丧失了本校的办学特色。没有一所高校可以容纳所有的学科，也没有一所高校可以将包含的各类学科发展到同一高度，这与我国高等教育资源紧缺的实际情况息息相关，是高校学科建设不可回避的现实问题。这种实际情况也提醒我们，当前我国高校学科数量的增多无法引起学科质量的飞跃，高校学科建设势必要走"小而精"这条新道路。我国高校的学科建设工作是以院系为单位展开的，基层教师承担着大部分的建设任务，在现有院系设置下，不同学科间的交流合作存在一定难度，学科建设的封闭性较强，限制了学科的整体发展。我国高校的学科建设应该走出一条兼容并包、融合发展的道路，以更加开放的视野谋求学科的创新和更为宽广的心态谋划学科的新格局。

我国高校的学科建设需要从狭义向广义拓展，以往的学科建设大多以科学研究的数量和质量来判断学科的发展情况和建设成果，这种狭义的学科建设需要转向多方面、多层次、多角度的广义学科建设，既要关注科学研究的产出质量，又要将工作重心转移到培养全面发展的高素质人才中来。当前我国不同大学的学科结构特征不明显，同质化现象严重，学科层次发展不均衡，部分高校没有依照地方特点、学校定位及历史文化底蕴组建本校的优势学科、特色学科和重点学科，我国高校的学科建设需要从趋同向特色发展。

五 学科建设范式：从传统向现代转型

我国高校的学科建设需要从传统向现代转型，传统的建设模式已经不再适用于新时代高校学科的知识生产与发展，时代的变革缩短了学科建设模式的转型周期，如今高校需要的是一种现代的学科建设模式，即在跨学科和超学科的建设思维下，开展以问题解决为核心的、回应社会重大需求的建设活动。由于我国高等教育的起步较晚，现有的高校办学经验和学科建设范式大多都是向其他国家学习和借鉴的结果，没有走出一条适合中国国情的本土化发展道路。在现有学科发展水平的基础上，我国高校的学科建设应着眼于中国的传统文化，不盲目照搬别国的学科建设经验和模式，在自我超越和突破中营造出一个中国特有的学科建设范式。我国大学学科的传统建设路径是"以评促建"，即高校根据国家重点学科评审和学科评估等制度的评估标准来确定学科发展目标，整合学科资源、制定建设方案和调整学科布局，充分体现国家意志的同时，高校的学科建设思路也完全陷入国家官方评价指标体系的框架中，学科发展受到一定限制。未来我国高校学科的建设路径可能转向"以建迎评"，即针对不同高校学科建设的特点，分类、分层、分阶段和分模块对高校学科展开评估，同时高校不是以被动强迫的态度参与评估，而是以一种积极自主的态度去设计、参与和完善评估制度，以促进高校学科的发展和进步。

在长跑比赛中，有经验、有实力、有智慧的选手通常采取跟随战术，前半场以"跟跑者"的角色出现，保持节奏、保存体力、伺机超越。当前中国大学学科建设取得的卓越成绩，与国家的大力支持与强力推动密不可分，一系列的制度举措和实践策略形成学科建设的"合力"，快速弥补了我国与世界高等教育强国在"成绩单"上的差距，这是值得庆贺之事。但需要深入反思，这种成绩的取得究竟是在"全力冲刺"还是"保存体力"的情况下完成的？如果是前者，恐怕会出现"后程乏力"的情况，必须尽快调整状态；如果是后者，必定是保护了学者的学术热情，需要思考如何突出重围，保持在第一方阵的第一梯队。仅就观察来看，目前各个大学、各个院系、各个教师大多数是在"下指标""上发条""打鸡血"的状态下完成的。

面对国际学术竞争的"下半场"，中国大学的学科建设必须尽快转变角色惯性——从"跟跑者"调整为"领跑者"，特别是把学术重心放在自主知识体系构建上，这样才能解决"卡脖子"难题、回应"钱学森之问"。这就需要我们从顶层的制度设计到具体的实践操作作出全方位的谋划与改变。比如，怎样摒弃"以刊评文"的学术评价之风，让学术回归本真？如何进行跟踪评估、分类评估、特色评估，让评估服务而非支配学科建设？如何扭转浮躁的学术环境？如何以学术贡献与潜力来评价人才，而不是"帽子"？也许，"改革"不可能一步到位，但可以在"改善"上下功夫，让学术环境好一些、再好一些，原创成果可能就会涌现出来，甚至有可能井喷而出。我们相信，国家的高等教育治理能力能够完成以制度改革为牵引、以知识创造为核心、以人才培养为归宿的系列改革任务，为中国大学注入新动能。我们期待，中国大学作为"领跑者"展现在世界面前的那一天，那一天就是中国大学迈向世界舞台中央、"拿起麦克风"的一天，那一刻就是"冲刺撞线"的胜利时刻。

附　　表

附表1　　2017—2021年世界一流学科排名"综合成绩单"

国家/地区	2017年 得分	排名	2018年 得分	排名	2019年 得分	排名	2020年 得分	排名	2021年 得分	排名
美国	494.68	1	490.09	1	485.91	1	479.86	1	473.51	1
英国	148.63	2	148.85	2	146.92	2	147.15	3	150.62	3
中国	104.81	3	124.32	3	138.61	3	153.40	2	177.60	2
澳大利亚	83.71	4	84.40	4	88.94	4	87.21	4	89.75	4
德国	80.56	5	83.62	5	74.92	5	76.68	5	75.26	5
加拿大	68.95	6	69.87	6	69.64	6	64.66	6	64.33	6
法国	58.33	7	53.55	8	55.27	7	59.11	7	60.04	7
荷兰	55.59	8	54.81	7	52.15	8	52.10	8	51.98	8
瑞士	36.66	9	36.27	10	33.38	10	36.38	9	36.03	9
西班牙	35.38	10	35.70	11	32.38	12	33.30	11	33.66	11
意大利	34.49	11	37.38	9	37.02	9	34.75	10	34.81	10
日本	33.22	12	27.71	14	22.71	16	19.70	16	17.95	17
瑞典	30.81	13	32.47	12	32.56	11	32.54	12	32.04	12
韩国	27.68	14	29.23	13	27.04	13	23.49	15	21.34	15
比利时	25.47	15	24.96	16	24.51	15	24.03	14	23.35	14
丹麦	24.06	16	26.57	15	25.13	14	25.36	13	26.19	13
中国台湾	16.65	17	14.58	20	11.30	22	11.35	22	10.70	22
中国香港	16.53	18	16.53	18	17.05	18	17.71	17	18.32	16
巴西	14.65	19	16.73	17	17.71	17	12.83	20	13.27	20
挪威	13.70	20	14.98	19	14.34	19	14.52	18	14.68	18
新加坡	13.65	21	13.73	21	13.34	20	13.80	19	14.04	19

续表

国家/地区	2017年 得分	排名	2018年 得分	排名	2019年 得分	排名	2020年 得分	排名	2021年 得分	排名
以色列	10.83	22	11.42	23	9.19	23	9.68	23	9.74	23
芬兰	10.79	23	11.60	22	11.44	21	11.86	21	12.47	21
奥地利	8.47	24	9.58	25	7.96	25	8.13	24	8.60	24
新西兰	7.86	25	7.36	27	7.86	26	7.46	25	7.06	27
葡萄牙	7.79	26	9.96	24	8.32	24	6.92	27	6.90	28
沙特阿拉伯	6.37	27	7.68	26	7.80	27	7.26	26	7.44	25
南非	5.92	28	4.84	31	5.88	28	5.02	29	5.03	29
伊朗	5.65	29	6.55	28	5.52	29	3.21	31	2.42	35
爱尔兰	3.94	30	5.28	29	5.20	30	6.54	28	7.06	26
希腊	3.61	31	5.05	30	4.51	31	3.49	30	3.28	30
印度	2.91	32	3.59	32	3.85	32	3.14	32	3.03	32
墨西哥	2.26	33	1.89	39	2.45	35	1.49	37	1.35	41
马来西亚	2.12	34	2.34	36	1.38	41	1.23	40	1.43	39
捷克	2.01	35	2.91	35	2.56	33	1.28	39	1.43	38
俄罗斯	1.98	36	2.03	37	2.29	37	1.60	36	1.63	36
土耳其	1.93	37	3.09	33	2.30	36	1.34	38	1.52	37
智利	1.60	38	1.79	40	2.21	38	2.71	33	2.65	33
阿根廷	1.48	39	0.97	42	0.81	44	1.01	42	0.24	60
泰国	1.36	40	1.02	41	1.39	40	1.80	35	2.65	34
埃及	1.32	41	1.92	38	2.51	34	2.04	34	3.13	31
冰岛	0.95	42	0.82	46	0.60	49	0.67	44	0.92	43
爱沙尼亚	0.85	43	0.83	45	0.68	46	0.62	47	0.49	52
波兰	0.80	44	2.99	34	1.63	39	0.58	48	0.78	44
斯洛文尼亚	0.75	45	0.86	44	0.62	47	0.27	57	0.22	62
巴基斯坦	0.75	46	0.94	43	1.10	42	0.91	43	0.98	42
塞尔维亚	0.59	47	0.74	47	0.51	51	0.19	63	0.19	64
匈牙利	0.54	48	0.71	48	0.71	45	0.32	55	0.47	53
乌干达	0.52	49	0.41	53	0.51	52	0.56	49	0.23	61
加纳	0.31	50	0.29	57	0.44	54	0.52	50	0.56	48
埃塞俄比亚	0.30	51	0.42	52	0.56	50	0.63	46	0.56	49

续表

国家/地区	2017年 得分	排名	2018年 得分	排名	2019年 得分	排名	2020年 得分	排名	2021年 得分	排名
孟加拉国	0.29	52	0.30	56	—	—	—	—	—	—
约旦	0.26	53	0.04	66	0.23	60	0.24	58	0.26	58
哥伦比亚	0.25	54	—	—	—	—	—	—	0.08	67
卡塔尔	0.23	55	0.32	54	0.61	48	0.65	45	0.74	45
乌拉圭	0.18	56	0.48	51	0.25	59	0.36	53	0.32	55
罗马尼亚	0.16	57	0.13	60	0.18	61	0.11	64	0.22	63
中国澳门	0.15	58	0.50	50	0.82	43	1.09	41	1.39	40
突尼斯	0.14	59	0.09	63	0.09	65	0.20	61	0.06	72
菲律宾	0.12	60	—	—	—	—	—	—	—	—
塞浦路斯	0.12	61	0.25	58	0.28	56	0.34	54	0.53	50
斯洛伐克	0.11	62	0.12	61	0.11	63	—	—	—	—
卢森堡	0.11	63	0.02	67	0.10	64	0.08	66	0.08	69
阿联酋	0.10	64	0.32	55	0.30	55	0.23	60	0.24	59
格鲁吉亚	0.10	65	0.08	65	—	—	0.08	67	0.07	70
阿尔及利亚	0.08	66	0.10	62	0.01	70	0.06	68	0.07	71
克罗地亚	0.08	67	0.61	49	0.08	67	0.01	72	0.29	57
赞比亚	0.01	68	0.01	68	0.26	57	0.27	56	0.29	56
立陶宛	0.00	69	0.08	64	0.07	68	0.08	65	0.08	68
坦桑尼亚	—	—	0.15	59	0.48	53	0.47	52	0.59	47
黎巴嫩	—	—	—	—	0.26	58	0.51	51	0.59	46
尼日利亚	—	—	—	—	0.16	62	0.19	62	0.33	54
肯尼亚	—	—	—	—	0.08	66	0.03	69	0.03	73
马耳他	—	—	—	—	0.02	69	0.02	71	—	—
越南	—	—	—	—	—	—	0.23	59	0.51	51
民主刚果	—	—	—	—	—	—	0.03	70	0.03	74
喀麦隆	—	—	—	—	—	—	0.01	73	0.01	75
文莱	—	—	—	—	—	—	—	—	0.09	65
毛里求斯	—	—	—	—	—	—	—	—	0.08	66

附表2　　2017—2021年世界一流学科工学领域赋值得分

国家/地区	2017年 得分	排名	2018年 得分	排名	2019年 得分	排名	2020年 得分	排名	2021年 得分	排名
美国	94.68	1	90.09	1	85.91	1	79.86	2	74.26	2
中国	60.65	2	70.07	2	78.66	2	83.07	1	87.92	1
英国	21.20	3	22.15	3	22.11	3	21.65	3	20.60	3
澳大利亚	19.01	4	18.31	4	19.10	4	19.95	4	19.42	4
加拿大	15.65	5	15.37	5	14.88	5	13.36	5	12.48	5
韩国	12.85	6	13.88	6	12.47	6	10.17	6	9.10	6
德国	11.59	7	11.06	7	9.83	8	8.71	8	7.57	8
法国	10.90	8	8.25	10	8.61	9	8.74	7	8.45	7
西班牙	10.73	9	8.99	9	7.70	10	6.41	11	4.78	14
意大利	9.51	10	10.48	8	10.11	7	8.25	9	6.94	10
荷兰	8.98	11	7.54	11	6.91	11	6.39	12	5.95	11
日本	7.72	12	7.50	12	5.61	15	4.63	16	3.77	16
中国香港	7.03	13	6.75	13	6.85	12	7.16	10	7.38	9
瑞士	6.38	14	5.48	16	5.54	16	5.35	14	5.04	13
新加坡	6.21	15	6.42	14	6.06	13	5.88	13	5.75	12
中国台湾	6.11	16	5.07	18	3.49	21	2.66	21	1.96	23
瑞典	5.95	17	6.13	15	6.00	14	5.34	15	4.40	15
丹麦	4.90	18	4.80	19	4.15	19	3.73	17	3.47	17
伊朗	4.43	19	5.15	17	4.57	17	3.07	20	2.38	20
比利时	4.34	20	3.99	21	4.25	18	3.43	19	3.11	19
葡萄牙	3.97	21	4.35	20	3.04	22	2.57	22	2.09	21
沙特阿拉伯	3.38	22	3.71	22	3.77	20	3.58	18	3.28	18
芬兰	2.44	23	2.18	26	2.05	25	2.18	24	2.02	22
印度	2.42	24	3.03	23	2.76	23	2.13	25	1.94	24
挪威	2.37	25	2.25	25	1.90	26	1.75	26	1.48	26
巴西	2.24	26	2.75	24	2.76	24	2.30	23	1.87	25
以色列	1.88	27	1.88	28	1.55	27	1.44	27	1.08	27
奥地利	1.84	28	1.57	31	1.22	30	1.17	28	0.82	30
希腊	1.68	29	1.80	30	1.49	28	1.00	30	0.86	29
马来西亚	1.52	30	1.12	33	0.87	33	0.58	33	0.46	36

续表

国家/地区	2017年 得分	排名	2018年 得分	排名	2019年 得分	排名	2020年 得分	排名	2021年 得分	排名
南非	1.30	31	1.05	34	0.80	36	0.47	36	0.43	37
新西兰	1.10	32	1.18	32	1.15	31	1.03	29	0.92	28
爱尔兰	1.09	33	0.84	35	0.81	35	0.74	32	0.63	31
土耳其	0.91	34	2.12	27	1.25	29	0.51	34	0.55	34
智利	0.70	35	0.76	36	0.69	37	0.44	37	0.38	39
波兰	0.64	36	1.87	29	0.87	34	0.05	51	0.08	50
俄罗斯	0.59	37	0.71	37	0.95	32	0.75	31	0.57	32
泰国	0.46	38	0.37	40	0.34	41	0.12	48	0.03	54
塞尔维亚	0.43	39	0.57	39	0.43	40	0.14	47	0.14	46
阿根廷	0.40	40	0.29	45	0.29	44	0.29	41	0.16	45
冰岛	0.37	41	0.19	46	0.19	48	0.29	39	0.30	40
捷克	0.32	42	0.35	41	0.28	45	0.20	42	0.16	44
卡塔尔	0.23	43	0.32	42	0.49	38	0.48	35	0.56	33
斯洛文尼亚	0.20	44	0.10	51	0.10	51	0.02	53	0.02	55
巴基斯坦	0.19	45	0.18	47	0.32	42	0.36	38	0.39	38
乌拉圭	0.15	46	0.15	49	0.20	47	0.17	46	0.13	47
中国澳门	0.15	47	0.17	48	0.20	46	0.29	40	0.51	35
突尼斯	0.14	48	0.09	53	0.09	52	0.20	43	0.06	53
墨西哥	0.14	49	0.29	44	0.43	39	0.17	45	0.08	49
罗马尼亚	0.12	50	0.02	55	—	—	—	—	—	—
塞浦路斯	0.12	51	—	—	—	—	0.04	52	—	—
阿联酋	0.10	52	0.32	43	0.30	43	0.19	44	0.21	43
埃及	0.10	53	0.08	54	—	—	—	—	—	—
阿尔及利亚	0.08	54	0.10	52	0.01	54	0.06	50	0.07	52
克罗地亚	0.08	55	0.58	38	0.08	53	0.01	54	0.28	41
卢森堡	0.07	56	0.01	56	0.10	50	0.08	49	0.08	51
匈牙利	0.06	57	—	—	—	—	—	—	—	—
立陶宛	0.00	58	0.01	57	—	—	—	—	—	—
斯洛伐克	—	—	0.12	50	0.11	49	—	—	—	—
越南	—	—	—	—	—	—	—	—	0.26	42
文莱	—	—	—	—	—	—	—	—	0.09	48

附表3　　2017—2021年世界一流学科理学领域赋值得分

国家/地区	2017年 得分	排名	2018年 得分	排名	2019年 得分	排名	2020年 得分	排名	2021年 得分	排名
美国	100.00	1	100.00	1	100.00	1	100.00	1	99.24	1
英国	38.70	2	36.67	2	36.54	2	38.29	2	38.86	2
法国	24.57	3	22.99	3	22.27	3	22.23	3	23.34	4
中国	16.73	4	18.44	4	19.39	4	21.39	4	26.08	3
德国	16.30	5	17.01	5	15.18	5	15.88	5	16.33	5
澳大利亚	15.76	6	15.42	6	14.81	6	15.70	6	16.10	6
加拿大	11.58	7	10.98	7	11.68	7	10.02	7	10.31	7
瑞士	9.19	8	8.27	8	7.40	9	7.60	9	7.85	9
日本	8.03	9	7.26	10	6.77	10	5.59	12	5.67	11
荷兰	7.55	10	8.23	9	7.48	8	8.45	8	8.68	8
瑞典	6.71	11	7.09	11	6.77	11	7.27	10	7.19	10
意大利	5.82	12	5.59	12	5.77	12	5.80	11	5.33	12
西班牙	5.12	13	5.17	13	4.81	13	4.86	13	5.24	13
丹麦	4.48	14	4.96	14	4.00	14	4.26	14	3.95	14
比利时	3.99	15	3.77	15	3.21	15	3.48	16	3.62	15
以色列	2.92	16	2.47	19	2.35	18	1.99	21	2.35	19
挪威	2.85	17	3.19	16	2.93	16	3.76	15	3.60	16
韩国	2.82	18	2.55	18	1.99	20	2.03	20	1.97	20
中国香港	2.46	19	2.73	17	2.80	17	2.81	17	3.03	17
新加坡	2.34	20	2.05	21	1.87	21	2.04	19	2.41	18
芬兰	1.93	21	2.14	20	2.11	19	2.21	18	1.85	21
新西兰	1.77	22	1.54	23	1.52	23	1.12	25	0.60	30
南非	1.53	23	0.99	29	1.02	28	0.83	28	0.57	31
奥地利	1.29	24	1.47	25	1.39	24	1.31	23	1.71	22
俄罗斯	1.22	25	1.16	28	1.15	27	0.77	30	0.93	28
中国台湾	1.16	26	1.32	27	0.94	29	0.99	26	0.95	27
沙特阿拉伯	1.14	27	1.49	24	1.57	22	1.62	22	1.40	23
葡萄牙	1.04	28	1.60	22	1.17	25	0.78	29	1.05	26
捷克	0.92	29	0.79	30	0.81	31	0.46	31	0.65	29
墨西哥	0.91	30	0.67	31	0.72	32	0.27	35	0.17	36

续表

国家/地区	2017年 得分	2017年 排名	2018年 得分	2018年 排名	2019年 得分	2019年 排名	2020年 得分	2020年 排名	2021年 得分	2021年 排名
巴西	0.62	31	1.44	26	1.17	26	1.12	24	1.33	24
土耳其	0.35	32	0.18	39	0.27	36	0.27	34	0.26	34
爱沙尼亚	0.35	33	0.07	45	0.27	37	0.21	37	0.16	37
伊朗	0.31	34	0.24	35	0.08	40	—	—	—	—
希腊	0.27	35	0.45	33	0.60	34	0.28	33	0.27	33
匈牙利	0.24	36	0.09	41	—	—	0.08	39	0.18	35
智利	0.22	37	0.19	37	0.54	35	0.25	36	0.15	38
印度	0.15	38	0.07	46	—	—	—	—	—	—
波兰	0.15	39	0.55	32	0.64	33	0.42	32	0.45	32
冰岛	0.14	40	0.23	36	0.20	38	0.13	38	0.12	39
埃及	0.12	41	0.19	38	—	—	—	—	—	—
斯洛伐克	0.11	42	—	—	—	—	—	—	—	—
格鲁吉亚	0.10	43	0.08	42	—	—	0.08	41	0.07	41
爱尔兰	0.07	44	0.45	34	0.90	30	0.84	27	1.22	25
阿根廷	0.05	45	0.07	44	0.07	42	—	—	—	—
塞尔维亚	0.05	46	0.05	47	—	—	—	—	—	—
斯洛文尼亚	0.03	47	0.16	40	0.13	39	0.06	42	0.02	42
立陶宛	—	—	0.08	43	0.07	41	0.08	40	0.08	40

附表4　2017—2021年世界一流学科生命科学领域赋值得分

国家/地区	2017年 得分	2017年 排名	2018年 得分	2018年 排名	2019年 得分	2019年 排名	2020年 得分	2020年 排名	2021年 得分	2021年 排名
美国	100.00	1	100.00	1	100.00	1	100.00	1	100.00	1
英国	33.50	2	27.73	2	28.96	2	29.24	3	30.78	3
德国	26.78	3	26.20	3	24.71	4	25.19	4	25.43	4
澳大利亚	18.75	4	19.04	5	19.89	5	20.02	5	20.07	5
中国	15.27	5	19.91	4	25.32	3	33.39	2	44.46	2
加拿大	15.09	6	15.29	6	14.77	7	14.20	7	15.18	7
西班牙	14.10	7	13.77	8	12.51	8	13.83	8	15.04	8
法国	14.03	8	14.78	7	16.12	6	17.46	6	17.64	6

续表

国家/地区	2017年 得分	排名	2018年 得分	排名	2019年 得分	排名	2020年 得分	排名	2021年 得分	排名
荷兰	12.04	9	11.54	9	11.67	9	11.15	11	11.17	11
意大利	11.18	10	10.45	11	10.71	10	11.53	10	13.84	9
日本	10.80	11	7.43	13	5.73	16	5.62	16	4.95	16
瑞士	10.38	12	10.65	10	10.39	11	12.09	9	11.25	10
比利时	7.54	13	7.26	15	7.28	14	7.23	13	7.48	13
丹麦	7.54	14	7.38	14	7.50	13	7.88	12	8.30	12
巴西	7.43	15	8.43	12	8.95	12	5.84	15	6.47	15
瑞典	7.07	16	6.59	16	6.91	15	6.98	14	6.80	14
韩国	4.54	17	4.13	17	4.35	17	3.58	17	2.88	19
挪威	3.26	18	2.92	19	3.40	19	3.42	19	3.67	17
以色列	2.93	19	2.75	20	2.31	22	2.60	22	2.43	23
芬兰	2.82	20	2.41	22	2.53	21	2.61	21	2.54	21
奥地利	2.80	21	3.35	18	3.40	18	3.47	18	3.62	18
中国台湾	2.48	22	1.83	23	1.32	26	1.14	30	1.42	30
葡萄牙	2.21	23	2.72	21	2.72	20	2.64	20	2.49	22
爱尔兰	1.72	24	1.63	24	1.75	24	2.02	23	2.00	25
新西兰	1.72	25	1.42	26	1.30	27	1.19	29	1.43	29
南非	1.65	26	1.43	25	1.47	25	1.58	26	1.49	27
墨西哥	1.21	27	0.81	31	1.06	29	0.96	32	1.00	32
阿根廷	1.03	28	0.61	34	0.45	37	0.72	34	0.08	41
新加坡	0.89	29	0.92	30	0.91	32	1.25	28	1.19	31
埃及	0.85	30	1.08	28	1.79	23	1.79	24	2.74	20
沙特阿拉伯	0.77	31	1.00	29	1.13	28	0.81	33	1.69	26
伊朗	0.62	32	0.32	41	0.33	40	0.05	43	0.04	43
希腊	0.61	33	0.74	33	1.00	31	1.04	31	0.77	33
泰国	0.50	34	0.28	44	0.84	33	1.55	27	2.34	24
冰岛	0.45	35	0.20	46	0.05	47	0.05	42	0.05	42
智利	0.45	36	0.60	35	0.57	35	1.70	25	1.47	28
马来西亚	0.42	37	0.80	32	0.02	49	—	—	0.02	45
捷克	0.42	38	1.23	27	1.05	30	0.46	37	0.43	35

续表

国家/地区	2017年 得分	排名	2018年 得分	排名	2019年 得分	排名	2020年 得分	排名	2021年 得分	排名
斯洛文尼亚	0.39	39	0.40	37	0.14	44	—	—	—	—
巴基斯坦	0.35	40	0.35	38	0.35	38	—	—	—	—
中国香港	0.33	41	0.33	39	0.34	39	0.23	38	0.13	40
埃塞俄比亚	0.30	42	0.30	42	—	—	—	—	—	—
孟加拉国	0.29	43	0.30	43	—	—	—	—	—	—
爱沙尼亚	0.23	44	0.19	47	0.19	42	0.20	39	0.17	37
乌干达	0.21	45	0.21	45	0.21	41	0.56	36	0.23	36
匈牙利	0.14	46	0.47	36	0.49	36	—	—	—	—
乌拉圭	0.03	47	0.33	40	0.04	48	0.04	44	0.03	44
波兰	0.01	48	0.04	49	0.01	50	—	—	—	—
坦桑尼亚	—	—	0.15	48	0.17	43	0.16	41	0.17	38
克罗地亚	—	—	0.03	50	—	—	—	—	—	—
印度	—	—	—	—	0.60	34	0.60	35	0.65	34
罗马尼亚	—	—	—	—	0.13	45	—	—	—	—
肯尼亚	—	—	—	—	0.08	46	—	—	—	—
卡塔尔	—	—	—	—	0.01	51	0.17	40	0.16	39

附表5　2017—2021年世界一流学科医学领域赋值得分

国家/地区	2017年 得分	排名	2018年 得分	排名	2019年 得分	排名	2020年 得分	排名	2021年 得分	排名
美国	100.00	1	100.00	1	100.00	1	100.00	1	100.00	1
英国	29.82	2	35.06	2	33.01	2	35.05	2	36.96	2
德国	20.97	3	23.90	3	20.37	3	21.50	3	20.50	4
澳大利亚	16.70	4	17.37	4	20.13	4	20.54	4	22.81	3
荷兰	16.53	5	16.94	6	15.84	6	15.41	6	16.00	6
加拿大	15.82	6	17.02	5	17.81	5	18.16	5	17.88	5
中国	8.31	7	11.45	7	9.97	7	8.65	8	11.08	7
瑞典	8.28	8	9.68	8	9.77	8	10.12	7	11.05	8
瑞士	7.94	9	8.74	9	7.18	10	8.14	9	8.64	9
日本	6.42	10	5.28	14	4.43	16	3.71	18	3.48	20

续表

国家/地区	2017年 得分	排名	2018年 得分	排名	2019年 得分	排名	2020年 得分	排名	2021年 得分	排名
法国	6.31	11	4.85	15	5.36	14	7.58	10	7.58	10
意大利	6.03	12	8.64	10	7.93	9	6.87	11	6.29	12
比利时	5.88	13	6.27	11	6.12	11	6.36	12	5.90	13
中国台湾	5.68	14	4.69	17	4.00	18	5.16	14	5.08	14
韩国	4.62	15	6.16	12	5.64	13	4.90	15	4.66	15
丹麦	4.51	16	5.83	13	5.82	12	6.12	13	7.14	11
巴西	4.26	17	4.00	19	4.67	15	3.57	19	3.59	19
挪威	3.72	18	4.83	16	4.22	17	3.91	17	4.28	17
西班牙	3.21	19	4.28	18	3.81	19	4.43	16	4.59	16
芬兰	2.91	20	3.83	20	3.51	20	3.54	20	4.18	18
中国香港	2.50	21	2.15	23	2.45	21	2.99	21	3.27	21
奥地利	2.08	22	2.51	21	1.47	26	1.58	26	1.83	26
新加坡	1.56	23	1.57	25	1.67	24	2.11	24	2.13	24
新西兰	1.24	24	1.50	26	2.08	23	2.62	23	2.74	23
南非	1.16	25	1.01	29	2.19	22	1.74	25	2.12	25
沙特阿拉伯	0.98	26	1.33	28	1.17	28	0.96	28	0.85	29
希腊	0.97	27	1.98	24	1.38	27	1.03	27	1.29	28
爱尔兰	0.96	28	2.16	22	1.53	25	2.71	22	2.88	22
以色列	0.77	29	1.43	27	0.61	31	0.91	29	1.38	27
土耳其	0.52	30	0.60	32	0.49	34	0.21	42	0.22	47
泰国	0.40	31	0.37	38	0.21	46	0.13	48	0.28	43
葡萄牙	0.33	32	0.92	30	0.76	29	0.34	35	0.39	39
加纳	0.31	33	0.29	39	0.44	35	0.52	32	0.56	32
乌干达	0.30	34	0.20	43	0.30	40	—	—	—	—
爱沙尼亚	0.27	35	0.54	34	0.14	49	0.13	47	0.14	51
伊朗	0.27	36	0.78	31	0.51	33	0.09	53	—	—
约旦	0.26	37	0.04	49	0.23	45	0.24	40	0.26	44
埃及	0.26	38	0.57	33	0.72	30	0.24	39	0.39	40
哥伦比亚	0.25	39	—	—	—	—	—	—	0.08	54
捷克	0.21	40	0.26	40	0.10	52	—	—	0.11	52

续表

国家/地区	2017年 得分	排名	2018年 得分	排名	2019年 得分	排名	2020年 得分	排名	2021年 得分	排名
巴基斯坦	0.21	41	0.40	36	0.42	36	0.55	31	0.58	31
印度	0.21	42	0.38	37	0.36	38	0.38	34	0.40	38
智利	0.18	43	0.21	42	0.37	37	0.20	43	0.48	34
菲律宾	0.12	44	—	—	—	—	—	—	—	—
塞尔维亚	0.11	45	0.13	45	0.08	53	0.05	54	0.06	56
斯洛文尼亚	0.03	46	0.02	50	—	—	—	—	—	—
赞比亚	0.01	47	0.01	51	0.26	41	0.27	38	0.29	42
波兰	—	—	0.52	35	0.11	51	0.10	51	0.24	46
塞浦路斯	—	—	0.25	41	0.23	44	0.28	37	0.41	37
冰岛	—	—	0.18	44	0.16	47	0.19	44	0.45	35
埃塞俄比亚	—	—	0.12	46	0.56	32	0.63	30	0.56	33
墨西哥	—	—	0.12	47	0.23	43	0.09	52	0.09	53
马来西亚	—	—	0.06	48	0.08	54	0.11	50	0.17	49
坦桑尼亚	—	—	—	—	0.31	39	0.31	36	0.42	36
黎巴嫩	—	—	—	—	0.26	42	0.51	33	0.59	30
尼日利亚	—	—	—	—	0.16	48	0.19	45	0.33	41
卡塔尔	—	—	—	—	0.12	50	0.00	59	0.01	60
匈牙利	—	—	—	—	0.02	55	—	—	0.07	55
马耳他	—	—	—	—	0.02	56	0.02	57	—	—
乌拉圭	—	—	—	—	0.02	57	0.15	46	0.16	50
越南	—	—	—	—	—	—	0.23	41	0.25	45
罗马尼亚	—	—	—	—	—	—	0.11	49	0.22	48
肯尼亚	—	—	—	—	—	—	0.03	55	0.03	57
民主刚果	—	—	—	—	—	—	0.03	56	0.03	58
喀麦隆	—	—	—	—	—	—	0.01	58	0.01	59

附表6　2017—2021年世界一流学科社会科学领域赋值得分

国家/地区	2017年 得分	排名	2018年 得分	排名	2019年 得分	排名	2020年 得分	排名	2021年 得分	排名
美国	100.00	1	100.00	1	100.00	1	100.00	1	100.00	1
英国	25.40	2	27.24	2	26.28	2	22.92	2	23.41	2

续表

国家/地区	2017年 得分	排名	2018年 得分	排名	2019年 得分	排名	2020年 得分	排名	2021年 得分	排名
澳大利亚	13.49	3	14.27	3	15.02	3	11.00	3	11.35	3
加拿大	10.81	4	11.21	4	10.49	4	8.92	5	8.47	5
荷兰	10.48	5	10.56	5	10.25	5	10.69	4	10.18	4
德国	4.91	6	5.45	6	4.84	7	5.39	7	5.42	7
中国香港	4.21	7	4.57	7	4.61	8	4.52	8	4.52	8
中国	3.85	8	4.45	8	5.27	6	6.90	6	8.06	6
比利时	3.71	9	3.66	9	3.65	10	3.53	10	3.24	12
韩国	2.84	10	2.50	17	2.60	16	2.82	15	2.74	14
瑞典	2.81	11	2.98	13	3.11	12	2.83	14	2.59	15
瑞士	2.78	12	3.13	12	2.88	14	3.21	12	3.24	11
新加坡	2.65	13	2.78	15	2.83	15	2.52	17	2.56	16
丹麦	2.63	14	3.60	10	3.66	9	3.37	11	3.32	10
法国	2.52	15	2.68	16	2.90	13	3.09	13	3.03	13
以色列	2.32	16	2.89	14	2.38	18	2.73	16	2.51	17
西班牙	2.23	17	3.49	11	3.55	11	3.78	9	4.01	9
新西兰	2.03	18	1.71	20	1.81	20	1.50	20	1.37	21
意大利	1.95	19	2.21	18	2.49	17	2.30	18	2.41	18
挪威	1.49	20	1.79	19	1.89	19	1.69	19	1.66	20
中国台湾	1.22	21	1.67	21	1.55	21	1.39	21	1.28	22
芬兰	0.69	22	1.04	22	1.24	22	1.32	22	1.89	19
奥地利	0.46	23	0.68	23	0.47	25	0.61	24	0.61	26
南非	0.28	24	0.35	26	0.40	27	0.39	27	0.41	28
日本	0.24	25	0.23	29	0.17	34	0.15	34	0.09	36
葡萄牙	0.24	26	0.36	25	0.62	23	0.59	25	0.87	24
马来西亚	0.18	27	0.37	24	0.40	26	0.54	26	0.78	25
俄罗斯	0.17	28	0.16	33	0.19	33	0.08	37	0.12	35
土耳其	0.15	29	0.18	32	0.28	29	0.34	28	0.48	27
捷克	0.14	30	0.28	28	0.32	28	0.16	33	0.08	38
印度	0.13	31	0.12	36	0.12	37	0.04	39	0.04	40
匈牙利	0.10	32	0.15	34	0.19	32	0.24	30	0.21	31
沙特阿拉伯	0.10	33	0.15	35	0.16	36	0.30	29	0.23	30
斯洛文尼亚	0.10	34	0.19	31	0.26	30	0.19	32	0.18	32

续表

国家/地区	2017年 得分	排名	2018年 得分	排名	2019年 得分	排名	2020年 得分	排名	2021年 得分	排名
爱尔兰	0.09	35	0.20	30	0.22	31	0.22	31	0.32	29
巴西	0.09	36	0.11	37	0.16	35	0.01	42	—	—
希腊	0.08	37	0.08	39	0.04	41	0.14	35	0.08	39
罗马尼亚	0.04	38	0.11	38	0.05	40	—	—	—	—
智利	0.04	39	0.03	42	0.04	42	0.12	36	0.18	33
卢森堡	0.03	40	0.01	44	—	—	—	—	—	—
伊朗	0.03	41	0.06	40	0.02	43	—	—	—	—
中国澳门	—	—	0.33	27	0.61	24	0.80	23	0.89	23
爱沙尼亚	—	—	0.03	41	0.08	38	0.08	38	0.02	42
冰岛	—	—	0.02	43	—	—	—	—	—	—
波兰	—	—	0.00	45	0.00	44	0.00	43	—	—
塞浦路斯	—	—	—	—	0.05	39	0.01	41	0.13	34
阿联酋	—	—	—	—	—	—	0.03	40	0.03	41
克罗地亚	—	—	—	—	—	—	0.00	44	0.00	43
毛里求斯	—	—	—	—	—	—	—	—	0.08	37

参考文献

一 著作

［美］埃德加·沙因、彼得·沙因：《谦逊领导力——关系、开放与信任的力量》，徐中、胡金枫译，机械工业出版社2020年版。

鲍嵘：《学问与治理——中国大学知识现代性状况报告（1949—1954）》，学林出版社2008年版。

别敦荣：《普及化高等教育专论》，中国海洋大学出版社2022年版。

［美］伯顿·R.克拉克：《高等教育系统——学术组织的跨国研究》，王承绪、徐辉、殷企平、蒋恒译，杭州大学出版社1994年版。

蔡志强：《社会动员论——基于治理现代化的视角》，江苏人民出版社2015年版。

陈洪捷：《德国古典大学观及其对中国大学的影响》，北京大学出版社2002年版。

费孝通：《乡土中国》，上海人民出版社2007年版。

赫维谦、龙正中主编：《高等教育史》，海南出版社2000年版。

胡建华、王建华、王全林、万力维、杨杏芳、宋旭峰：《大学制度改革论》，南京师范大学出版社2006年版。

［德］康德：《纯粹理性批判》，蓝公武译，商务印书馆2022年版。

［美］L.W.安德森等编著：《学习、教学和评估的分类学：布卢姆教育目标分类学修订版（简缩本）》，皮连生主译，华东师范大学出版社2008年版。

李枭鹰：《大学学科发展论》，广西师范大学出版社2011年版。

刘海峰、史静寰主编：《高等教育史》，高等教育出版社2010年版。

［美］洛林·W. 安德森（Lorin W. Anderson）等编著：《布卢姆教育目标分类学（修订版）——分类学视野下的学与教及其测评》，蒋小平、张琴美、罗晶晶译，外语教学与研究出版社2009年版。

罗平汉：《土地革命运动史》，福建人民出版社2005年版。

［美］欧内斯特·L. 博耶：《关于美国教育改革的演讲》，涂艳国、方彤译，教育科学出版社2003年版。

［英］托尼·比彻、保罗·特罗勒尔：《学术部落与学术领地：知识探索与学科文化》，唐跃琴、蒲茂华、陈洪捷译，北京大学出版社2018年版。

吴玉才：《1949—1956年间的中国》，人民出版社2016年版。

［加拿大］许美德：《中国大学1895—1995：一个文化冲突的世纪》，许洁英主译，教育科学出版社2000年版。

［美］约翰·罗尔斯：《正义论》，何怀宏、何包钢、廖申白译，中国社会科学出版社1988年版。

赵庆年、向兴华等：《普通高等学校定位实证研究》，中国社会科学出版社2015年版。

周黎安：《转型中的地方政府：官员激励与治理（第二版）》，格致出版社2017年版。

周雪光：《组织社会学十讲》，社会科学文献出版社2003年版。

周雪光：《中国国家治理的制度逻辑：一个组织学的研究》，生活·读书·新知三联书店2017年版。

中央教育科学研究所编：《中华人民共和国教育大事记1949—1982》，教育科学出版社1984年版。

二　期刊

蔡连玉、吴文婷：《高校学术治理的双重绩效与同行评议》，《江苏高教》2019年第5期。

操太圣：《遭遇问责的高等教育绩效化评价：一个反思性讨论》，《南京社会科学》2018年第10期。

曹妍、唐珊珊、苟渊：《项目制背景下激励机制对高校SSCI科研产出的影响研究——基于2014—2018年36所"双一流"建设高校的面板数据分析》,《华东师范大学学报》(教育科学版) 2022 年第 7 期。

陈芳、张乾友:《学术权力的存在、滥用及其治理》,《大学教育科学》2022 年第 6 期。

陈洪捷:《北大高等教育研究:学科发展与范式变迁》,《北京大学教育评论》2010 年第 4 期。

陈健:《协同创新 提升地方本科院校学科建设水平》,《中国高校科技》2015 年第 10 期。

陈晶晶、李栋梁、杨倩等:《植物嫁接再生机理研究进展》,《植物生理学报》2020 年第 8 期。

陈士俊、夏青:《学派建设与学科发展的策略研究》,《天津师范大学学报》(社会科学版) 2010 年第 1 期。

陈树文:《哈佛大学商学院案例教学研究》,《大连理工大学学报》(社会科学版) 2006 年第 4 期。

陈文博:《学科评估与大学内外部资源配置——大学趋同化的理性解释》,《当代教育论坛》2022 年第 5 期。

陈先哲:《捆绑灵魂的卓越:学术锦标赛制下大学青年教师的学术发展》,《教育发展研究》2014 年第 11 期。

陈先哲:《学术锦标赛制:中国学术增长的动力机制与激励逻辑》,《高等教育研究》2017 年第 9 期。

陈兴德、潘懋元:《"依附发展"与"借鉴—超越"——高等教育两种发展道路的比较研究》,《高等教育研究》2009 年第 7 期。

陈学飞、叶祝弟、王英杰等:《中国式学科评估:问题与出路》,《探索与争鸣》2016 年第 9 期。

邓万春:《动员式改革:中国农村改革理论与经验的再探讨》,《社会》2008 年第 3 期。

董云川、张琪仁:《动态·多样·共生:"一流学科"的生态逻辑与生存法则》,《江苏高教》2017 年第 1 期。

范涛、梁传杰、水晶晶:《论高校学位授权点动态调整机制之构建》,《研究生教育研究》2016 年第 2 期。

樊秀娣、石雪怡:《英国高校跨学科研究成果评价:困境、对策及启示》,《中国高校科技》2020 年第 6 期。

房莹：《一流学科建设高校学科治理的实践困境与改进思考》，《扬州大学学报》（高教研究版）2019年第6期。

冯向东：《学科、专业建设与人才培养》，《高等教育研究》2002年第3期。

冯裕强：《工分制以及工分的稀释化——以广西华杨大队第十生产队为例》，《现代哲学》2018年第6期。

高书国：《中国教育现代化六大趋势》，《人民教育》2020年第8期。

龚放：《追问研究本意 纾解"学科情结"》，《北京大学教育评论》2011年第4期。

郭书剑、王建华：《论一流学科的制度建设》，《高校教育管理》2017年第2期。

韩双淼、钟周：《大学战略地图的发展：一项比较研究》，《清华大学教育研究》2013年第4期。

贺鉴、刘红梅：《论研讨式五步教学法的主要特点》，《贵州师范大学学报》（社会科学版）2006年第3期。

何秀煌：《理论是什么》，《现代哲学》1986年第4期。

[德] 洪堡：《论柏林高等学术机构的内部和外部组织》，陈洪捷译，《高等教育论坛》1987年第1期。

侯怀银、王茜：《我国高等教育学学科体系、学术体系和话语体系建设》，《现代教育管理》2023年第1期。

侯怀银、王茜：《新中国成立以来高等教育学教材建设研究》，《中国高等教育评论》2023年第1期，第43—55页。

侯志军、黄燕：《大学发展的信任基础解析》，《现代教育管理》2010年第8期。

胡德鑫：《中国大学距离世界一流有多远——基于大学排名与学术竞争力的视角》，《现代教育管理》2017年第3期。

胡建华：《中国高等教育学科发展40年》，《教育研究》2018年第9期。

胡伟：《貌合神离：正当性视角下的国家—社会关系——集体化后期水利个案研究》，《中国研究》2014年第2期。

黄宝印：《努力构建中国特色国际影响的学科评估体系》，《中国高等教育》2018年第1期。

黄立丰：《近二十年来社会动员问题研究的回顾与思考》，《中共宁波市委党校学报》2013年第2期。

黄路遥：《从放逐到回归：研究性教学"知识回归"立场之辨析》，《江苏高教》2022年第2期。

黄文武、王建华：《"双一流"建设中一流学科建设理工化问题及对策》，《中国高教研究》2020年第6期。

季芳芳：《我国研究生学科专业目录建设的回顾和分析》，《统计与管理》2012年第6期。

姜朝晖、黄凌梅、巫云燕：《谁在做美国大学校长——基于〈美国大学校长报告2017〉的分析》，《教育研究》2018年第10期。

姜涛、曲铁华：《我国大学学科建设的历史递嬗、演进逻辑与深化策略》，《现代教育管理》2021年第4期。

蒋凯：《高等教育分权的悖论》，《现代大学教育》2014年第1期。

蒋林浩、黄俊平、陈洪捷等：《学科评估体系实践与影响的国际比较研究》，《学位与研究生教育》2020年第4期。

蒋林浩、沈文钦、陈洪捷等：《学科评估的方法、指标体系及其政策影响：美英中三国的比较研究》，《高等教育研究》2014年第11期。

靖国平：《从"学科立场"到"学派立场"——论中国教育学的学派意识及其实践路向》，《高等教育研究》2006年第1期。

孔欣：《边际效用理论述评》，《辽宁商务职业学院学报》2002年第4期。

［美］莱斯特·古德柴尔德：《在美国作为一个研究领域的高等教育：历史、学位项目与知识基础》，《北京大学教育评论》2011年第4期。

黎晓玲：《教育部学科评估指标变迁及启示》，《大学教育》2020年第5期。

李冲、李霞：《国际高等教育研究的总体态势与中国贡献——基于10种高等教育SSCI高影响因子期刊载文的可视化分析》，《中国高教研究》2018年第8期。

李均：《开拓中国高等教育学科自主创新之路——论潘懋元高等教育理论的国际视野与本土情怀》，《山东高等教育》2015年第10期。

李峻、张珍：《"双一流"建设背景下学科建设的行动逻辑与可能路径》，《江苏高教》2018年第7期。

李军锋、彭冲：《基于 KPI 的高校院系整体绩效考核应用研究》，《北京航空航天大学学报》（社会科学版）2011 年第 4 期。

李立国、张海生：《高等教育项目治理与学术治理的张力空间——兼论教育评价改革如何促进项目制改革》，《重庆大学学报》（社会科学版）2021 年第 5 期。

李盛兵：《中国成为世界教育中心八问——与菲利普·阿特巴赫教授的对话》，《教育发展研究》2018 年第 17 期。

李晓群：《学科建设的要素及原则》，《学位与研究生教育》2001 年第 9 期。

李秀林：《农业集体经济缘何低效率：一个交易费用分析——以安阳县吕村乡前奇务大队为例》，《当代经济》2008 年第 3 期。

李宣海、薛明扬、王奇等：《试论高等教育的绩效评估》，《中国高等教育》2011 年第 Z2 期。

李泳波：《当前我国大学学术文化存在的主要问题及其原因分析》，《湖南师范大学教育科学学报》2011 年第 6 期。

廖湘阳、王战军：《大学学科建设：学术性、建构作用与公共绩效》，《学位与研究生教育》2006 年第 3 期。

蔺亚琼、陈雨沁：《高等教育学何以实现理论品质和实践旨趣的双重提升——基于理论积累路径与实践介入方式的考察》，《高等教育研究》2022 年第 3 期。

刘国权、彭学文：《治理视角下我国大学教师"双重忠诚"研究》，《大学教育科学》2015 年第 1 期。

刘海兰：《"双一流"建设背景下地方本科院校学科建设的"发展极"策略案例研究》，《中国人民大学教育学刊》2020 年第 3 期。

刘海洋、郭路、孔祥贞：《学术锦标赛机制下的激励与扭曲——是什么导致了中国学术界的高数量与低质量?》，《南开经济研究》2012 年第 1 期。

刘明寿：《论高校自然科学学报在学科建设与发展的作用》，《编辑学报》2012 年第 3 期。

刘念才、程莹、刘莉等：《我国名牌大学离世界一流有多远》，《高等教育研究》2002 年第 2 期。

刘献君：《没有一流的学科就没有一流的大学》，《求是》2002年第3期。

刘晓斌、洪昔仁：《我国高校权力中剩余控制权和剩余索取权配置结构探析》，《教育发展研究》2015年第11期。

刘小强、罗丹：《中国特色的高等教育大众化理论体系——潘懋元先生高等教育大众化思想研究》，《大学教育科学》2007年第1期。

刘小强、聂翠云：《走出一流学科建设的误区——国家学科制度下一流学科建设的功利化及其反思》，《学位与研究生教育》2019年第12期。

刘宇：《坚持解放思想与遵循规律相结合推动学科建设可持续发展》，《产业与科技论坛》2016年第24期。

龙宝新：《学科作为生命体：一流学科建设的新视角》，《高校教育管理》2018年第5期。

龙宝新：《论面向知识生产力提升的一流学科建设逻辑》，《南京社会科学》2018年第9期。

龙钰：《叙事·制度·学术——中国国际话语权提升理路》，《中南大学学报》（社会科学版）2022年第6期。

马陆亭：《一流学科建设的逻辑思考》，《高等工程教育研究》2017年第1期。

马廷奇、郑政捷：《大学学科治理：逻辑意蕴、实践困境与破解路径》，《学位与研究生教育》2021年第10期。

梅德平：《60年代调整后农村人民公社个人收入分配制度》，《西南师范大学学报》（人文社会科学版）2005年第1期。

孟艳、刘志军：《"双一流"背景下一流学科建设的三重逻辑——以河南大学学科建设为例》，《研究生教育研究》2017年第4期。

孟照海：《制度化与去制度化：世界一流学科建设的内在张力——以美国芝加哥大学社会学为例》，《中国高教研究》2018年第5期。

倪晓茹、郭笑笑：《"双一流"建设下学科评价指标体系研究》，《中国高校科技》2021年第Z1期。

牛正光：《地方政府台账式治理的技术逻辑与实践优化》，《领导科学》2021年第14期。

潘海生、周志刚：《大学集群竞争优势及其形成机制研究》，《科技进步与对策》2011年第7期。

潘黎、侯剑华：《国际高等教育研究代表人物和学术团体思想的可视化探析——基于〈Higher Education〉等 8 种 SSCI 期刊作者共被引的分析》，《中国高教研究》2012 年第 6 期。

潘懋元、蔡宗模、朱乐平等：《中国高等教育改革发展 70 周年：回顾与前瞻——潘懋元先生专访》，《重庆高教研究》2019 年第 1 期。

潘淑淳：《记工分》，《档案天地》2009 年第 6 期。

庞海芍、曾妮、高琪：《推进大学教学学术，改革教师评价体系——"2020 中国教与学学术国际会议"综述》，《高教发展与评估》2021 年第 3 期。

彭新武：《当代管理学研究的范式转换——走出"管理学丛林"的尝试》，《中国人民大学学报》2007 年第 5 期。

瞿振元：《刍议学科建设历史、现状与发展思路》，《中国高教研究》2020 年第 11 期。

任增元、王绍栋：《大学排名的缺陷、风险与回应》，《现代大学教育》2021 年第 3 期。

茹宁：《U-Map：欧洲版本的高等教育分类体系》，《中国高教研究》2012 年第 3 期。

沈文钦：《高等教育理论的定义与类型》，《高等教育研究》2022 年第 7 期。

施林淼、刘贵松：《我国研究型大学教学科研融合的方式、问题及对策——以清华大学等 6 所高校发布的本科教学质量报告为例》，《中国高教研究》2015 年第 3 期。

孙敏：《集体经济时期的"工分制"及其效率产生机制——基于 J 小队"工分制"的历史考察》，《湖南农业大学学报》（社会科学版）2016 年第 2 期。

孙清忠、孙轶林、黄方方：《自组织理论视角下粤港澳大湾区高校联盟研究》，《高教探索》2021 年第 10 期。

唐魁玉、邵力：《文化人类学视阈中的田野教学》，《黑龙江教育学院学报》2006 年第 1 期。

唐晓菁：《"田野"作为教学方法：以法国"大学校"社科人才培养的研究性教学为例》，《中国高教研究》2020 年第 11 期。

田贤鹏：《高校学科专业动态调整：模式、困境与整合改进》，《高校教育管理》2018年第6期。

涂成林：《地方学学科建构的路径探索——以"广州学"为例》，《教育研究》2018年第11期。

王超：《"一流教学"建设中研究性教学的思考》，《贵州师范大学学报》（社会科学版）2022年第2期。

王洪才：《中国高等教育学的创立、再造与转向》，《厦门大学学报》（哲学社会科学版）2009年第4期。

王洪才：《对露丝·海霍"中国大学模式"命题的猜想与反驳》，《高等教育研究》2010年第5期。

王洪才：《"根叔"现象：大学进入后现代的征候》，《大学教育科学》2010年第6期。

王洪才：《中国大学为何难以实现学术为本》，《探索与争鸣》2014年第4期。

王建华：《知识规划与学科建设》，《高等教育研究》2013年第5期。

王建华：《高等教育学的知识重建》，《厦门大学学报》（哲学社会科学版）2020年第5期。

王建华：《"双一流"建设中一流学科建设政策检视》，《苏州大学学报》（教育科学版）2020年第2期。

王建华、靳莹莹：《世界一流大学与一流学科关系探析——基于软科2019年排行榜的分析》，《河北师范大学学报》（教育科学版）2021年第1期。

王丽梅：《实验式教学模式在人文社会科学教学中的应用》，《黑龙江高教研究》2014年第11期。

王立生、林梦泉、任超等：《我国学科评估的发展历程和改革探究》，《中国高等教育》2016年第21期。

王亮、郭丛斌：《世界大学学科排名指标体系研究及对世界一流学科建设的启示》，《教育评论》2021年第4期。

王梅、王怡然、陈士俊：《我国高校学科建设研究：现状、问题与展望》，《高教探索》2008年第2期。

王森：《"工分制"考核管理体系的构建与实施》，《中国电力企业管理》

2020 年第 26 期。

王世岳：《一次教学功能最大化的尝试——论 20 世纪 50 年代中国高校的院系调整》，《河北师范大学学报》（教育科学版）2015 年第 5 期。

王务均、王洪才：《学术逻辑与行政激励：中国大学的双轨治理机制》，《大学教育科学》2022 年第 2 期。

王小梅、范笑仙、李璐：《以学科评估为契机 提升学科建设水平》，《中国高教研究》2016 年第 12 期。

王兴宇：《"双一流"背景下学科建设的逻辑与路径——从学科排名谈起》，《西南民族大学学报》（人文社科版）2018 年第 10 期。

王学俭、郭绍均：《思想政治教育学科建设的重点问题及策略探讨》，《学校党建与思想教育》2016 年第 11 期。

王竹立：《知识嫁接学说：一种更具包容性的教学理论》，《现代远程教育研究》2013 年第 1 期。

文魁：《大学学科建设若干问题的思考》，《中国高等教育》2006 年第 17 期。

邬大光：《走出"工分制"管理模式下的质量保障》，《大学教育科学》2019 年第 2 期。

邬大光：《大学的"制度+"》，《高等理科教育》2022 年第 1 期。

吴峰、吴承义：《"动员"词源新考》，《国防》2010 年第 4 期。

吴丰华、白永秀、周江燕：《中国共产党 90 年分配思想：阶段划分与成果梳理》，《经济学动态》2011 年第 6 期。

吴庆军、王振中：《论新常态下中国对美国经济的追赶与超越》，《当代经济研究》2018 年第 9 期。

吴忠民：《社会动员与发展》，《浙江学刊》1992 年第 2 期。

夏倩芳：《"挣工分"的政治：绩效制度下的产品、劳动与新闻人》，《现代传播（中国传媒大学学报）》2013 年第 9 期。

向东春：《问责与信任：大学学术治理的逻辑与路径》，《教育发展研究》2020 年第 19 期。

肖京林：《从嵌入到断裂：公立大学组织认同的困境与超越——基于单位制变迁的视角》，《江苏高教》2021 年第 3 期。

解德渤：《大学创新教学的实践误区及反思》，《中国大学教学》2018 年第 8 期。

解德渤、崔桐：《大学课堂革命何以可能——研究性教学的旨趣、实践及其挑战》，《重庆高教研究》2020 年第 3 期。

解德渤、崔桐：《我国高校学科建设的制度意蕴、困境与创新》，《现代教育管理》2021 年第 7 期。

解德渤、李枭鹰：《中国特色学科评估体系的优化路径——基于第四轮学科评估若干问题的分析》，《厦门大学学报》（哲学社会科学版）2019 年第 1 期。

解德渤、马萌迪：《潘懋元与阿特巴赫的三大理论分歧——兼论高等教育研究的中国气派》，《中国高等教育评论》2022 年第 2 期。

解德渤、于孟仟：《学术发包制：具有中国特色的学术治理模式》，《重庆高教研究》2022 年第 2 期。

解德渤、张晓慧：《中国大学学科建设的世界坐标与未来抉择——基于软科 2017—2021 年世界一流学科排名的数据分析》，《现代教育管理》2023 年第 2 期。

解德渤、赵光锋：《地方本科院校转型发展：理念、困境与突围》，《山东高等教育》2015 年第 4 期。

谢伏瞻：《加快构建中国特色哲学社会科学学科体系、学术体系、话语体系》，《中国社会科学》2019 年第 5 期。

谢冉：《国家重点学科审批制度：历史考察与转型路径》，《高等教育研究》2014 年第 4 期。

谢笑珍：《大学学术治理行政化的制度性困境——基于组织行为学的视角》，《高教探索》2012 年第 5 期。

谢维和：《当前中国高等教育的转型及其主要取向》，《中国高等教育》2001 年第 6 期。

辛万鹏、赵青：《新中国成立以来国家治理模式的历史演变》，《特区经济》2015 年第 10 期。

熊华军：《洪堡的大学教学价值取向：由科学达至修养》，《大学·研究与评价》2008 年第 1 期。

熊进：《科层制嵌入项目制：大学学术治理的制度审思》，《现代大学教育》2016 年第 3 期。

徐军伟：《地方本科院校转型要聚焦应用型学科建设》，《教育发展研究》2017年第1期。

徐蓉、魏雅琛、李文静：《国际学科排名指标体系对我国药学学科发展的启示——基于 ARWU、US News、QS、THE 学科排名的对比分析》，《中国药科大学学报》2020年第2期。

许经勇：《关于贯彻农村人民公社中的工分制问题》，《中国经济问题》1978年第3期。

闫建璋、郑文龙：《"双一流"建设背景下的学科联盟建设困境与优化路径》，《现代教育管理》2021年第9期。

阎光才：《我国学术英才成长过程中的赞助性流动机制分析》，《中国人民大学教育学刊》2011年第3期。

阎光才：《学术等级系统与锦标赛制》，《北京大学教育评论》2012年第3期。

阎梦娇：《大学学术自治与科层制的冲突与平衡——基于中国大学治理结构的分析》，《高教探索》2019年第8期。

杨东、徐信予：《建构中国自主知识体系论纲》，《中国人民大学学报》2022年第3期。

杨光钦：《高校学术生产数量繁荣与学术制度的内在逻辑》，《教育研究》2015年第7期。

杨建云：《基于社会动员理论的农村土地制度改革分析》，《江汉学术》2022年第4期。

杨开峰：《全面理解、深入领会，加快构建中国自主的哲学社会科学知识体系》，《公共管理与政策评论》2022年第4期。

杨秀峰：《我国教育事业的大革命和大发展》，《江苏教育》1959年第19期。

姚利民、史曼莉：《大学研究性教学的必要性与可行性》，《湖南师范大学教育科学学报》2008年第6期。

应星：《军事发包制》，《社会》2020年第5期。

于君博、戴鹏飞：《"台账"的逻辑：科学管理还是形式主义》，《新视野》2019年第4期。

鱼泉剑：《挣工分的那些日子》，《文史博览》2014年第6期。

余利川、段鑫星：《逻辑、困境与规制："府学关系"的权力边界观照》，《黑龙江高教研究》2017年第5期。

郁悦、张绍文：《论"强基计划"提振基础学科的逻辑与出路》，《教育评论》2021年第10期。

袁广林：《学术逻辑与社会逻辑——世界一流学科建设价值取向探析》，《学位与研究生教育》2017年第9期。

翟锦程：《中国当代知识体系构建的基础与途径》，《中国社会科学》2022年第11期。

翟亚军、王战军：《理念与模式——关于世界一流大学学科建设的解读》，《清华大学教育研究》2009年第1期。

张德祥：《高校一流学科建设的关系审视》，《教育研究》2016年第8期。

张德祥、王晓玲：《学科知识生产模式变革与"双一流"建设》，《江苏高教》2019年第4期。

张德祥、王晓玲：《制度与文化相互关系中的大学治理》，《教育科学》2022年第4期。

张楚廷：《高等教育生命论哲学观》，《湖南文理学院学报（社会科学版）》2005年第5期。

张雷声、韩喜平、肖贵清等：《建构中国特色哲学社会科学自主知识体系》，《马克思主义理论学科研究》2022年第7期。

张江华：《工分制下的劳动激励与集体行动的效率》，《社会学研究》2007年第5期。

张静：《行政包干的组织基础》，《社会》2014年第6期。

张强、薛庆忠：《"双一流"背景下高校重塑学科生态体系的策略》，《高教学刊》2021年第20期。

张钦徽：《基础科学研究是科技创新的源头》，《科技与创新》2021年第14期。

张喜梅、姜茂发、颜云辉：《学科建设发展中存在的问题与对策探索》，《学位与研究生教育》2000年第2期。

张晓宁、杨晓江：《试析江苏省高校重点学科建设的特征》，《学位与研究生教育》2014年第7期。

张新平、冯晓敏：《专业学位教学案例库建设：内涵、价值与要点》，《现代大学教育》2020 年第 4 期。

张应强：《"双一流"建设需要什么样的学科评估——基于学科评估元评估的思考》，《清华大学教育研究》2019 年第 5 期。

张应强、索凯峰：《谁在做中国本科高校校长——当前我国大学校长任职的调查研究》，《高等教育研究》2016 年第 6 期。

张应强、周钦：《从学术单位体治理走向学术共同体治理：我国大学学术治理改革的基本方向》，《高等教育研究》2022 年第 2 期。

张园园：《"洞穴之治"：中国治理场景下台账的逻辑》，《探索与争鸣》2022 年第 2 期。

张忠华：《关于大学课程设置的三个问题》，《大学教育科学》2011 年第 6 期。

张宗麟：《改革高等工业教育的开端》，《人民教育》1952 年第 1 期。

赵干：《我国科研评价中的"学术锦标赛"体制及其作用机理研究》，《社会科学管理与评论》2012 年第 3 期。

赵江涛、胡华：《世界大学排名视域下我国"双一流"高校的建设成效与差距》，《高教探索》2021 年第 7 期。

赵俊红、高晋文：《集体化时期工分制演变的分析》，《经济师》2020 年第 11 期。

赵文明：《认真学习、努力贯彻全国高等教育工作会议精神》，《辽宁高等教育研究》1983 年第 3 期。

赵文平、徐国华、吴敏：《学科发展规律与学科建设问题的研究》，《学位与研究生教育》2004 年第 5 期。

郑永廷：《论现代社会的社会动员》，《中山大学学报（社会科学版）》2000 年第 2 期。

郑文龙、欧阳光华：《学科分类评价的风险及其规避》，《江苏高教》2022 年第 10 期。

钟爽、朱侃、王清：《公共危机中政治动员运行机制研究——基于 2015 年以来 38 个重大公共危机案例的分析》，《政治学研究》2021 年第 2 期。

钟新、陈婷：《公共卫生危机语境下的国家在场与乡村动员：湖南省双溪村新冠疫情防控传播体系调查》，《国际新闻界》2022 年第 4 期。

仲彦鹏：《学术锦标赛制下大学教师学术身份的异化与纠偏》，《重庆高教研究》2018 年第 4 期。

周光礼、黄露：《为什么学生不欢迎先进的教学理念：基于科教融合改革的实证研究》，《高等工程教育研究》2016 年第 2 期。

周光礼、吴越：《我国高校专业设置政策六十年回顾与反思——基于历史制度主义的分析》，《高等工程教育研究》2009 年第 5 期。

周黎安：《中国地方官员的晋升锦标赛模式研究》，《经济研究》2007 年第 7 期。

周黎安：《行政发包制》，《社会》2014 年第 6 期。

周序、王琳：《试论高校教学理论研究的滞后性及其突破》，《江苏高教》2022 年第 11 期。

周序、张祯祯：《我们需要什么样的研究性教学？——关于"一流教学"建设的思考》，《吉首大学学报（社会科学版）》2018 年第 6 期。

周雪光：《行政发包制与帝国逻辑——周黎安〈行政发包制〉读后感》，《社会》2014 年第 6 期。

周志刚、宗晓华：《"双一流"建设绩效评价下高校的"唯指标"办学倾向与规制效应》，《高教探索》2021 年第 10 期。

朱青松、叶如燕、蒋从根：《由发达国家高校教师科研考核引发的思考》，《中国高校科技与产业化》2009 年第 12 期。

朱苏、赵蒙成：《论一流学科建设的经济逻辑和知识生产逻辑》，《江苏高教》2017 年第 1 期。

邹燕：《ESI 全球学科排名与江苏高校学科建设》，《江苏高教》2015 年第 3 期。

左兵：《政策导引下的重点学科建设制度分析》，《高等教育研究》2006 年第 10 期。

后　　记

我对"学科建设"有一种莫名的情结。这种情结首先体现在高等教育学学科建设上，或是出于兴趣，或是为了捍卫。在读博士期间，我就撰写并发表了几篇小文章，但当时对学科建设的关注尚谈不上自觉，有几分懵懂，又有几分机缘巧合。2017年11月，进入大连理工大学工作之后，因为有学术志趣相投的朋友们经常在一起共同交流、相互碰撞、互相启迪，这种情结竟抑制不住、"不自量力"地疯狂生长。回过头来看，莫名的"学科情结"不知不觉成长为澄明的"学科情怀"。在"高等教育学学科隐喻""高等教育学理论图景""高等教育研究的中国气派""中国高等教育学自主知识体系"等主题上的广泛思考，使我围绕"高等教育学学科建设"形成了持续而稳定的研究兴趣，特别是在2022年12月6日之后，这份学科情怀越加深沉而浓烈。

关注一般意义上"学科建设"的时间起点是2017年12月28日。第四轮学科评估结果公布，导师王洪才老师让师姐包水梅和我对此分别展开研究，我选择"中国特色学科评估体系的优化路径"进行尝试性研究。这让我对学科评估与学科建设二者之间的关系有了粗浅认识。奇妙的是，我再次被"学科建设"所吸引并逐步认识到：作为中国特有的本土词汇——"学科建设"蕴含着极其丰富的含义，我们绝不能把"学科建设"狭隘地理解为"科研运动"，再把"科研运动"误解为"发论文、拿项目、抢帽子"。这一连串的简化过程背后都是急功近利在作祟，都是对学科建设的有意曲解。"学科建设"的正解应该是广义的而非狭义的，其本身指向"对学科的建设"和"为学科而建设"，一指对象、二指目标；也可指向"作为具体活动的学科建设"和"作为实践话语的学科建设"，一指活动、二指话语；还可理解为"围绕人的学科建设"（如人才培养、师资队伍建设）、"围绕制度的学科建设"（学会、期刊、研究机构）、"围绕知识的学科建设"（概念、理论、方法）、"围绕声誉的学科建设"等。在这样的机缘与思考之下，我心中的"高等教育学学科建设"开始向一般意义上的学科建设发散、蔓延，也就有了2019年中标全国教育科学规划青年基金"中国大学学科建设的历史考察与实践机制研究（1949—2019）"一事。

在阅读大量的相关文献资料之后，我感觉到单纯从高等教育学角度探讨学科建设不可避免地会面临视域局限的难题。毕竟，在对文学、历史学、哲学、理学、工学、农学、医学、经济学、管理学、教育学、法学、艺术学等诸多学科的学科建设实务工作不甚了解的情况下，学者提出的观点多为"应然判断"，不免是一种"带有想象色彩"的学科建设，所以"如何跳出高等教育学认识学科建设"一度成为困扰我的难题。于是，我就向一些主管学科建设工作的领导与参与学科建设的一线老师积极请教，没想到一个个学科建设故事是那样的鲜活而精彩，也包含着很多不为人知的辛酸与悲壮。在此过程中，我获得了许多有益的替代性经验。加之，自己身处高等教育学这个学科之中，总还是有一些直接经验与体会的。就这样，一个想法慢慢在脑海中浮现出来：尽管学科建设千丝万缕，但一定有一个"线头"。这个"线头"可能是学科建设中的微观政治，它对不同高校、不同学科的学科建设实践都发挥着稳定的、隐性的、深具支配力量的作用。这大概与自己一直教授研究生课程《高等教育政治学》有关，政治学与组织社会学成为我考察中国大学学科建设实践机制的学科视角。

阅读周黎安老师的《转型中的地方政府——官员激励与治理》一书，我们可以将"行政发包制"迁移至学术领域，去探讨学科建设中的"学术发包制"。阅读周雪光老师的《中国国家治理的制度逻辑——一个组织学研究》一书，我们可以将"常规与动员双重过程"应用到学术动员现象中，洞察到学术动员是学科建设中的非常规治理模式，却出现常规化趋势并面临治理失灵的情形。阅读钟凯凯博士的《地方高校本科教学评估中的组织化动员》一书，我们可以用教学评估的动员现象来理解"学术动员"，该书具有较强的参照价值。阅读张园园博士的《"洞穴之治"：

中国治理场景下台账的逻辑》一文，我们可以去探讨学科建设中的"学术台账"，进而揭示作为治理术的学术台账是如何影响学科建设的。阅读邓大才老师的《反向避责：上位转嫁与逐层移责——以地方政府改革创新过程为分析对象》一文，我们可以深刻理解学科建设中的"反向避责"现象、"捆绑责任"现象，这为分析基层学术组织的实践逻辑提供了另一重洞天。他们的学术成果使我受益匪浅，在此向素未谋面的周黎安老师、周雪光老师、钟凯凯博士、张园园博士、邓大才老师表示真诚感谢。阅读历史、观察现实，也会让我们从中汲取学术力量：窥探我国农村生产队集体劳动时期的"工分制"，我们可以分析"学术工分制"在学科建设中的"数目字管理"问题。观察现实之中非重点学科的艰难处境及其生存策略，我们可以获知：它们是如何通过"学科嫁接"、借力重点学科，来改善学科境遇的。这些研究都颇有趣味。为什么"学术发包制""学术动员""学术台账""学术工分制"和"学科嫁接"等能够深刻影响着学科建设过程中各类行动者的行为呢？因为这些机制都是国家治理场景下的制度产物，对任何一所大学、任何一个院系、任何一门学科都是普遍适用的。这是我们的一个基本判断，也是本研究的核心线索。

在此，特别感谢我的硕士研究生，2018级崔桐、2019级张晓慧和马萌迪、2020级于孟仟、2021级张阳婕、2022级关舒戈、2023级刘亚莎。她们虽然只是硕士生，但所表现出的学术素养、跨学科视野令我非常欣慰，对学术一丝不苟的坚定与执着让我感动，她们为本书付出了艰辛劳动与学术智慧。良好的导学关系一定是师生之间的双向奔赴、共同成长与彼此成就。这是我理想中的导学关系，也是我指导学生时努力接近的一种状态。在因材施教的学术理念指引下，崔桐反思了学科建设中的"制度供给"问题（第十章）；张晓慧锚定了学科建设的"世界坐标"（第三章）；马萌迪揭示了非重点学科"高位嫁接"的实践机制（第九章）；于孟仟呈现了学科建设中"学术发包制"（第四章）的常规治理模态；张阳婕勾勒了学科建设中"学术动员"（第七章）这一非常规治理常规化的现实图景；关舒戈诠释了在学科建设中颇为流行的数目字管理技术——"学术工分制"（第五章），以及作为制度载体而存在的"学术台账"（第八章）；刘亚莎剖析了学科建设中的"反向避责"现象，虽然这部分内容未放在本书中，但她所做的学术工作依然值得肯定。这些研究成果都是师生共同完成的，在指导过程中，我的理论认识得以深化、学生的理论水平也得到升华，实现了教学相长、教研并进。另外，我必须感谢我的爱人，她不仅是我的"家庭贤内助"，帮我分担照顾两个孩子的重任，而且是我的"学术贤内助"，我们共同完成了学科建设的"知识逻辑"（第十一章）与"育人逻辑"（第十三章）。团队的具体学术分工如下：

第一章　导论：中国大学学科建设的逻辑交织（解德渤）

第二章　历史的视角：中国大学学科建设70年回首（解德渤）

第三章　比较的视角：中国大学学科建设的世界坐标（解德渤、张晓慧）

第四章　制度的视角：中国大学学科建设中的"学术发包制"（解德渤、于孟仟）

第五章　技术的视角：中国大学学科建设中的"学术工分制"（关舒戈、解德渤）

第六章　学科评估：中国大学学科建设的制度约束（解德渤、李枭鹰）

第七章　学术台账：中国大学学科建设中的微观权力（解德渤、关舒戈）

第八章　学术动员：中国大学学科建设的"非常规机制"（解德渤、张阳婕）

第九章　高位嫁接：非重点学科发展的"超常规策略"（解德渤、马萌迪）

第十章　中国大学学科建设的制度逻辑及其省思（解德渤、崔桐）

第十一章　中国大学学科建设的知识逻辑及其追寻（解德渤、尚趁）

第十二章　中国大学学科建设的育人逻辑及其设计（解德渤）

第十三章　中国大学学科建设的育人逻辑及其实现（尚趁、解德渤）

第十四章　结语：学科建设逻辑与中国大学未来（解德渤、刘亚莎）

感谢高等教育研究院的领导和老师们对我的无私帮助与大力支持，使我能够在浮躁的学术环境下守护内心的一份宁静，使我能够在艰难时刻感受到一份关爱，使我能够体验到学术共同体的力量。张德祥老师的教诲——"快乐地做研究""做快乐的研究",我铭记于心。这是何等的学术胸襟与格局,虽不能至,但心向往之。"干饭人"微信群中的李枭鹰老师、王磊老师、苏永建老师和林杰老师时常让我感觉在快乐做研究之余,快乐干饭的乐趣也必不可少。感谢姜华老师、何晓芳老师、孙阳春老师、李冲老师在我学术发展遇到困难之时提供的鼎力支持和精神安慰。另外,感谢李易飞老师为大家提供的"五星级"学术服务。

师恩难忘,感谢王洪才老师在我迷茫之时的点拨,在我无助之时的支持,在我取得一点点成绩之时的表扬。惟有奋斗,才能回报老师的授业之恩。在此,还要特别感谢李德永老师,学术启发与生活智慧在推杯换盏中不经意迸发出来,让我明白"学术很重要,但人生中还有比学术更重要的事情"这个朴素又深刻的道理。

父亲、母亲、岳父、岳母和我的妻子、儿女是我努力前行的精神支柱。常言道:"父母在,不远游。"在这一点上,我愧对双方父母。惟有奋斗,才能报答父母的养育之恩;惟有奋斗,才能不负岳父母的信任之托;惟有奋斗,才能为爱人带来生活希望;惟有奋斗,才能为孩子做出行之表率。

感谢《高等教育研究》《重庆高教研究》《现代教育管理》《中国高等教育评论》《厦门大学学报》(哲学社会科学版)《四川师范大学学报》(社会科学版)这些优秀刊物的大力支持,关于"学科建设"的一些见解或观点得以公开发表,接受学术同行的批判。

这部记录着奋斗印记的著作能够面世,还必须感谢中国社会科学出版社。2020 年,我的第一部专著《公立大学法人制度改革论纲》就是在中国社会科学出版社出版的。这是一家底蕴深厚的出版社,出版的图书质量上乘,堪称精品。如今《中国大学学科建设论纲》再次在中国社会科学出版社出版,甚是欣喜!特别感谢编辑张林老师,从审稿、修订再到出版,每个环节都凝结着她的心血与智慧,她的专业精神令人叹服。

回望来时路,前路更坦荡。过去的十年,是我跌跌撞撞进行学术探索的十年。幸运的是,我找到了自己的学术兴趣——"学科建设",一个是"高等教育学学科建设",另一个是"一般意义上的学科建设",探索前一个主题的法宝是"元研究",探索后一个主题的法宝是"政治眼光"。下一个十年,愿自己继续在这片土地上深耕劳作,若能结出几个果子,将心满意足。

2024年7月11日于厚民楼